ARBITRATION
Annual Report of
CHINA

中国仲裁年度报告

(2015～2016)

沈四宝　于健龙　王承杰・主编

法律出版社
LAW PRESS・CHINA

增强中国国际仲裁公信力的战略思考

——加强中国仲裁的国际化与国际仲裁的中国元素（代序言）

沈四宝

本文的核心思想是本人在北上广深以及南京等著名仲裁机构组织的仲裁论坛或讨论会上演讲中逐步形成的。本文主要包括个三个主题词："国际化""中国元素"以及"仲裁的走出去"。

一、问题的提出

中国的仲裁在国际界的地位作用与我国改革开放成果相比很不相称。也可以认为我国的国际商事仲裁在我国法律服务体系中是"短板"。

（一）中国涉外经济发展迅猛

2016年，我国GDP总额为74.4万亿元（世界银行计算数为11万亿美元），世界排名第二。

根据商务部公布的数据：

1. 我国2017年进出口货物总额为人民币243,386亿元，服务进出口总额为53,484亿元，两者相加为296,870亿元。

2. 全年实际使用外商投资（不含银行、证券、保险）为8132亿元。

3. 全年对外投资（不含银行、证券、保险）11,299亿元；全年对外承包工程业务完成额10,589亿元。几项相加达到326,890亿元。从以上数据可以看到，我国的涉外经济的比重已经相当大。

(二)国内仲裁机构涉外仲裁案件比例偏低

1. 2016 年全年,全国 251 家仲裁机构共受理各类仲裁案件共计 208,545件,首次突破 20 万件,案件标的总额 4695 亿元。

2. 在 20 多万件案件中,涉外和涉港澳台的案件共计 3141 件,占总量的 1.5%;

3. 如果减去涉港澳台的案件,受理涉外案件共计 1546 件,占总受案数量的 0.7%。这些涉外及涉港澳台仲裁案件是由 62 家仲裁机构受理的,有 191 家仲裁机构没有受理涉外或涉港澳台案件。

比较上下两组数据,我国仲裁机构受理涉外仲裁案件的数量与我国涉外经济与 GDP 比重的反差巨大。

(三)涉外经济纠纷通过境外国际商事仲裁解决的数量却一起居高不下

1. 根据《法制日报》中国公司法务研究院与律商联讯联合发布的《2015～2016 中国企业走出去调研报告》,超过 50% 的中国企业在走出去的过程中,都牵涉过仲裁或诉讼。

2. 一些国际著名仲裁机构,如国际商会仲裁院、瑞典斯德哥尔摩商会仲裁院、香港国际仲裁中心、新加坡国际仲裁中心都表示,来自中国当事人案件的数量,在其机构受案中近年来占据前列,而且数量增加最快。

3. 国际商会仲裁院、香港国际仲裁中心、新加坡国际仲裁中心、瑞典斯德哥尔摩商会仲裁院都在上海设立了办事处。越来越多的中国企业成为境外仲裁机构的当事人。

国际仲裁领域历来属于西方国家占主导地位,它们基本垄断国际经济贸易活动当中仲裁的规则制定权与争议解决的裁决权。我国改革开放中,突出的成就是引进大量的外资,形成以中外合作经营企业、中外合资经营企业、外商独资企业形式为主力军的吸引外国直接投资的格局。按照中国法律,在这些企业中,中外双方发生争议必须适用中国法。但在争议发生时,不少此类案件都到国外进行仲裁,而且在相当大比例的仲裁庭组成中没有中国仲裁员。

在“一带一路”倡议下,中国起主导作用,我国企业是主要投资者。因此,随着中国经济在世界经济中地位的加强,国际仲裁争议尤其是涉华争议的中心也要慢慢移向中国。

以下,将从四个方面进行讨论:首先,中国仲裁的国际化;其次,加强国际仲裁的中国元素;再次,中国仲裁形成自己的特色;最后,正确理解中国仲裁“走出去”。

二、中国仲裁国际化

(一)国际化新概念产生的背景

国际化的概念,其实是随着历史发展的进程而与时俱进的,需要不断赋予新的内容。一个国家对国际化的认识,也是随着该国各方面的发展而不断深化的。当该国社会、政治、经济发生变化的情况下,国际化内容也要发生变化。拿中国来说,对外开放可分为如下三个阶段,对国际化的认识也是不断深化的。

第一个阶段:从 1978 年至 2001 年加入世界贸易组织(WTO)前,是中国从闭关自守向对外开放的阶段。此时,“国际化”概念当中很大成分是,在经济发展领域,向以美国为首的西方学习。其主要任务是吸收外国资本,学习西方管理经验,学习西方先进科学技术以及寻找外国市场。如何吸引外资,如何利用外资,如何进入国际市场。在这个阶段,“国际化”的很多方面是向“西方借鉴”,或者说是在经济领域基本上是“跟着走”。

第二个阶段:从 2001 年加入 WTO 到中国提出和实施“一带一路”倡议。在这 16 年间,“国际化”主要是指,以 WTO 国际协议等国际规则为“龙头”,学习和研究国际规则,遵守国际规则。此时,中国力量在逐渐加强,中国与西方开始在 WTO 框架内“并排走”。中国与西方携手前进,为国际化赋予了新内容。

第三阶段:自中国提出“一带一路”倡议以后。“国际化”内容更加深化,中国在某些领域,已经开始走在世界前面,出现了“领跑”的迹象,从而使“国际化”的概念出现了崭新的内容。

(二)国际化概念新内容

在现阶段,国际化应赋予以下新的内容:

第一,中国仲裁要有国际视野和世界目光。无论在立法还是实践中,都要有学习和借鉴国外先进经验的宽广胸怀,在完善自己仲裁制度的同时,也要充分考虑适应全球的需要。

第二,要尊重和遵守国际仲裁规则和国际惯例。不应违反我国加入的国际公约和签订的双边条约中承担的国际义务。

第三,要不断积极地推进国际仲裁规则的创新和国际惯例的发展,要及时总结、推广国际仲裁的新经验,并主动参与国际仲裁规则的推陈出新。

(三)中国仲裁与国际通行的仲裁制度的主要不同

第一,在仲裁立法方面。我国《仲裁法》颁布于1994年,已有20多年历史,至今未作出修改。中国过去的20多年间,改革开放带来的经济形势发生翻天覆地的变化,很多法律包括涉外法都随着发展予以修改甚至重大修改。但是作为经贸法律的一个重要组成部分,《仲裁法》一直没有修改。刚刚颁布《仲裁法》时,中国只有一个仲裁机构即中国国际经济贸易仲裁委员会,而现在中国有250余个仲裁机构;当时每年只有一二百件案件,现在的案件高达20万件。随着我国经济持续的高速发展,国际争议内容和形式发生很大变化,但我国《仲裁法》却没有及时跟进。就仿佛“孩子长大了,衣服未变,衣服相对来说就小了,反过来会影响孩子的成长”。

第二,仲裁的方式单一。中国只有机构仲裁,没有临时仲裁,这严重影响了中国仲裁在国际的影响力及公信力。

第三,中国仲裁仍实行双轨制。即对国内企业和国外企业采取不同的法律规定。原来中国实行双轨制是为了吸引外资,营造良好优越的投资环境,政策倾向于外资。但是在仲裁方面,却造成以下两点问题:其一,在国际仲裁中,只有一方是外国人时,才能选择境外仲裁。但是两个都是国内的公司就不能选择。这种做法一方面违反了国民待遇;另一方面,时过境迁,很多企业虽在国内注册而称为国内企业,但实际是由外国资本控制的。这样,即使国内企业没有享受到平等待遇,又使一些注册为中国企业的外国资本方感到遭受不平等待遇。其二,汇报制度,对来自境外仲裁的裁决,中国法院要判不予承认和执行的话,要汇报至最高人民法院。但是对于国内仲裁机构作出的裁决,国内的相关中级人民法院就可以自行作出裁决,无须汇报。

第四,中国仲裁仍存有行政化现象。这主要源于惯性思维,尤其是现在国内仲裁机构内部管理行政化色彩比较突出。

第五,在仲裁员报酬、费用方面,存在“两多两少”问题。“两多”是指,当事人缴费多,仲裁机构收的多;“两少”,仲裁员报酬少,工作人员收入少。

第六,在总的营商环境方面,我国法治化、国际化、便利化程度不足,国际化程度与国际标准还有较大距离。

所有这些都需要在国际化过程中解决。

三、国际仲裁中的中国元素

在处理涉华的国际商事仲裁案件中,中国机构和中国的仲裁员发挥着越来越大的作用。在修改和制定国际仲裁规则中,来自中国的声音不断增多,中国的元素越来越受到重视。中国元素,它主要是中华人民共和国成立 60 多年来,尤其是近 20 多年来,中国仲裁不断发展的现实和积累起来的经验,包括行之有效的创新成果。或者说,它就是指中国仲裁数十年来已经发展起来的实力、影响力和公信力。

(一)“和”是中国仲裁思维的出发点

仲裁员都会自然而然地在办案中受其所在环境、文化传统的影响。中国仲裁就是从“和”字出发,通过与人为善的解决争议方式,达到“和”的目的。在此基础上形成了被世界上称之为东方之花、东方经验的“仲裁与调解相结合”的审理方式。这与西方普遍实行的仲裁与调解严格分离是不一样的。这是千年中华文化在仲裁中的体现和发展。

（二）中国仲裁中的丰富经验和创新

中国的仲裁机构数量大、分布广，自2016年以来，每年处理的案件量都高达数十万件，少数著名的、影响大的仲裁机构，在国际仲裁界影响力日益扩大。

中国著名仲裁机构的仲裁规则中不断地增加中国经验和创新，包括但不限于：仲裁与调解相结合；网上仲裁；紧急仲裁；友好仲裁；第三方资助；仲裁员报酬的公开标准；庭审中实施证据质证的三性（真实性、合法性、关联性）；首席仲裁员的指定规则。

数十年的改革开放和仲裁实践造就了一批胜任国际仲裁的专业队伍。

（三）“一带一路”倡议提供的机遇

特别要强调的是，“一带一路”倡议是由中国率先发起，由中国推动和领军的；目前“一带一路”几乎所有的大项目都是由中国牵头的，其中不少的涉外项目都是要适用中国法的。在全球经济中，中国是当今世界两个最强有力的“引擎”之一，在这样的经济格局中，世界范围内的仲裁界，应该重视中国元素的重大作用，因为中国元素是具有巨大生命力的。

四、建立中国特色的仲裁机制

历史发展到现阶段，创特色显得格外重要。

1. 特色在提高中国仲裁公信力中的重要作用。特色是发展的基石，是与他人合作和竞争的基础。没有特色，就没有发展，没有特色就没有合作和竞争的资本，特色已经成为事物生存发展的基础。虽然是数百年西方形成的仲裁的规则和实践，为国际仲裁奠定了基础。但是，中国已迎头赶上，未来要在西方的基础上形成了更加便利的、更加高效率、更加透明的、更为受中外双方欢迎的具有中国特色的国际仲裁制度。这需要从特色建设着手，各个仲裁机构都存在这个问题。

2. 建立具有真才实学的职业仲裁队伍。

3. 防止国际上仲裁界过度商业化和圈子化现象在中国重现。

4. 不断研究仲裁中出现的新问题并予以解决。比如，关于第三方资助;仲裁中的释明权;关于首席的指定程序;关于仲裁上诉的选择等。

5. 调解与仲裁相结合。中国的法律强调了调解在仲裁中的作用,不断进行总结,逐渐形成国际都能接受的一种选择。

五、中国仲裁"走出去"

仲裁作为社会服务业的一个组成部分,与商品出口和资本输出不一样,仲裁"走出去",其要害恰恰是把中外之间或"外外"之间的纠纷解决;纠纷"引进来",争议双方(尤其是中方)主动把中国仲裁机构作为首选机构,把中国大陆作为首选仲裁地。

中国的资本大规模走出去不久,"一带一路"倡议的序幕刚刚拉开,关于中国仲裁走出去的途径还在摸索之中,相信随着中国对外开放的深入发展,一定会找到适合中国仲裁事业发展的道路。

目　　录

Contents

第一篇　我国仲裁法治的概况及其特色

一、2015 ~ 2016 年度全国仲裁概况

我国的仲裁法治事业在 2015 ~ 2016 年进一步发展，在仲裁机构的设置、仲裁程序的完善、受案的数量以及宣传培训、理论研究、内部建设等方面均取得了长足的进步。[①] 同时，仲裁法律界也不断地进行改革创新，推广互联网仲裁、拓宽受案范围、创新仲裁教育以及仲裁机构间的合作机制，促进中国自由贸易试验区仲裁机构的专业化和多元化等，极大推进了我国仲裁事业的发展。

（一）仲裁机构数量稳步增长

国务院法制办 2015 年、2016 年发布的全国仲裁工作数据显示，2015 年全国仲裁机构从 2014 年的 235 家增至 244 家，增加 9 家。[②] 2016 年，全国仲裁机构从 2015 年的 244 家增至 251 家，增加 7 家，如临沧仲裁委员、怀化仲裁委员会、巴音郭楞仲裁委员会等。由中国国际商会设立的仲裁委员会共 2 家，省、自治区人民政府所在地的市设立的仲裁委员会共 27 家，直辖市设立的仲裁委员会共 4 家，其他中小城市设立的仲裁委员会共 218 家。[③] 仲裁机构在全国广泛设立，一方面可以减轻法院的受案压力，另一方面也为公民提供了一个兼具高效性、经济性、保密性的纠纷解决选择。

---

① 本书翔实地反映了我国 2015 ~ 2016 年仲裁状况，书中数据均为当时适用的内容。——编者注

② 仲裁百草园："2015 年全国受理仲裁案件 136924 件增 20% 案件标的总额 4112 亿元增 55%"，载 http://www.sjzzc.gov.cn/html/news/2016/0316/2533.html，最后访问日期：2017 年 12 月 26 日。

③ 《中等城市仲裁机构发展研究会成立　案源不稳定价值被低估等亟待解决》，载 http://www.legaldaily.com.cn/index/content/2017-10/29/content_7370998.htm?node=20908，最后访问日期：2017 年 12 月 26 日。

(二)受案数量和案件标的总额持续增长

2015~2016年在中国仲裁进入“二次发展”之际,全国仲裁机构受案数量和案件标的总额有显著增长。

数据显示,2015年,全国244家仲裁委员会共受理案件136,924件,较2014年增加了23,264件,增长率达20%;全国各仲裁委员会平均受案数为561件,比上一年增加了78件,增长率为16%。案件标的总额4112亿元,比2014年增加了1456亿元,增长率为55%,平均受案标的额为17亿元,相比增加6亿元,增长率为55%。2014年度与2015年度全国仲裁机构、受案数量与受案标的额对比情况见表1。仲裁案件仍以国内争议为主,全年共有62家仲裁委员会受理涉港澳台案件和其他涉外案件共计2085件,占案件总数的1.5%,与2014年基本持平。

表1 2014年度与2015年度全国仲裁机构受案数量与受案标的额情况

年度	仲裁机构(家)	受案数量(件)	受案标的额(亿元)
2014	235	113,660	2646
2015	244	136,924	4112

全国244家仲裁委员会中,中国国际商会设立的仲裁委员会(共2家),受理案件2104件、占全国案件总数的2%,标的额439亿元、占全国案件标的总额的11%;直辖市设立的仲裁委员会(共4家),受理案件9736件、占全国案件总数的7%,标的额633亿元、占全国案件标的总额的15%;省、自治区人民政府所在地的市设立的仲裁委员会(共27家),受理案件52,448件、占全国案件总数的38%,标的额1145亿元、占全国案件标的总额的28%;其他设区的市设立的仲裁委员会(共211家),受理案件72,636件、占全国案件总数的53%,标的额为1895亿元、占全国案件标的总额的46%。

超过全国平均受案数561件的有62家仲裁委员会,占全国仲裁机构总数的25%,共受理案件108,710件,占受案总数的79%;低于平均受案数的有 182 家仲裁委员会，占全国仲裁机构总数的 75%，共受理案件 28,214 件，占受案总数的 21%。受理案件数增加的仲裁机构有 162 家，占总数的 66%，与 2014 年占总数 69% 的 163 家相比，下降了 3 个百分点；案件标的额增加的仲裁机构有 176 家，占总数的 72%，与 2014 年占总数 77% 的 180 家相比，下降了 5 个百分点；受理案件数和案件标的额均上升的仲裁机构有 129 家，占总数的 53%，与 2014 年占总数 56% 的 132 家相比，下降了 3 个百分点。

2016 年，中国的仲裁事业已经进入快速发展时期，仲裁界取得了不俗的成绩，发展进入快车道，尤其是在受案数和标的额两方面达到了新高度。

2016 年全国 251 家仲裁委员会共受理案件 208,545 件，继 2013 年突破“10 万”件以来，首次突破“20 万”件大关，比 2015 年增加 71,621 件，增量约为 2015 年的 3 倍；增长率达到 52%，为 2015 年的 2 倍。[①] 全国各仲裁委员会平均受案数 831 件，比 2015 年增加 270 件，增长率为 48%。

2016 年全国仲裁机构受理案件标的总额达 4695 亿元，同比增加 583 亿元，增长率为 14%；平均受案标的额为 19 亿元，比 2015 年增加 2 亿元，增长率为 12%。[②] 2015 年度与 2016 年度全国仲裁机构、受案数量与受案标的额对比情况见表 2。

表 2　2015 年度与 2016 年度全国仲裁机构受案数量与受案标的额

年度	仲裁机构(家)	受案数量(件)	受案标的额(亿元)
2015	244	136,924	4112
2016	251	208,545	4695

受理案件 500 件以上的仲裁委员会 76 家，占全国机构数的 30%；受理案件 181,960 件，占全国案件总数的 87%；标的额 4053 亿元，占全国案件标

① 张维：《全国仲裁年受案量首次突破 20 万件》，载《法制日报》2017 年 5 月 4 日。
② 《全国仲裁年受案量首次突破 20 万件》，载 http://news.youth.cn/jsxw/201705/t20170504_9657686.htm，最后访问日期：2017 年 12 月 26 日。

的总额的86%。受理案件200件以上、不足500件的仲裁委员会53家,占全国机构数的21%;受理案件17,215件,占全国案件总数的8%;标的额350亿元,占全国案件标的总额的8%。受理案件50件以上、不足200件的仲裁委员会71家,占全国机构数的28%;受理案件8125件,占全国案件总数的4%;标的额243亿元,占全国案件标的总额的5%。受理案件不足50件的仲裁委员会51家,占全国机构数的21%;受理案件1245件,占全国案件总数的1%;标的额50亿元,占全国案件标的总额的1%。①

(三)2015年和解和调解结案数减少,2016年调解结案数上升

2015年,以调解、和解方式结案的案件数为56,659件,占受案总数的41%,较2014年74,200件的65%的调解率,案件减少了177,541件,调解率下降了约24个百分点。"三率"②的下降表明虽然2015年度仲裁界取得了骄人的成绩,然而对于仲裁工作者而言,改革仲裁方式,使仲裁活动从相互对抗走向共同协商解决纠纷,依旧任重道远。值得注意的是,虽然整体上"三率"有所下降,但是全国仍有不少的仲裁机构在和解调解结案的数量上实现了新的突破,如青岛仲裁委员会,近两年来,在已结案件中调解和解率达到了71.4%,当事人满意率为100%,达到了案结事了、定分止争的良好效果。

2015年,以调解方式结案的案件数为56,659件,调解率为41%;2016年,以调解方式结案的案件数为121,527件,占受案总数的58%,相较而言,案件增加了64,868件,调解率上升了17个百分点。③ 这说明我国的仲裁机构在这一年来,改革仲裁方式,使仲裁活动从相互对抗走向共同协商解决纠

---

① 《2016年全国各仲裁委员会受理案件情况》,载http://www.sdjnzc.org.cn/news.asp? articleid=567,最后访问日期:2017年12月26日。

② "三率"是指快速结案率、调解和解率以及自动履行率。

③ 《全国仲裁年受案量首次突破20万件》,载http://www.chinapeace.gov.cn/2017-05/03/content_11407591.htm,最后访问日期:2017年12月26日。

纷,取得了良好的效果,意味着仲裁处理纠纷化解矛盾的能力不断提高,仲裁的特点优势得到进一步发挥和显现。特别指出的是,全国有不少的仲裁机构在调解结案的数量上实现了新的突破,如 2016 年汕头仲裁委员会,在已结案件中,调解率达到了八成,真正达到了案结事了、定分止争的良好效果。①

(四)司法支持率稳步提高

仲裁裁决的司法支持率是衡量仲裁合法性、公正性的重要指标。仲裁虽有其特殊性,但其与法院都有实现化解社会矛盾和各类纠纷的共同目标,人民法院对仲裁活动的监督与支持将更有利于目标的实现。根据数据显示,2015 年度,被人民法院裁定撤销仲裁裁决的案件数为 209 件,占总数的 0.15%,相比于 2014 年 0.18% 的撤销率(被人民法院裁定撤销仲裁裁决的案件数为 203 件)略有下降。同时,全国 244 家仲裁委员会中,没有出现仲裁案件被人民法院裁定撤销或不予执行的有 163 家仲裁委员会,占仲裁机构总数的 67%,被人民法院裁定撤销和不予执行案件数超过 5 件的仅有 20 家仲裁委员会,占仲裁机构总数的 8.1%。2016 年,全国被人民法院裁定撤销的案件共 232 件,占受案总数的 0.11%,同比下降 0.04 个百分点;被人民法院裁定不予执行的案件共 63 件,占受案总数的 0.03%,同比下降 0.03 个百分点。全国 157 家仲裁委员会全年没有被法院裁定撤销或不予执行的案件,占仲裁机构总数的 63%。② 上述数据表明,法院秉承着“依法支持、监督仲裁”的理念,实现并且逐步加强了与仲裁机构的对接。司法支持率的稳步提升同时也反映了我国仲裁法治工作质量的提升。

---

① 《建成全省首个市、区两级覆盖仲裁庭　全年案件调解率达八成》,载 http://www.gdzf.org.cn/zwgd/201711/t20171115_901802.htm,最后访问日期:2017 年 12 月 26 日。

② 《全国仲裁年受案量首次突破 20 万件》,载 http://www.chinapeace.gov.cn/2017-05/03/content_11407591.htm,最后访问日期:2017 年 12 月 26 日。

(五)涉外案件数量显著增长

2016年之前,仲裁案件仍以国内争议为主,除了中国国际贸易仲裁委员会和广州仲裁委员会受理的涉外仲裁数量稍多点外,其余各地如深圳、武汉、青岛、海南等仲裁机构受理的涉外案件数量均较少,成为我国仲裁事业发展的一大"瓶颈"。2016年,这种状况发生了改变,实现了涉外仲裁数量的大幅度增长。2016年,全国共有62家仲裁委员会受理涉外及涉港、澳、台地区案件,共计3141件,同比增加1056件,增长率为51%,创20多年来最大增量和增幅。除涉港、澳、台地区案件外,其他涉外案件1546件,占比49%。其中,一方当事人为外方的案件1137件,双方均为外方的141件;涉及全球57个国家和地区。[①] 这说明我国的仲裁机构越来越受国际社会认可,在国际仲裁界慢慢有了自己独立的地位。

(六)尚待进一步解决的问题

《仲裁法》实施20多年来,我国仲裁事业逐渐走向成熟,形成了一套适用于本国国情的工作体系。仲裁案件增长迅速,目前就案件数量上看我国已发展为仲裁大国。但由于实践中存在的仲裁法律需要革新、地域发展水平不均衡、社会公众对仲裁的认识仍有待提高、仲裁宣传相对滞后等问题,一定程度上束缚了我国仲裁事业的发展,我国还未能跻身仲裁强国之列,仍旧有一些突出的问题存在于仲裁活动中。

一是仲裁机构之间发展不平衡。2015年受案数超过500件的有68家仲裁委员会,占全国仲裁机构总数的28%;超过200件不足500件的有50家,占总数的21%;超过50件不足200件的有74家,占总数的30%;不足50件的有52家,占总数的21%。2016年,在我国251个仲裁机构中,中小城

---

① 《中国仲裁事业进入加速期 仲裁年受案量首破20万件》,载http://www.zgswcn.com/2017/0503/775275.shtml,最后访问日期:2017年12月26日。

市仲裁机构共218家,占了总数的87%。然而受理的案件数却只有106,534件,只占全国案件总数的51%。同时,数据显示,2016年受案量不超过50件的仲裁机构有51家。近几年来,约50家仲裁机构受案率低下。除了案件受理数量,受理标的额也存在极大差异,一线城市仲裁机构的发展态势远远超过中小城市。北京仲裁委员会在2015年度就出现了个案标的额过百亿元的案件,体现了地区整体经济实力对仲裁机构发展的重要作用。而其他地区特别是中小城市所在地的仲裁机构受理的案件标的额则相对较低,仲裁机构之间发展的参差不齐日益成为一个亟待解决的问题。

二是仲裁机构的内部限制。首先,仲裁员能力有限。仲裁员所专攻的领域不同将会导致其处理案件能力有限,专业案件的办案质量可能会下降,同时也会导致案件办理时间过长,不能达到快速解决纠纷的目的。其次,仲裁程序相对于诉讼来说更为灵活,裁决依据也更为多样,不同仲裁机构的裁决依据可能大不相同。相较于法官,仲裁员的裁量权更大,因此,未来的仲裁立法要加大对仲裁员准入条件的限制,提高仲裁员的业务水平。同时,也要明确仲裁的依据,规范仲裁程序。

二、仲裁法律制度建设

(一)仲裁法制研讨热烈

2015年是我国《仲裁法》实施20周年。2015年11月17日,全国仲裁工作年会在安徽省合肥市召开,年会主要回顾了20年的仲裁历程,各仲裁机构交流工作经验,进一步促进仲裁工作的发展。会议指出,全国仲裁界要认真贯彻落实党的十八大、十八届四中、五中全会精神和习近平总书记重要讲话精神,以改革创新的精神,全面推进仲裁法的贯彻实施,努力开创仲裁事业的新局面,促进仲裁事业的大繁荣大发展,为我国由仲裁大国向仲裁强国继续奋斗。①

2015年6月9日至10日,在北京分别召开了全国仲裁“两化”试点工作座谈会和全国仲裁工作座谈会。“两化”是指“案件受理多样化,纠纷处理多元化”,本次工作会议分别汇报了“两化”试点工作开展以来的实践情况、存在的问题以及具体解决措施,重点研讨了贯彻落实《仲裁法》在工作制度方面存在的问题和具体完善意见、仲裁公信力方面存在的问题和具体解决意见。②

2015年9月25日,由中国国际经济贸易仲裁委员会主办,中国人民大学、中华全国律师协会、北京市律师协会协办的“中国仲裁高峰论坛”在京隆重召开。仲裁作为诉讼之外的争议解决有效方式,作为国际上通行的解决纠纷的惯常做法,已成为我国市场主体解决民商事纠纷的重要方式之一,在推进我国“一带一路”建设等国家重大经济发展倡议中发挥着重要作用。③

2015年10月15日,中国仲裁法学研究会主办的2015年年会暨第八届中国仲裁与司法论坛在青岛召开。研究会作为我国仲裁法学理论的重要研究阵地,要按照党的十八届四中全会的要求,凝聚各方力量,共同繁荣仲裁法学研究,重视培养理论人才,加快智库建设。同时,针对仲裁司法审查实践中出现的新情况、新问题,最高人民法院及时开展仲裁研究,制定司法解释,统一法律适用标准,不断丰富和完善我国仲裁法律制度,进一步推动了我国仲裁理论和实践的发展。④

---

① 《袁诗鸣在2015年全国仲裁工作年会上的讲话》,载 http://www. hrbac. org. cn/news/4619,最后访问日期:2016年7月31日。

② 《2015年全国仲裁两化和仲裁工作座谈会在京召开》,载 http://www. sjzzc. gov. cn/html/news/2015/0626/2192. html,最后访问日期:2016年7月31日。

③ 《中国仲裁高峰论坛在北京举行》,载 http://news. ifeng. com/a/20150925/44738249_0. shtml,最后访问日期:2016年8月15日。

④ 《中国仲裁法学研究会2015年年会暨第八届中国仲裁与司法论坛举办》,载 http://www. arbitration. org. cn/hotnews/1103. jhtml,最后访问日期:2016年7月31日。

2015年7月13日，由上海市商务委员会、英国驻上海总领事馆和上海国际仲裁中心联合主办，上海财经大学和中国自由贸易试验区协同创新中心共同承办的2015年“调解、仲裁与自贸试验区争议解决”国际研讨会在上海顺利召开。大会分别从“上海亚太仲裁中心的建立”“仲裁与调解的相互作用”“国际争议解决的多样性与不平衡”“中国涉外商事交易的新实践”四个方面展开专题研讨。①

2015年9月24日，中国互联网仲裁联盟成立大会在广州隆重举行。中国互联网仲裁联盟由广州仲裁委员会发起成立，全国160多家仲裁机构积极响应，并且得到了相关互联网行业协会、律师协会等技术团队的加盟，中国互联网仲裁联盟成立，是互联网时代经济发展的必然需求，也是加快推进国家提出的“互联网+”行动计划的具体表现。②

2016年对于中国仲裁界而言，又是成果丰硕的一年。“廉政”与“两化”，无疑是中国仲裁2016年的年度主题词。在国务院法制办参加的各个仲裁工作会议上，“廉政”与“两化”均被作为关注与研讨的重大话题。国务院法制办自2014年年初以来就确立了“两化”发展战略，为仲裁发展注入了新的动力。根据国务院法制办的统计数据，各试点单位2016年受案总数比2015年增长18,369件，增长率为26%，其中，武汉仲裁委等仲裁机构的受理案件数增长率更是高达50%以上。③

2016年6月23日至24日，全国仲裁工作座谈会在北京召开，会议首先通报了2015年全国仲裁工作有关情况，同时与会仲裁机构还就仲裁“两化”工作情况、“互联网+仲裁”工作情况、仲裁机构廉政建设工作情况等做

① 《“调解、仲裁与自贸试验区争议解决”国际研讨会成功举办》，载 http://www.scofcom.gov.cn/swdt/238594.htm，最后访问日期：2016年8月15日。

② 《中国互联网仲裁联盟正式成立》，载 http://fzb.wuxi.gov.cn/doc/2015/10/19/581421.shtml，最后访问日期：2016年7月31日。

③ 《仲裁“两化”或正式进入官方文件　试点机构受案量增长率最高逾50%》，载 http://news.eastday.com/eastday/13news/auto/news/china/20170404/u7ai6660846.html，最后访问日期：2017年12月28日。

了积极发言并提出了具体意见和建议。大会重点讨论了“仲裁邀请第三人的利与弊及应注意的问题”,哈尔滨仲裁委员会结合近年来全国仲裁机构及哈尔滨仲裁委员会办理的涉及第三人案件的实际情况,对邀请第三人加入仲裁程序的相关理论和实务问题进行了详细阐述,并对仲裁邀请第三人应注意的相关问题进行了系统的分析。[①]

2016年9月28日至29日,由最高人民法院、中国国际贸易促进委员会(以下简称中国贸促会)和中国国际经济贸易仲裁委员会共同主办,中国人民大学、中华全国律师协会、北京市律师协会和联合国国际贸易法委员会亚洲及太平洋区域中心协办的“2016中国仲裁高峰论坛”在京隆重召开。最高人民法院院长周强、副院长贺荣,中国贸促会副会长张伟出席会议并讲话。联合国国际贸易法委员会秘书长瑞诺·索里先生远道而来参加会议并致辞。可见各界对仲裁这种争议解决方式越来越重视,仲裁作为国际上通行的解决纠纷的惯例,已成为我国市场主体解决民商事纠纷的重要方式之一,在推进我国“一带一路”建设等国家重大经济发展倡议中发挥着重要作用,因此关于《仲裁法》修改以及仲裁法制建设的各项讨论会在全国如火如荼地举行。

2016年6月7日,山东省仲裁发展促进会在济南市宣告成立。山东作为仲裁大省,却存在仲裁事业发展不平衡的一面。个别仲裁机构案件审理的质量还不够高,影响了仲裁公信力。仲裁制度的宣传手段单一、陈旧,社会的知晓度还不高。因此山东仲裁界迫切需要整合全省仲裁资源,自律管理、优势互补、统一行动,形成工作合力和规模效应,提升全省仲裁的整体实力,实现跨越发展。此次山东省仲裁发展促进会的成立将有力助推山东省整体仲裁事业的发展,促进会将制定全省仲裁员和仲裁机构工作人员行为规范,对仲裁从业者进行约束管理。将制定统一标准,促进仲裁机构规范化

---

① 《我委受邀参加2016年全国仲裁工作座谈会》,载 http://www.hrbac.org.cn/newsshow.php?cid=15&id=3234,最后访问日期:2017年12月28日。

建设,包括统一全省仲裁机构业务技术标准,制定《山东仲裁机构标准仲裁规则》,供各个仲裁机构参考修改和使用。制定《山东仲裁机构法律文书标准格式》,统一和规范全省各个仲裁机构的法律文书。此外,促进会还将出台机构规范化建设统一标准。在网络信息化建设、人才引进、仲裁品牌建设、仲裁文化建设等方面作出统一要求。①

2016年7月29日,在大力提倡仲裁机构廉政建设的当下,国内第一份加强仲裁廉政建设倡议书在浙江省绍兴市诞生。在八大仲裁机构片区里,东南、东北片区率先迈出了响应国务院法制办要求的实质性一步。在第四次东南、东北片区仲裁工作会议上,《加强仲裁廉政建设　提升仲裁公信力倡议书(审议稿)》(以下简称《倡议书》)获得参会代表的悉数通过。《倡议书》提出要强化制度,进一步规范仲裁工作管理制度,建立健全立案、审理等业务管理和人事、财务等行政管理的仲裁内控制度,形成用制度规范行为、按制度办事、靠制度管理人的有效机制。《倡议书》明确要有效监督,制定切实可行的措施,形成仲裁庭与仲裁办事机构有机协调、相互监督局面,重视当事人和社会各界对仲裁工作的反映,自觉接受各方面监督,树立仲裁机构的良好社会形象。②

2016年9月7日,华北、华东片区仲裁工作会议在秦皇岛召开。本次会议由秦皇岛仲裁委员会承办,来自北京、天津、上海3市和河北、山西、内蒙古、江苏、山东5省(区)的57个仲裁委员会的负责人和工作人员共120多人参加了会议,时任国务院法制办法制协调司石海处长到会并做了总结发言。会上,天津仲裁委员会翟国良主任传达了2016年全国仲裁工作座谈会精神,上海仲裁委员会王信芳主任通报了2015年华北、华东片区仲裁工作

---

① 《山东:17家仲裁机构拟用统一仲裁规则》,载中国商事仲裁网:http://www.ccarb.org/WEB_CN/NewsDetail.aspx? NewsType = 0&KeyID = c49a50e6 - 1d27 - 417e - a337 - f9cc69b67102,最后访问日期:2016年7月31日。

② 《国务院法制办要求加强仲裁廉政建设》,载http://www.fjfzb.gov.cn/cms/html/sfzb/2016 - 10 - 26/369643663.html,最后访问日期:2017年12月28日。

的主要情况。与会人员围绕"两化"发展战略、仲裁机构廉政建设和加强仲裁工作交流等问题,听取了山东省仲裁促进会和常州仲裁委员会所做的重点发言,并进行了热烈的交流和讨论,达到了互相学习借鉴、增强发展信心和能力的预期目的。①

2016年10月19日,全国仲裁工作年会在重庆召开,部分省、市政府法制部门和全国220多家仲裁机构负责人,共550名代表参加会议。大会对全国仲裁工作、"仲裁案件受理多样化、纠纷处理多样化"试点工作、"互联网+仲裁"工作等情况做了通报。来自重庆、北京、吉林、厦门等地仲裁机构负责人,就如何谋划、推进、发展仲裁工作进行了交流发言。据了解,"两化"试点工作是国务院法制办根据《仲裁法》的基本原则,在总结我国仲裁20年的发展实践、研究仲裁发展规律和分析发展趋势基础上提出的仲裁发展新战略。重庆仲裁委员会相关负责人表示,重庆将以"两化"试点为抓手,不断改进和创新仲裁服务方式,扩大仲裁案件受理范围、丰富仲裁案件处理方法,充分发挥仲裁在促进全市经济发展和维护社会稳定中的重要作用。②

2016年10月22日,中国仲裁论坛第八次会议在长沙召开,本次会议主题是仲裁公信力建设,仲裁公信力建设综合反映了社会对仲裁制度和仲裁裁决的认知度、认可度和信任度。会议由中国仲裁论坛组委会主办,湖南大学法学院、中国国际经济贸易仲裁委员会湖北分会承办。参会人员有来自全国各仲裁机构实务界代表、大学教师、律师及国企代表共计80余人,此次大会主要围绕公信力建设对仲裁机构的重要性以及民法典应当明确仲裁机构的法人地位、仲裁公信力建设与治理结构等内容进行了深入讨论,经过本次会议研讨,与会代表达成以下共识:一是仲裁公信力的核心是仲裁裁决

---

① 《华北、华东片区仲裁工作会议在秦皇岛召开》,载 http://ac.nanjing.gov.cn/zczx/gzdt/201609/t20160912_4176020.html,最后访问日期:2017年12月28日。

② 《2016年全国仲裁工作年会在渝召开》,载 http://www.gov.cn/xinwen/2016-10/20/content_5122125.htm,最后访问日期:2017年12月28日。

的公平公正;二是仲裁公信力的关键在仲裁员;三是仲裁机构本身正确的定性定位,科学的管理体制和完善的治理结构是仲裁公信力的长效保障。①

2016 年 11 月 3 日,为全面落实 2016 年全国仲裁工作年会精神,推动长三角地区仲裁"两化"试点工作,加强长三角地区仲裁机构交流与合作,促进长三角地区仲裁机构共同发展,2016 年长三角仲裁工作会议暨第二届长三角仲裁论坛在江苏盐城市召开,来自长三角地区上海、浙江、安徽、江苏三省一市的 32 家仲裁机构参会。会议期间,各机构围绕仲裁机构改革与廉洁办案建设、仲裁机构建设与仲裁理论事务等方面的内容进行了相关的交流。②

(二)商事仲裁法律制度建设

1. 司法部印发《关于进一步规范和加强仲裁机构登记管理的意见》

2016 年 6 月 17 日,为贯彻落实党的十八届四中全会决定关于"完善仲裁制度,提高仲裁公信力"重要部署,司法部印发《关于进一步规范和加强仲裁机构登记管理的意见》,对规范仲裁机构登记工作、加强仲裁机构监督管理、完善仲裁登记制度等提出了明确要求。对于仲裁法律制度而言,公信力是至关重要的。如果没有公信力,仲裁法律制度将没有生命力和权威。要提高仲裁公信力,使更多的市场主体愿意选择仲裁方式解决可能发生的纠纷。《关于进一步规范和加强仲裁机构登记管理的意见》要求,要依法严格审查仲裁机构条件,重点审查仲裁委员会组成人员及专家比例、仲裁员名册等内容,进一步规范仲裁机构变更备案,确保仲裁机构的合法性。要及时了解掌握仲裁机构有关情况,监督仲裁机构严格遵守法律法规和规章。要

---

① 《贸仲委冷海东副秘书长出席中国仲裁论坛第八次会议》,载 http://www.ccpit.org/Contents/Channel_3528/2016/1024/707715/content_707715.htm,最后访问日期:2017 年 12 月 28 日。

② 《2016 年长三角仲裁工作会议暨第二届长三角仲裁论坛在盐城召开》,载 http://jsnews2.jschina.com.cn/system/2016/11/04/029966760.shtml,最后访问日期:2017 年 12 月 28 日。

健全完善司法行政机关与政府法制工作机构、人民法院等部门的沟通机制,及时协调解决仲裁机构登记管理工作中遇到的有关问题,推动仲裁工作规范发展。①

2. 最高人民法院发布《关于为自由贸易试验区建设提供司法保障的意见》

2016年12月30日,最高人民法院发布《关于为自由贸易试验区建设提供司法保障的意见》,该意见就涉及自由贸易试验区主体的涉外商事仲裁案件进行了扩张解释,并在自由贸易试验区引入临时仲裁。

该意见第9条规定,在自由贸易试验区内注册的外商独资企业相互之间约定商事争议提交域外仲裁的,不应仅以其争议不具有涉外因素为由认定相关仲裁协议无效。一方或者双方均为在自由贸易试验区内注册的外商投资企业,约定将商事争议提交域外仲裁,发生纠纷后,当事人将争议提交域外仲裁,相关裁决作出后,其又以仲裁协议无效为由主张拒绝承认、认可或执行的,人民法院不予支持;另一方当事人在仲裁程序中未对仲裁协议效力提出异议,相关裁决作出后,又以有关争议不具有涉外因素为由主张仲裁协议无效,并以此主张拒绝承认、认可或执行的,人民法院不予支持。在自由贸易试验区内注册的企业相互之间约定在内地特定地点、按照特定仲裁规则、由特定人员对有关争议进行仲裁的,可以认定该仲裁协议有效。人民法院认为该仲裁协议无效的,应报请上一级法院进行审查。上级法院同意下级法院意见的,应将其审查意见层报最高人民法院,待最高人民法院答复后作出裁定。

3. 我国各地仲裁机构仲裁规则的修改

中国国际经济贸易仲裁委员会正式颁布了其最新修订的仲裁规则,并于2015年1月1日开始正式实施。2015年版规则较旧规则相比,存在以下

---

① 《司法部出台意见:规范和加强仲裁机构登记管理》,载 http://www.cnarb.com/Item/8017.aspx,最后访问日期:2016年8月1日。

突出亮点:(1)在仲裁委员会内部增设仲裁院,取代之前秘书局所承担的管理仲裁程序的职责;(2)增加“香港仲裁的特别规定”专章,凸显中国国际经济贸易仲裁委员会作为国内首屈一指的国际仲裁机构为境内外当事人提供仲裁服务的能力;(3)总结国内仲裁实践,有针对性地对相关条文作出明确和调整,如列举送达方式、明确合并仲裁的具体适用、更换仲裁员情况下的选定期限、首席仲裁员经授权单独决定程序安排的权力、视情况聘请速录人员记录笔录;提高简易程序的争议金额等;(4)根据国际仲裁实践,顺应最新发展趋势,规定多份合同仲裁、追加当事人和紧急仲裁员程序等。①

2015年3月16日,中国广州仲裁委员会发布《中国广州仲裁委员会网络仲裁规则(征求意见稿)》,历时7个月的研究、讨论、探索,终于在2015年10月1日开始施行。《中国广州仲裁委员会网络仲裁规则》的施行意味着新常态下运用网络进行仲裁有规可依,是网络时代背景下仲裁业界的新思路、新尝试。②

2015年4月,珠海仲裁委员会发布了《珠海国际仲裁院仲裁规则》及《仲裁员名册》,其中包括仲裁语言增加了葡语。《珠海国际仲裁院仲裁规则》共7章76条,明确珠海国际仲裁院的职能、受案范围和仲裁语言,确定其国际化的定位,吸纳国际商事仲裁的先进制度,突出当事人意思自治等方面。该仲裁规则是中国仲裁机构中涉外人士比例最高的仲裁员名册,目前有70名仲裁员列入名册,其中来自我国港澳台地区及外国籍的仲裁员占到仲裁员总数的44%。③

2015年4月22日,新的《武汉仲裁委员会仲裁规则》经第三届武汉仲裁委员会第六次全体会议审议并通过,自2015年5月1日起正式施行。此

---

① 《最新中国国际经济贸易仲裁委员会〈仲裁规则〉的解读》,载 http://www.globallawoffice.com.cn/content/details_13_652.html,最后访问日期:2017年12月28日。

② 《盘点2015中国商事仲裁十大事件》,载 http://stzc.shantou.gov.cn/html/gzdt/457.html,最后访问日期:2015年7月4日。

③ 《珠海国际仲裁院仲裁规则发布增加葡语为仲裁语言》,载 http://www.china-arbitration.com/news.php?id=3284,最后访问日期:2015年5月4日。

次仲裁规则修改的总体思路是:立足武汉仲裁实践,适应武仲发展仲裁事业的需要,保持尊重现行法律框架与体现规则适度前瞻性的平衡和统一;尊重商事仲裁规律,充分体现当事人意思自治原则,充分保障当事人权利,平等地对待各方当事人并赋予当事人程序选择权;进一步加强仲裁委对仲裁庭、仲裁员和案件的质量管理,加强仲裁庭对仲裁程序的管理权,完善程序规则以保障仲裁程序灵活高效地进行;借鉴国际、国内最新的、最先进的仲裁规则成果,为仲裁主体进行仲裁活动提供合理和高效的程序保障,增强程序的透明性和可预期性,约束仲裁程序的拖延,减少仲裁活动的不确定性,使之更灵活、更高效和更公正。①

南京仲裁委员会已完成《南京仲裁委员会仲裁规则》的修订工作其于2016年5月1日正式施行。此次仲裁规则修订工作历时1年多,学习借鉴了境内外仲裁机构近年来的仲裁实践经验及创新成果,并结合仲裁实务深入研究,在广泛征求各方意见基础上完成修改工作。《南京仲裁委员会仲裁规则》更注重体现商事仲裁制度特点、尊重当事人意思自治,并顺应国际商事仲裁发展方向。②

《长沙仲裁委员会仲裁规则》(2016年)自2016年5月1日起施行,2016年版新规则吸收借鉴国内外其他仲裁机构的优秀成果,结合长沙仲裁委员会工作实践和需要,对《长沙仲裁委员会仲裁规则》(2013年)加以创新和发展。相比2013年版仲裁规则,新规则不仅是条文数量上的增加,更重要的是,新规则在约定程序性事项方面给予当事人更大的灵活性,强化对当事人约定的尊重,也更加注重规范仲裁机构、仲裁员及工作人员的行为,充分体现了仲裁便捷、高效、灵活的优势。③

---

① 《武汉仲裁委员会5月1日起施行仲裁新规则》,载 http://cjrb.cjn.cn/html/2015-04/29/content_5438010.htm,最后访问日期:2015年7月4日。

② 《新版〈南京仲裁委员会仲裁规则〉即将发布施行》,载 http://www.aiweibang.com/yuedu/102809987.html,最后访问日期:2016年8月2日。

③ 《新版〈长沙仲裁委员会仲裁规则〉即将发布施行》,载 http://www.aiweibang.com/yuedu/116398161.html,最后访问日期:2016年8月2日。

晋城仲裁委员会的新版《晋城仲裁委员会仲裁规则》于2016年4月1日正式施行。《晋城仲裁委员会仲裁规则》修订内容从仲裁实践出发,充分尊重当事人意思自治和当事人程序主体地位,赋予仲裁庭的权力也更加灵活具体。结合当前社会现状,新增"当事人应诚实信用地参加仲裁活动并在庭前签署保证书制度",引导当事人信守承诺、遵规守法参加仲裁活动;修改"争议标的50万元以下的仲裁案件适用简易程序"制度,目前经济形势下案件数量激增,快捷高效的审结仲裁案件意义重大;新《民事诉讼法》相关司法解释新规,明确了在文书送达中拍照、录像等现代化手段的应用,引入了电子送达,完善了留置送达和公告送达等,在一定程度上解决了送达难题,提高了案件审理时效。《晋城仲裁委员会仲裁规则》还新增了"案件撤销、允许当事人依据仲裁协议追加当事人、合并仲裁"等制度,并在原有基础上对文字表述等进行了进一步的细化和完善,内容更加专业精细、明晰清楚,便于适用,更加体现出商事仲裁制度灵活、专业、高效理念和特性。①

深圳国际仲裁院于2016年10月26日举行了新规则发布会,发布2016年版《深圳国际仲裁院仲裁规则》、深圳国际仲裁院《关于适用〈联合国国际贸易法委员会仲裁规则〉的程序指引》、《华南国际经济贸易仲裁委员会海事物流特别仲裁规则》。这标志着《联合国国际贸易法委员会仲裁规则》在中国的落地。新规则此次进行了制度创新,率先将投资仲裁列入受理范围,公平保护海外投资相关各方的合法权益。同时率先制定适用《联合国国际贸易法委员会仲裁规则》的程序指引,帮助企业更好地运用规则,在"一带一路"的背景下更好地"走出去"。另外,为了鼓励当事人约定我国香港特别行政区为仲裁地以支持香港特别行政区,深圳国际仲裁院《关于适用〈联合国国际贸易法委员会仲裁规则〉的程序指引》规定:"当事人对仲裁地有约定

---

① 《新版〈晋城仲裁委员会规则〉于2016年将于4月1日启用》,载http://jczc.jconline.cn/Contents/Channel_4563/2016/0401/1273203/content_1273203.htm,最后访问日期:2017年12月28日。

的,从其约定。当事人没有约定的,仲裁地为香港,除非仲裁庭另有决定。”①

4. 自由贸易试验区仲裁制度建设

我国已成立11个自由贸易试验区,分别为:上海、广东、天津、福建、辽宁、浙江、河南、湖北、重庆、四川、陕西自由贸易试验区。解放思想、主动作为,以制度创新为核心,简政放权、放管结合、优化服务,这些理念全力推进自由贸易试验区建设。与此同时,自由贸易试验区内的仲裁制度也逐渐确立和成熟起来。

(1)全国自由贸易试验区仲裁工作情况

为受理、仲裁涉及中国(天津)自由贸易试验区及滨海新区的经济纠纷,天津仲裁委员会于2015年5月1日在滨海新区设立了天津仲裁委员会中国(天津)自由贸易试验区国际仲裁中心(以下简称自贸国际仲裁中心)。自贸国际仲裁中心是天津仲裁委员会在滨海新区依法开展仲裁活动的派出机构,与天津仲裁委员会是统一的整体,使用相同的仲裁规则和仲裁员名册,并按天津仲裁委员会的各项规范性文件开展工作。自贸国际仲裁中心受理经济、技术、建设工程、房地产交易、土地使用权转让、知识产权、产品质量责任、交通运输、股权转让、金融、保险、期货、证券、保理、融资租赁、金融衍生品交易、技术开发与转让、国际贸易与投资、环境资源能源、计算机信息技术及海事海商等方面的合同纠纷和其他财产权益纠纷。

2015年8月,福建省司法厅先后登记了厦门仲裁委员会国际商事仲裁院、厦门仲裁委员会平潭分会以及福州仲裁委员会国际商事仲裁院3个自由贸易试验区仲裁分支机构,标志着福建省自由贸易试验区三个片区全部设立国际商事仲裁机构。自由贸易试验区仲裁机制的建立,有利于充分发挥仲裁在多元化商事纠纷处理服务体系中的职能作用,有利于营造国际化、市场化的自贸试验区营商环境,在推进自贸试验区法治建设、创建开放型经

① 《深圳国际仲裁院发布新规则》,载http://wb.sznews.com/html/2016-10/27/content_3646275.htm,最后访问日期:2017年12月17日。

济体制等方面先行先试，形成可复制、可推广的制度成果。[①]

2015 年 9 月 18 日，由广东省金融办、前海管理局和华南国际经济贸易仲裁委员会（深圳国际仲裁院）合作发起设立的“自贸试验区金融仲裁中心”在深圳正式成立。该中心将重点吸纳我国香港、澳门特区金融与资本市场行业专家和法律专家为仲裁员，虽设立在自由贸易试验区，但同时是广东省和全国金融机构和金融行业服务的纠纷解决平台。[②]

2016 年 2 月 27 日，中国国际经济贸易仲裁委员会广东自由贸易试验区仲裁中心、中国海事仲裁委员会广东自由贸易试验区仲裁中心，在深圳揭牌成立。广东自由贸易试验区立足推动内地与我国香港、澳门特区经济深度合作，以营造国际化、市场化、法治化营商环境为目标。其中法制化营商环境是自由贸易试验区的建设目标，也是保障自由贸易试验区高效、顺利运转的重要基础。2015 年 4 月国务院批准的《中国（广东）自由贸易试验区总体方案》明确提出，发展国际仲裁、商事调解机制。正是在这种背景下，中国国际经济贸易仲裁委员会、中国海事仲裁委员会分别在广东自由贸易试验区设立仲裁中心。[③]

2016 年 2 月 29 日，国际商会驻上海办事处完成了其机构设立批准及登记手续，标志着作为世界最大、最具影响力仲裁机构之一的国际商会仲裁院已成功入驻上海自由贸易试验区。自由贸易试验区对仲裁机构的集聚效应已初步显现，先后有 3 家境外知名仲裁机构完成入驻，上海在国际商事仲裁界的地位和影响力进一步提升。国际知名商事争议解决机构的集聚，将进一步推动上海构建国际化商事争议解决平台，发挥商事争议解决对经济社会发展的杠杆作用，进而完善贸易中心功能，培育国际化、法治化、便利化营

---

① 《福建省司法厅全力支持自贸区仲裁事业发展》，载 http://fj.people.com.cn/n/2015/0803/c363314-25820432.html，最后访问日期：2017 年 12 月 25 日。

② 《自贸区金融仲裁中心在深圳成立》，载 http://gd.people.com.cn/n/2015/0921/c123932-26459923.html，最后访问日期：2017 年 12 月 25 日。

③ 《中国国际经济贸易仲裁委员会在广东自贸区设立仲裁中心》，载 http://www.cs.com.cn/xwzx/hg/201602/t20160228_4912116.html，最后访问日期：2017 年 12 月 25 日。

商环境。①

2016 年 3 月 2 日,新加坡国际仲裁中心正式宣布在上海自由贸易试验区成立代表处并开展业务,成为首家在华落户的外国仲裁机构。目前,随着亚太地区经济的迅速发展,国际仲裁法律服务市场正由传统的欧美地区向亚太地区转移,亚太地区国际商事仲裁异常活跃。上海自由贸易试验区成立至 2015 年年底,仅上海国际仲裁中心共受理涉上海自由贸易试验区争议案件 100 件,其中,适用《中国(上海)自由贸易试验区仲裁规则》案件 81 件,涉及的争议金额总计人民币 5.7533 亿元。境外机构的入驻、国际间互动交流升级,上海正加快建设面向全球的亚太仲裁中心的步伐。②

2016 年 4 月 22 日,中国国际贸易仲裁委员会/中国海事仲裁委员会天津自由贸易试验区仲裁中心在天津揭牌。今后,天津自由贸易试验区内企业涉及商事、海事争议,可通过这两个仲裁中心解决。中国国际贸易仲裁委员会/中国海事仲裁委员会天津自由贸易试验区仲裁中心由中国国际经济贸易仲裁委员会和中国海事仲裁委员会分别成立。两个仲裁中心将立足天津,服务包括京津冀、环渤海在内的中国北方地区的市场主体,旨在区域商事、海事仲裁活动中发挥示范和引领作用。③

2016 年 9 月,香港国际仲裁中心上海代表处与相关方上海市律师协会等单位就仲裁协议的谈判进行模拟,在国际仲裁协议中,哪些因素需要考虑、谈判的策略和技巧是什么,均以现场模拟的形式一一呈现给参会的律师和内地企业。这只是香港国际仲裁中心上海代表处落户上海自由贸易试验区以来举行的宣传推介活动的一个缩影。2015 年 11 月 19 日,香港国际仲裁中心在中国(上海)自由贸易试验区设立代表处,这是落户上海自由贸易

---

① 《国际商会仲裁院入驻上海自贸试验区》,载 http://www.scofcom.gov.cn/swdt/239976.htm,最后访问日期:2017 年 12 月 17 日。

② 《上海加快打造面向全球的亚太仲裁中心》,载 http://sh.people.com.cn/n2/2016/0304/c138654-27866237.html,最后访问日期:2017 年 12 月 25 日。

③ 《天津自贸区设立仲裁中心》,载 http://www.chinanews.com/cj/2016/04-22/7844889.shtml,最后访问日期:2017 年 12 月 25 日。

试验区的首家境外仲裁机构。香港国际仲裁中心上海代表处落户上海自由贸易试验区,不仅是上海自由贸易试验区制度创新的最新探索,也是沪港两地深化合作的成功例证。[①] 2015 年 9 月,香港国际仲裁中心上海代表处在上海自由贸易试验区陆家嘴金融片区成立,这是上海自由贸易试验区服务业扩大开放后首家进驻上海的国际仲裁机构。[②]

(2)多个国际仲裁机构进驻上海

截至 2016 年 6 月,香港国际仲裁中心、新加坡国际仲裁中心、总部位于法国巴黎的国际商会仲裁院纷纷宣布在上海自由贸易试验区成立代表处,同时,瑞典的斯德哥尔摩商会仲裁院也表示有意向在上海自由贸易试验区设立代表处。

虽然国际仲裁机构设立上海代表处,但国际仲裁机构目前仍不能直接在中国内地受理案件和进行仲裁。香港国际仲裁中心在上海设立代表处后,主要工作是借助香港国际仲裁中心的法律服务专长和国际化的视野及业务网络,举办各类有关仲裁、调解的交流和培训等活动,让国内企业更多地了解国际仲裁、了解香港国际仲裁中心。

借助于上海自由贸易试验区先行先试的优势,上海和浦东新区相关部门积极探索引进国际仲裁机构。同时,随着"一带一路"倡议的实施,我国企业"走出去"步伐加快,当事人及其商业伙伴对涉外仲裁服务的需求也越来越大。随着自贸试验区的对外经贸业务增加,必然会产生一系列的商事争议或纠纷事项。以往涉外仲裁一般会选择合同双方所在地之外的国家或地区,如新加坡、马来西亚、中国香港特区等地的国际仲裁机构。在国家"一带一路"的定位中,法律服务走出去的步伐会日益加快,而如何能更好与国际接轨,也是国内律师面临的挑战。国际仲裁机构落户上海自由贸易试验

---

① 《香港国际仲裁中心在上海自贸区设立代表处》,载 http://news.ifeng.com/a/20151120/46319503_0.shtml,最后访问日期:2017 年 12 月 25 日。

② 《首家国际仲裁机构入驻上海自贸区》,载 http://www.shanghai.gov.cn/nw2/nw2314/nw2315/nw18454/u21aw1156017.html,最后访问日期:2017 年 12 月 17 日。

区,可以进一步促使国内律师在处理商事纠纷过程中了解和熟悉境外的司法环境、贸易习惯,从而更好地为国内企业拓展海外市场保驾护航,提供有力的法律支持。

上海也正借此机会打造亚太仲裁中心。近年来,上海国际仲裁中心设立了中国(上海)自由贸易试验区仲裁院,制定了与国际接轨的《中国(上海)自由贸易试验区仲裁规则》;设立了上海国际航空仲裁院、金砖国家争议解决(上海)中心、中非联合仲裁(上海)中心、产权交易仲裁中心四大平台。其中,上海国际航空仲裁院是国际上唯一一家专业航空仲裁院。与此同时,上海国际仲裁中心与华南国际经济贸易仲裁委员会(深圳国际仲裁院)、天津仲裁委员会、珠海仲裁委员会、福州仲裁委员会、南沙国际仲裁中心联合发起设立了中国自由贸易试验区仲裁合作联盟。上海国际仲裁中心还与美国仲裁协会、韩国商事仲裁院、日本商事仲裁协会、瑞士仲裁协会、南部非洲仲裁员协会等机构签署了合作协议,初步构建了亚太仲裁机构交流合作机制。

三、仲裁的实践创新

(一)“互联网仲裁”推广

随着互联网经济在中国的全面展开,各种新类型的网络纠纷也大量涌现,而与传统经济形态不同的是,互联网时代的经济交易呈现出多主体、无地域、数据化、复杂化等特点,传统的仲裁模式已经不能完全适应互联网交易的需要。为了充分发挥仲裁的优势,结合互联网纠纷特点,广州仲裁委员会提出了创新互联网仲裁发展模式的现实要求。

2015 年 9 月 24 日,由广州仲裁委员会牵头发起的中国互联网仲裁联盟成立。此外,还有十几家 P2P 平台在与用户签订的协议中约定“发生争议时由广州仲裁委进行网络仲裁”。最新数据显示,2015 年度,广州仲裁委员会的网上立案数近2000件,[①]其网上仲裁实践走在了行业前列,具有创新性和代表性。青岛仲裁委员会于2016年5月20日在北京设立了互联网仲裁院。除此之外,深圳仲裁委员会与中国电信联合举办了深圳云上仲裁启动暨“网上仲裁中心”落户前海,这标志着国内首创的“网上仲裁+电子证据”固化的服务平台诞生了。[②] 随着全国多家仲裁委员会对互联网仲裁的重视,仲裁界的“互联网 +”时代已经到来。

我国目前虽然已经推行网上仲裁,但网上仲裁制度仍有一些问题亟待解决。网上仲裁相较于传统的仲裁方式更加便捷高效,可以打破原有的地域限制,争议的当事人在自己的国家通过网络就可以解决纠纷,大大节约了交易的成本。但我国目前一些商事纠纷当事人仍受传统思想的禁锢,抑或习惯于传统的仲裁方式,认为网上仲裁会造成商业信息的泄露和不当使用,或者自己的观点无法得到充分的表达和接受等。因此应加大力度向大众普及互联网仲裁的便捷与效力。与此同时,应当完善立法。因为现行立法对于互联网仲裁的规定尚不完善和严密,如归于法律文书有效性的界定等。网上仲裁方式特殊,主要依赖于保存在网络硬盘中数据,若保管不当,则损失巨大。因此在未来立法当中应当考虑互联网的特殊性,使互联网仲裁各方面规定到位,使互联网仲裁能真正地实施起来。

(二)发展临时仲裁制度

临时仲裁制度事实上已由我国加入的联合国《承认及执行外国仲裁裁决公约》(又称《纽约公约》)第1条第2款中确立。虽然我国认可该条约中的约定,现行制度中却并无体现。这不仅仅是在于我国加入世界贸易组织

---

① 《中国商事仲裁年度观察(2016)》,载 http://www.bjac.org.cn/news/view?id=2837,最后访问日期:2017年12月28日。

② 《云上仲裁启动暨“网上仲裁中心”落户前海》,载 http://www.legaldaily.com.cn/Arbitration/content/2016-06/23/content_6685606.htm?node=78365,最后访问日期:2017年12月28日。

(World Trade Organization,WTO)后对“外国临时仲裁裁决”的“承认并执行”所造成的不对等,而且更重要的是,市场经济的发展和对外开放的加快所形成的大量民间争端,只依靠法院和现有数量有限的常设仲裁机构解决,已经造成越来越多的积案,这势必严重妨碍社会的秩序和效率。因此我国应当承认临时仲裁,这是世界发展潮流的大趋势。

临时仲裁更符合当事人的意愿,更能适应争议的实际情况,有利于争议的顺利解决和仲裁效率的提高,它的灵活和机动使仲裁的专业性进一步提升。[①] 未来“一带一路”的推广必将导致案件量激增,因此,完备严密的争议解决机制显得尤为重要。临时仲裁作为一种快速有效的解决争议的法律手段,却在国内法律制度中缺位,这种尴尬的局面对我国的民商事主体是不公平的,并且不利于我国对《纽约公约》的遵守和履行。在未来的仲裁制度创新中,应当重视临时仲裁规则。临时仲裁的仲裁规则,可以由当事人自行设计,也可以由当事人约定选择现有的仲裁规则。联合国国际贸易法委员会的仲裁规则被广泛适用于临时仲裁,其对仲裁的程序事项作出了系统、严密的规定,能够消除仲裁过程中的不确定因素,充分发挥出临时仲裁的优势。

最高人民法院发布《关于为自由贸易试验区建设提供司法保障的意见》,在自贸试验区引入临时仲裁,临时仲裁在我国的实践有待观察。

(三)促进自由贸易试验区仲裁机构的专业化和多元化

以上海自由贸易试验区为例,区内的经济环境促使买卖标的额巨大,标的物复杂,这就要求上海自由贸易试验区的仲裁机构必须更专业化、多元化、国际化,才能适应区内的经济活动与交流。自由贸易试验区的经济活动现在正处于高速的发展和创新中,这可能表现为新型领域,也可能表现为现

---

① 贾平、陈颖洁:《上海自贸区仲裁制度的创新与发展路径》,载《法治与社会》2015 年第 7 期。

有领域中的高度细分领域。① 这种环境下的仲裁机构不应该是封闭的，自由贸易试验区的仲裁机构应从改善自身的角度出发，思考如何与自贸试验区的发展相匹配。

上文提到的临时仲裁的引入和运用就是一次良好的制度性创新。对于涉及国家安全和稳定的行业和投资领域，仍需限定由中国的仲裁机构管辖，确保经济安全。同时，自由贸易试验区的仲裁机构可以根据区内案件分类和数量，确定哪类案件专业性较强，将这些案件分配给具有该领域专业知识和能力的仲裁员处理，若达到一定规模也可以为该类案件单独成立仲裁机构，以适应类似于该类案件数量大且需要专业人员处理的案件解决。在 2014 年 8 月由中国航空运输协会、国际航空运输协会与上海国际仲裁中心共同成立的上海国际航空仲裁院就是很好的范例。

四、我国参与国际仲裁规则制定

随着我国国际经济地位的提高，积极地参与国际规则的制定和完善，将有利于我国以更高的水平参与全球经济治理。对于中国仲裁界而言，参与国际仲裁规则的制定程序中对提升我国仲裁执行水平、开阔国际仲裁实务视野、把握国际商务仲裁的发展方向，裨益良多。2016 年，我国积极参加国际仲裁会议并和各国代表讨论国际仲裁规则的制定。

中国国际经济贸易仲裁委员会是我国传统的涉外机构，每年处理的涉外案件涉及 50 多个国家和地区，拥有丰富的处理国际性仲裁案件的经验。同时，经国际商事仲裁委员会（International Council of Commerical Arbitration，ICCA）理事会投票通过，时任中国国际经济贸易仲裁委员会

---

① 贾平、陈颖洁：《上海自贸区仲裁制度的创新与发展路径》，载《法治与社会》2015 年第 7 期。

副主任兼秘书长于健龙成功当选为ICCA理事会成员,成为ICCA理事中唯一的我国仲裁机构的代表,这也是我国仲裁机构迈入相关国际仲裁权力组织从而真正有效参与国际仲裁规则制定的关键一步。

2015年11月30日至12月4日,联合国国际贸易法委员会第三工作组①第32届会议在维也纳举行。中国国际经济贸易仲裁委员会作为观察员机构派遣了傅达清、孙含会、谢国旺三位仲裁员参加了此次会议。该会议的主要任务是审议联合国国际贸易法委员会第三工作组草拟的《跨境电子商务网上争议解决、关于反映网上解决过程要素和原则的无约束力说明文件》以及其他各国代表提交的议案,其中中国代表提交的是《跨境电子商务交易网上争议解决指南》。会议期间,中国国际经济贸易仲裁委员会的三位代表积极参与讨论、详细阅读会议材料、了解各代表国观点,为政府代表团的提案文件及观点提供法律意见,树立了中国国际经济贸易仲裁委员会作为国际仲裁机构的良好形象。②

2016年2月1日至5日,联合国国际贸易法委员会第二工作组③第64届会议在联合国总部纽约举行。中国国际经济贸易仲裁委员会选派了孙巍等人作为观察员参与了此次会议。本次会议的核心工作议程是审议《联合国贸易法委员会关于安排仲裁程序的说明》的修改稿。由于该文件已经过了多轮研讨和修改,成员国代表在绝大多数问题上已经达成了共识,因此本次会议上与会代表对该文件没有什么重大的分歧。值得注意的是,该文件不仅是国际仲裁从业人员的工作指南,而且也对中国的仲裁立法、司法审查与支持仲裁机构的建设以及仲裁从业者都有积极的重大借鉴意义。④

---

① 网上争议解决组。

② 《贸法会第三工作组第32届会议情况报告交流会成功举行》,载http://www.ccpit.org/Contents/Channel_3528/2016/0115/567386/content_567386.htm,最后访问日期:2017年12月26日。

③ 仲裁与调解。

④ 《贸仲委派观察员出席联合国贸法会第二工作组第64次会议》,载http://www.cietac.org/index.php?m=Article&a=show&id=13638,最后访问日期:2017年12月26日。

2016 年 7 月 5 日至 9 日，联合国国际贸易法委员会第 49 届年会在美国纽约召开，中国国际经济贸易仲裁委员会国际案件处处长陈建博士参加中国政府代表团，董绪公先生作为中国国际经济贸易仲裁委员会选派的观察员，张振安先生和方旭辉先生作为亚太仲裁组织选派的观察员参加了会议。经过近一周的审议，会议通过了第二工作组即仲裁与调解工作组经过多年的讨论和修改而成的《关于组织仲裁程序的说明》及第三工作组即网上争议解决工作组的《网上争议解决技术指引》。《关于组织仲裁程序的说明》旨在为仲裁程序的所有参与者提供一定的信息参考和工具箱，可对国内仲裁产生参考和借鉴的价值和作用。《网上争议解决技术指引》则主要是为解决电子商务小额争议的解决而设计的。这两个文件，作为国际贸易法律体系中的软法，将对国际经济贸易纠纷的解决以及国内经济贸易纠纷的解决产生促进作用。①

（撰稿人：赵静晨　熊蕾　陈敬根）

① 《贸仲委派员参加联合国贸法会年会》，载 http://www.cietac.org/index.php?m=Article&a=show&id=13854，最后访问日期：2017 年 12 月 26 日。

第二篇　仲裁理论与实践研究

一、对接国家政策的仲裁

目前,世界经济复苏艰难曲折,外需持续低迷,贸易保护主义抬头,我国企业"走出去"面临诸多不公平待遇和法律风险,国际贸易摩擦和商事纠纷明显增多。这些形势变化对我国仲裁工作包括理论研究,提出了更高的要求。中国仲裁法学研究会在过去一年中不断放大功能作用,积极开展仲裁法学研究,启动了《中国国际商事仲裁年度报告》《中国仲裁白皮书》《"一带一路"重点国家仲裁法律制度比较研究》等一系列项目,深入探讨涉及自由贸易试验区争端解决、网上仲裁、紧急仲裁员制度、仲裁管辖权等仲裁法学理论问题。

(一)"一带一路"构建过程中的仲裁制度

1."一带一路"构建亟待建立相应的仲裁制度

2015 年 11 月 8 日,习主席在北京举行的"加强互联互通伙伴关系"东道主伙伴对话会上发表题为《联通引领发展、伙伴聚焦合作》的重要讲话,提出了加强互联互通、深化"一带一路"合作的一系列建议。并宣布中国将出资 400 亿美元成立丝路基金,随着这一基金的逐步落实,"一带一路"倡议的实施已日渐清晰。

而随着"一带一路"构建的推进,沿线国家商品、服务、生产要素的流动将会大大增加,如此一来,沿线国家之间的投资、贸易摩擦和争端在所难免。目前来看,"一带一路"不同于区域性的经济组织,其没有一个统一的组织机构,而且沿线涉及东南亚、中东、中亚、东欧、北非等地区的多个国家,且这些国家的法律体系也不尽一致,有大陆法系的国家、有阿拉伯法系的国家,也有英美法系的国家。此外,这些国家中有的已经是区域性经济组织的成员,而且还存在多个不同的区域性经济组织,如东盟、中亚经济联盟等。

在这种情况下,一旦产生了投资纠纷,将涉及不同的法律、多方利益的协调,如何来解决争议就显得尤为重要,因为“经济交流和贸易往来”是构建“一带一路”的基础,如果产生纠纷后,没有一个公正、效率的机制来解决这一争议,就会严重影响投资贸易的积极性,也会动摇“一带一路”构建的基础。

所以,在“一带一路”构建过程中,应当建立一种公正、效率、都能接受的争议解决机制,从而为推进“一带一路”的建设提供支持。

“完善多元化纠纷解决机制”作为法治社会建设的重要内容被写入中共中央《关于全面推进依法治国若干重大问题的决定》,标志着多元化纠纷解决机制的改革与完善正式上升为国家策略。国际商事仲裁制度作为多元化纠纷解决机制中一种重要的纠纷解决方式,亟须改革和完善。国际商事仲裁主要涵摄国际经济贸易仲裁和国际海事仲裁,也有学者称其为涉外商事仲裁。仲裁作为国际化程度极高的一种纠纷解决法律制度,因其更能体现争议双方当事人的意思自治,是欧美等市场经济发达国家商事纠纷的主要解决方式,其开放的规则、灵活的争端解决机制,使其成为融入国际规则体系的重要平台和媒介,世界各国的国际贸易中心城市基本都是以国际著名仲裁机构为重要支撑的国际仲裁中心。因此,将我国国际商事仲裁制度与国际规则相接轨,将会助力“一带一路”倡议的推进。①

2. 仲裁在解决“一带一路”商事争议中的优势

在深化与“一带一路”沿线国家经济交往的过程中,随着基础设施、能源、通信领域的合作,贸易、投资、知识产权、金融领域的互动,教育、文化、旅游、医疗、科技领域的交流,双边或者多边区域贸易以及自由贸易区的兴起,将大幅度提升沿线国家间国际投资、国际贸易的交易量,意味着全球经济、金融、贸易、航运等资源要素积极配置,形成巨量的国际商事交易法律关系,

---

① 王佳宜:《“一带一路”战略下国际商事仲裁制度的构建》,载《人民论坛》2016 年第 14 期。

由此产生的商事争议也将呈现更为复杂的态势。

由于法院涉外司法管辖的国际冲突、判决执行司法互助国际条约的欠缺、外国法查明和适用的实际困难等诸多因素,限制了法院诉讼在此类商事争议解决中的作用。而仲裁由于其所具有的裁决易于执行、当事人意思自主、程序保密、高效快捷等诸多优势,受到境内外市场主体的重视和青睐,已成为最为有效和最受欢迎的国际商事争议解决机制。所以,仲裁在解决"一带一路"商事争议中具有以下几个方面的优势:

其一,仲裁裁决容易得到外国法院的承认与执行。《纽约公约》目前成员已经达到156个,已覆盖了约全球80%的国家和地区,使仲裁裁决更易得到各国法院的承认与执行。据统计,截至2015年11月,"一带一路"沿线64个国家中加入《纽约公约》的国家有55个;而在这64个国家中,同中国签订有民事司法协助条约的国家仅为10个、签订有民事及刑事司法协助条约的国家也只有16个。因此,仲裁裁决在执行上的国际性优势,法院判决短期内将难以企及。在现有机制下,中方当事人应尽量考虑通过仲裁方式解决相关国际商事争议。

其二,仲裁规则和仲裁程序日益趋同,当事人在仲裁程序中享有高度自主权。众所周知,各国民事诉讼法律制度存在较大差异。由于《纽约公约》的作用和联合国国际贸易法委员会的努力,各国仲裁立法及众多国际仲裁机构的仲裁规则出现了趋同的态势,在仲裁的基本理念、程序设计、裁决执行等方面都渐趋相同。"一带一路"沿线64个国家中,有32个国家以《联合国国际贸易法委员会国际商事仲裁示范法》为蓝本制定了本国的仲裁法。仲裁以充分的当事人意思自主为基础,仲裁机构的选定、仲裁员的指定、仲裁地和仲裁语言的确定、仲裁程序的安排等均优先由当事人自行约定,当事人在仲裁程序中享有高度自主权,这在法院诉讼中是难以实现的。

其三,案件裁判者的可选择性和专业性。国际民商事争议常常涉及较复杂的法律、经贸和技术问题,仲裁案件的当事人可以指定来自各领域和相关行业的专家作为审理案件的仲裁员,具有明显的专业优势。仲裁当事人可以选择本国国籍的专业人士担任仲裁员,可以约定由第三国籍的人士担任首席仲裁员,可以消除对于裁判者中立性的顾虑。以上海国际仲裁中心为例,现有仲裁员858名,其中外籍及我国港澳台地区仲裁员324名,占37.76%;仲裁员来自61个国家和地区,其中含26个“一带一路”沿线国家。此外,上海国际仲裁中心还允许当事人在《仲裁员名册》外选择仲裁员,为当事人提供了更大的选择空间。

其四,仲裁程序的严格保密性。保密性是国际商事仲裁的基本原则,而法院诉讼均以公开审理为原则。仲裁的这一特性有利于当事人保护商业秘密、技术秘密以及商业声誉,也有利于当事人在避免社会舆论影响的前提下平和地解决争议。仲裁当事人不必担心因为涉及商业争议而带来负面的社会评价。

其五,仲裁管辖权具有确定性。国际民商事案件经常出现管辖权冲突的问题,当事人在订立跨境交易合同时很难预料争议发生后的管辖权,通常又会对对方国家的法院缺乏信任,即使约定管辖也会发生判决难以执行等问题。在合同中加入仲裁条款或订立仲裁协议可较好地解决这一问题,避免出现管辖权冲突。同时,仲裁的一裁终局提高了纠纷解决的效率,避免了冗长的诉讼程序,降低了争议解决成本。

3. 积极构建与“一带一路”建设相适应的商事仲裁争议解决机制

“一带一路”沿线国家大部分是发展中国家,其中仲裁机构比较发达的国家不多,这就给中国仲裁机构带来了发展机遇。

第一,中国仲裁机构应进一步国际化、专业化、市场化。

首先,中国仲裁机构应当深化与沿线国家仲裁机构的交流合作,扩大推荐和互纳仲裁员范围,共同培养国际仲裁员队伍。以上海国际仲裁中心为例,上海国际仲裁中心已与美国仲裁协会、韩国商事仲裁院、日本商事仲裁协会、瑞士仲裁协会等机构签署了合作协议,积极构建了亚太仲裁机构交流合作机制。下一步,上海国际仲裁中心将加强与沿线国家仲裁机构的交流,将在商事仲裁研究、信息互换、培训研讨以及推荐仲裁员等众多领域开展交流，增加沿线国家仲裁员比重。其次，中国仲裁机构应当加强仲裁研究和培训工作，围绕"一带一路"沿线国家仲裁制度、重要仲裁机构的仲裁规则开展比较研究，使中国企业更多地了解"一带一路"沿线国家的法律环境、仲裁制度、主要仲裁机构的仲裁规则等，帮助"走出去"的企业了解沿线国家争议解决现状和仲裁环境。最后，中国仲裁机构应进一步加强自身建设，坚持国际化的发展方向，在沿线国家进行多层次、全方位宣传推广活动，提升中国机构的知名度和影响力。以上海国际仲裁中心为例，围绕服务国家经贸外交战略，在自由贸易试验区仲裁院、上海国际航空仲裁院的基础上，2016 年又增设了金砖国家争议解决上海中心、中非联合仲裁上海中心。今后，我们也可以谋划构建服务"一带一路"建设的国际平台。①

第二，中国法院通过司法监督进一步支持仲裁发展。

2015 年 6 月 16 日，最高人民法院为充分发挥人民法院审判职能作用，有效服务和保障"一带一路"建设的顺利实施，发布了《关于人民法院为"一带一路"建设提供司法服务和保障的若干意见》。最高人民法院在该意见中专列一章，明确表示将依法加强涉沿线国家当事人的仲裁裁决司法审查工作，促进国际商事海事仲裁在"一带一路"建设中发挥重要作用，推动与尚未加入《纽约公约》的沿线国家之间相互承认和执行仲裁裁决，支持"一带一路"建设相关纠纷的仲裁解决。

最高人民法院在发布上述意见的同时，还通报了 8 起人民法院为"一带一路"建设提供司法服务和保障的典型案例。我国法院对仲裁程序和公共政策的监督，保障了仲裁裁决的正当性，增强了当事人对仲裁公平公正解决争议的信心，吸引沿线国家当事人选择在中国进行仲裁。

第三，构建仲裁法律职业共同体，培养涉外仲裁法律人才。

在妥善处理"一带一路"商事争议的过程中，既需要坚定维护国家利益，也应充分考虑国际社会的共同利益，展现我国法律工作者的国际视野和

① 马屹：《"一带一路"建设与商事争议解决机制》，载《上海律师》2016 年第 1 期。

专业水准,建立一支在国际上有影响力的涉外律师和仲裁员队伍。

通过仲裁法律职业共同体的努力,提升中国仲裁的国际化、专业化水平,增强国际影响力和竞争力,为中国企业"走出去"提供专业可靠、公信力强的仲裁法律服务,让仲裁这一商事争议解决机制在"一带一路"建设中发挥更大作用。

(二)自由贸易试验区仲裁制度

1. 自由贸易试验区仲裁中心的建立

此次为响应党中央、国务院战略部署,配合自由贸易试验区政府优化区内营商环境,进一步完善自贸区多元化法律服务环境,中国国际经济贸易仲裁委员会/中国海事仲裁委员会已授权福建、广东、天津三地两分会加挂中国国际经济贸易仲裁委员会/中国海事仲裁委员会自由贸易试验区仲裁中心名称,并针对自由贸易试验区争议解决在工作中部署相应的工作举措。

2015 年 12 月 29 日,中国国际经济贸易仲裁委员会福建分会(福建自由贸易试验区仲裁中心)和中国海事仲裁委员会福建分会(福建自由贸易试验区仲裁中心)揭牌仪式在福建平潭综合实验区台湾创业园会议中心隆重举行。

2016 年 2 月 27 日,中国国际经济贸易仲裁委员会广东自由贸易试验区仲裁中心、中国海事仲裁委员会华南分会、中国海事仲裁委员会广东自由贸易试验区仲裁中心成立揭牌仪式在深圳举行。自此,中国国际经济贸易仲裁委员会、中国海事仲裁委员会自由贸易试验区仲裁中心将运用中国国际经济贸易仲裁委员会和中国海事仲裁委员会几十年积累的先进仲裁程序管理经验,就近为华南地区企业提供国际一流的仲裁服务,更好地解决广东经济融入全球化战略进程中产生的各种商事争议。

2016 年 4 月 22 日,中国国际经济贸易仲裁委员会/中国海事仲裁委员会天津自由贸易试验区仲裁中心 22 日在天津揭牌。两个仲裁中心将立足天津,服务包括京津冀、环渤海在内的中国北方地区的市场主体,旨在区域商事、海事仲裁活动中发挥示范和引领作用。

2. 自由贸易试验区仲裁规则的探讨

继各自由贸易试验区设立仲裁中心后，各仲裁委员会亦颁布了各自的仲裁规则。这些仲裁规则中无不规定了“紧急仲裁员”制度和“临时措施”制度，并将其作为自由贸易试验区仲裁规则先行先试的典范。但囿于国内《民事诉讼法》及《仲裁法》之规定，有关“紧急仲裁员”及“临时措施”制度也是引发国内外理论及实务界探讨最多的论题。本报告以下将整理有关“紧急仲裁员”及“临时措施”制度的探讨，以供读者评判。

根据《中国（上海）自由贸易试验区仲裁规则》（下文以该仲裁规则为例）第18条之规定，法院、仲裁庭或紧急仲裁庭有权对程序性问题作出临时措施的决定，但这一决定对国内外当事人、当事人以外的第三人是否可强制执行，则需依据《民事诉讼法》《纽约公约》及执行地国家的法律进行判断。不同机构作出的不同种类的临时措施决定，是否可获得执行的结果也不一样。

根据不同的标准，可将仲裁临时措施划分为不同的种类。依仲裁临时措施是否需要当事人的申请，可将其分为依当事人申请的临时措施及仲裁庭自行决定的临时措施；依仲裁庭作出临时措施所确定的内容的不同，可将其分为对实体事项的临时措施及对程序事项的临时措施。对于各类临时措施的内容，有的国家立法以列举的方式对仲裁员可以作出的具体的临时措施的权力进行了规定。如1996年《英国仲裁法》第38、39条规定：仲裁员可对以下事项作出临时裁决：(1)决定费用担保的申请；(2)下令由仲裁员、专家（包括仲裁员自行委托的专家）或仲裁当事人对任何物件进行检查、复印、保存、储存或扣留，也可以下令对任何物件提取样本、保留或对物件进行实验。但仲裁员只能对属于仲裁标的的物件或与该标的相关的问题进行调查，且该物件在仲裁当事人占有或持有之下；(3)仲裁员可指示仲裁当事人或证人以宣誓形式作证，也可在其指示下监誓；(4)与仲裁案件相关的证据材料，仲裁员可指示仲裁当事人对任何证据进行保存。从1996年《英国仲裁法》的规定可以看出,由于仲裁庭的权力首先来自仲裁协议的约定,有关采取临时措施的权力亦局限于针对仲裁当事人所拥有、占有、管理或其控制的范围内的物或证据,所以在1996年《英国仲裁法》下,仲裁员采取临时措施的权力是有限制的,只能约束仲裁当事人。

一般而言,有关程序事项的临时措施往往需要当事人的申请,而有关实体事项的临时措施既可源于当事人的申请也可根据案件的情况或需要由仲裁庭自行作出。

(1)对实体事项的临时措施

现今的仲裁已经发展成了一种服务,仲裁员既是仲裁双方当事人争议的决断者,又是服务的提供者。仲裁员的身份决定了其在处理争端过程中必须较法官更讲究效率性、专业性和准确性。为避免当事人就无关仲裁事项进行过多争议,或为了使仲裁能更有序、有效率地进行,仲裁庭可对相关的实体事项作出临时措施的裁决。

第一,对时效问题的裁决。

由于时效届满的抗辩一旦成立,仲裁申请人的请求就不受法律的保护,起到釜底抽薪的效果。因此,仲裁被申请人往往会选择以此为由,不遗余力地进行抗辩。此时若仲裁员对时效问题已有判断,为避免双方无谓的争议,可对此作出临时裁决。

第二,对定性和定量分离问题的裁决。

争议之解决最终必须落实在责任的承担上,而责任承担涉及是否有责任及责任的大小两个问题,即定性和定量的问题,且唯有确定了需承担责任后方有审查责任大小之必要。由于定量问题与当事人的具体责任或支付金额的大小相关,往往更能引起当事人的重视,如果仲裁庭将定性与定量问题夹杂审理,可能会导致过多时间被用于定量问题的争执上。尤其是在复杂、标的额巨大的案件处理过程中,案件本身审理的期限就较长,且这个程序还可能涉及会计师、技术专家和其他人士的参与或论证，这无疑会涉及巨额费用。[①] “如果可能将原则问题（定性）与分担问题（定量）分开，那么这样做通常是值得的。”[②]在定性问题未决之前，仲裁庭过多纠缠于定量问题，最后可能会因定性问题的结果而使定量问题的争论成为无用之功。此外，仲裁庭对定性及定量问题作出裁决后，被申请人明白其无法逃避责任，完全有可能激励仲裁当事人就定量问题达成和解。

第三，对限制条款的裁决。

所谓限制条款，也称责任限制条款，是指合同约定，当一方或任一方当事人违约时，守约方请求其赔偿的数额限定在一定范围之内。例如，当事人约定，任何情况下均不支付利润损失。由于国际商事仲裁往往涉及不同国家的当事人，且不同国家的立法对“限制条款”的认定本就存有争议，[③]若仲裁庭能依适用法确定此类条款的效力，既能避免当事人就此产生争议，又能在请求数额上对申请人有所指引，也可增加当事人协商的可能性。

第四，对法律适用问题的裁决。

在一些商事争议的合同中，当事人对适用哪一国法律没有约定或约定不明，在这种情形下，仲裁员为推进仲裁，往往会首先作出一个临时裁决解决法律适用问题。一旦仲裁庭作出应该适用某一外国法的临时裁决，就有利于尽早找出争议案件的法律依据，便于尽快作出最终裁决。因为英美法系国家通常认为外国法为事实，而非法律。所以，一旦仲裁庭裁定外国法为准据法时，还会涉及外国法的查明方法问题。例如，英国法律下，把外国法看作“事实”，用确定事实的程序来确定外国法的内容，即关于外国法中有

---

① 《日照钢铁与吉布森矿石纠纷再起》，载 http://www.chinabidding.com/jksb-detail-217216716.html，最后访问日期：2017 年 7 月 23 日。

② [英]艾伦·雷德芬、马丁·亨特等：《国际商事仲裁法律与实践》（第 4 版），林一飞、宋连斌译，北京大学出版社 2005 年版，第 401 页。

③ 例如，依据我国《合同法》第 39、40 条之规定，如果格式合同中的“限制条款”并未明确提示非提供格式条款的一方当事人，那么这样的限制条款在我国《合同法》下就有可能被认定为无效。

无相关规定和其内容如何,须由当事人举证证明。[①]

(2)对程序事项的临时措施

在仲裁庭裁决实体性事项期间或之前,因案情的需要,一方当事人(一般是申请人或反请求的申请人)认为另一方有转移财产、抽逃资金等可能危及最终裁决的执行时,为避免损失,保障仲裁程序地顺利进行及将来仲裁裁决的执行,根据当事人的请求,仲裁庭会对相应的程序问题作出裁决。这类裁决主要包括三种:第一种是旨在避免不利影响、损失或损害的裁决,主要包括防止转移财产及保持财产价值的保全裁决,如仲裁过程中的财产保全;第二种是为便于以后终局裁决的执行的裁决,主要是对行为强制的裁决,即强制当事人为或不为一定行为的裁决;第三种是保存证据、保证仲裁程序顺利进行的裁决,主要是与取证或保护证据有关的保全裁决。

(3)两类中间措施的区别

首先,从有权作出决定的主体看,对实体事项的临时措施只能由解决争议的仲裁庭或仲裁员作出;而对程序事项的临时措施既可以由法院作出,也可以由仲裁庭作出。"早期,临时措施只能由法院作出,随着国际商事仲裁的发展,要求法院减少干预仲裁、仲裁当事方自决及下放权力给仲裁庭的呼声也日益高涨。"[②]此外,仲裁员熟悉案情,对衡量应否下达临时措施的指令更为直接,更省时间,也更有利于公平正义的处理案件,但若没有法院的支持,仲裁庭或仲裁员作出的临时措施的决定可能面临只对仲裁当事人有效及执行困难的局面。如果当事人需要在仲裁开始之前便申请采取临时措施,此时,仲裁尚未开始,法院的介入就不可避免。以1996年《英国仲裁法》和《联合国国际商事仲裁示范法》为例,立法的趋势是在尊重当事人自决的前提下,把决定临时措施的权力授予仲裁庭,但法院依然保留对其有管辖权的仲裁案件下达相应的临时措施决定的权力。

---

① 韩德培:《国际私法新论》,武汉大学出版社1997年版,第200页。

② 杨良宜、莫世建、杨大明:《仲裁法——从开庭审理到裁决书的作出与执行》,法律出版社2010年版,第792页。

其次，从实施的时间看，对实体事项的临时措施的申请和作出，只能在仲裁开始后、最后裁决作出之前；而对程序事项的临时措施的申请和作出，既可以在仲裁开始前，也可以在仲裁进行的过程中。由于对程序事项的临时措施可以由法院作出，针对仲裁前的证据保全和财产保全，有管辖权的法院均可根据当事人的申请，在仲裁开始前依法作出相应的决定。如指令仲裁一方当事人协助取证、保留证据、扣船等。

再次，从效力及结果看，仲裁庭作出的对实体事项的临时裁决，其执行地往往位于仲裁地所在国以外，或涉及其他国家的当事人，即使该裁决获得仲裁地法院的支持，也会面临在其他国家承认与执行的问题。而如果当事人向法院提出关于采取程序事项临时措施的申请，则可以直接向对被申请人采取强制措施所在地国家的法院或财产所在地法院提出。显然，只要该法院受理并作出了相应的指令，执行不能的问题就可以避免。

最后，从约束范围看，由于仲裁庭或仲裁员的权限来源于仲裁协议的约定，即使法律或仲裁规则有其他规定，也首先应尊重当事人的约定，所以，仲裁庭或仲裁员作出的裁决只能约束仲裁当事人双方，对他人没有拘束力。而法院作为国家行使司法权的代表，其作出的对程序事项临时措施的决定，在裁决作出地国不仅对临时措施的申请人与被申请人具有拘束力，对其他人也具有约束力。

3. 法院作出的临时措施决定：无法在国外获得执行

仲裁开始前或仲裁进行的过程中，当事人依据法院地国家法律的规定，向法院或仲裁庭协助当事人向法院提出临时措施的申请，此时法院审查后认为符合条件的，根据当事人的申请事项，作出相应的临时措施决定。若临时措施涉及财产保全的，该决定实质上是仲裁前或仲裁过程中财产保全的决定；若临时措施涉及行为保全的，实质上就是法院在仲裁前或仲裁过程中作出的行为保全的决定或裁定。不管属于哪一种，其可否获得执行亦会因执行地国家的不同而执行结果相异。

(1)法院地所在国内

无论申请保全的当事人或申请保全的案件是否具有涉外性,法院作出的保全决定完全符合这一国内民事诉讼法之规定。“在国际民事诉讼中,当事人的实质性权利可能根据外国法来决定,但一个涉外商事争议被界定为程序问题将排他地适用法院地法律。”①而法院的诉讼行为,属于程序性的问题,即使具有涉外性,亦系法院行使国家司法权的一种表现形式。因而其在本国内非但当事人需遵守,该决定所涉及的其他主体也应依法遵守、执行。否则,法院得依法追究相关人员的责任。

(2)法院地所在国以外的国家

由于一国法院作出的仲裁前或仲裁过程中的保全决定系行使该国司法权之行为,根据司法主权的原则,除非两国间达成司法合作协议,否则另一国并无执行他国国内法院判决、裁决或决定的义务。因此,在一国内法院作出的临时措施决定,只有在有司法协助协议的国家方能获得该国的承认与执行。

基于以上分析,当事人依据我国民事诉讼法律和《中国(上海)自由贸易试验区仲裁规则》向我国法院提出临时措施的申请,法院依法作出支持的决定后,在我国国内完全可以得到执行;若当事人依据其他国家民事诉讼法律和《中国(上海)自由贸易试验区仲裁规则》向他国法院提出临时措施申请,并获得支持后,在该国毫无疑问亦可获得执行。至于我国法院作出的临时措施在他国可否获得执行,以及他国法院的临时措施决定在我国是否可获得执行,则要根据这一国家是否与我国存有司法合作协议来定。

4. 仲裁庭作出的临时措施决定:执行受阻

《中国(上海)自由贸易试验区仲裁规则》第24条明确规定,当事人应当遵守仲裁庭作出的临时措施决定。但仲裁规则并非法律,不具有强制性,

---

① 李双元、谢石松:《国际民事诉讼法概论》,武汉大学出版社2001年版,第511～512页。

因而，当事人是否会对仲裁庭作出的临时措施决定自觉执行不得而知。此外，由于仲裁庭的权力根源于仲裁当事人的约定，一旦仲裁庭的临时措施决定涉及仲裁当事人之外的第三人，该临时措施决定对第三人的效力又将如何？国内仲裁庭和外国仲裁庭均可能依据《中国（上海）自由贸易试验区仲裁规则》作出临时措施的决定，是以，下文将从这两个方面对仲裁庭临时措施决定的执行问题分别进行分析。

（1）依据《中国（上海）自由贸易试验区仲裁规则》在我国作出临时措施决定在我国的执行

仲裁庭依据《中国（上海）自由贸易试验区仲裁规则》在我国作出临时措施决定在裁决地国内是否可强制执行，尚需依据该国仲裁法或民事诉讼方面的法律的有关规定进行判断。

在我国，有关程序性问题的仲裁临时措施的法律规定有《民事诉讼法》与《仲裁法》。根据我国《仲裁法》第 28 条以及《民事诉讼法》第 101 条之规定，只有法院有权采取证据、财产和行为保全的措施，仲裁庭无权行使该权力。即使向仲裁庭提出申请，仲裁庭也需要转移到法院、待法院作出裁定后方能实施。不过，《中国（上海）自由贸易试验区仲裁规则》第三章专门对临时措施进行了规定，《中国国际贸易仲裁委员会仲裁规则》第 23 条第 2 款："根据所适用的法律或当事人的约定，当事人可以依据《中国国际经济贸易仲裁委员会紧急仲裁员程序》（本规则附件三）向仲裁委员会仲裁院申请紧急性临时救济。紧急仲裁员可以决定采取必要或适当的紧急性临时救济措施。紧急仲裁员的决定对双方当事人具有约束力。"从以上规定来看，尽管《中国（上海）自由贸易试验区仲裁规则》及《中国国际贸易仲裁委员会仲裁规则》授予了仲裁庭对程序性问题可以决定采取临时措施的权利，但也设置了前提条件，即《中国（上海）自由贸易试验区仲裁规则》规定需依据"执行地所在国家或地区"的法律提出申请；而《中国国际贸易仲裁委员会仲裁规则》则规定需在"所适用的法律或当事人的约定的法律"允许的前提下方可作出这样的裁决。这样一来，如果适用的是我国法律，从《民事诉讼法》

《仲裁法》的规定来看,仲裁庭无权作出临时措施的裁定。

所以,如果在我国国内仲裁机构依据《中国(上海)自由贸易试验区仲裁规则》作出的临时措施决定,原则上在我国并不具有强制执行力。如果临时措施的执行地在外国,且该国法律允许仲裁庭决定临时措施,则《中国(上海)自由贸易试验区仲裁规则》下的仲裁庭有权作出临时措施决定。对于涉《中国(上海)自由贸易试验区仲裁规则》案件的仲裁临时措施裁决,上海市第二中级人民法院《关于适用〈中国(上海)自由贸易试验区仲裁规则〉仲裁案件司法审查和执行的若干意见》第6条给予了积极回应,规定当事人提出仲裁前或仲裁程序中保全申请的应立即受理,并降低了仲裁保全裁定(临时措施)担保的门槛,缩短了仲裁保全立案审查与执行的期限,这将促进仲裁保全措施的实施,有利于保障仲裁当事人的合法权益。依据该规定,上海市内各区及中级人民法院将支持依据《中国(上海)自由贸易试验区仲裁规则》作出的临时措施,并对其予以执行。

从我国《宪法》和《立法法》来看,立法权和法律解释权属于全国人民代表大会和全国人民代表大会常务委员会。就目前我国法律层面的规定来看,《民事诉讼法》和《仲裁法》均没有关于仲裁庭作出临时措施的规定,亦无任何法律解释授权仲裁庭有权作出临时措施之决定。尽管全国人民代表大会常务委员会《关于加强法律解释工作的决议》和《人民法院组织法》赋予了最高人民法院解释适用法律的权力,但该权力与全国人民代表大会常务委员会行使解释宪法和解释法律的权力完全不同,该解释权限于解释审判和检察工作中具体应用法律、法令的问题。上海市第二中级人民法院《关于适用〈中国(上海)自由贸易试验区仲裁规则〉仲裁案件司法审查和执行的若干意见》是上海市第二中级人民法院出台的关于适用某一规则的意见,既非法律性文件,也不是司法解释,只是上海市第二中级人民法院指导其辖区内行使司法审判权的意见。所以,并不具有法律拘束力,无法成为仲裁庭依据《中国(上海)自由贸易试验区仲裁规则》在我国作出临时措施决定强制执行的法律依据。

（2）裁决地国以外的国家

仲裁庭依据《中国（上海）自由贸易试验区仲裁规则》作出的临时措施裁决，在裁决地国以外的国家的承认与执行存在两种情况：第一，国外仲裁庭依据《中国（上海）自由贸易试验区仲裁规则》作出的临时措施决定在我国的承认与执行；第二，我国仲裁庭依据《中国（上海）自由贸易试验区仲裁规则》作出的临时措施决定在其他国家的承认与执行。不管哪一种情况，由于涉及外国仲裁裁决承认与执行的问题，《纽约公约》或双边达成的协定都将成为执行法院审查的主要依据。

①仲裁庭关于临时措施的裁决不属于《纽约公约》规定的裁决

一旦当事人提出有关外国仲裁机构文书执行的申请，执行法院面临的首要问题就是该文书属于何种性质的文书。只有确定了文书的性质，方可决定如何适用法律（公约、双边协议抑或国内法）。同样，在执行法院确定申请执行的文书是仲裁临时措施之后，尚需判断申请执行的临时措施决定如何界定，是否属于《纽约公约》所包含的裁决？

著名的范登伯格教授在《纽约公约》生效 50 周年之际发表的《1958 年纽约公约拒绝执行的理由》中所说的："临时裁决是否有别于《纽约公约》第 1 条第 1 款、第 3 款，第 2 条第 1 款，第 5 条第 1 款第 3 项下的裁决，要看仲裁庭所作出的临时裁决是否对双方当事人具有拘束力。"①从《纽约公约》第 1 条第 2 项之规定来看，凡仲裁员或仲裁机构作出之仲裁裁决，不论是临时裁决、部分裁决还是最终裁决，均属《纽约公约》规定的范畴。但是在《纽约公约》第 5 条所规定的被执行人得请求拒绝承认与执行的理由中，除第 5 条第 1 款第 2 项"未获指派仲裁员的通知及未能申辩"外，其他明显是针对仲裁庭实体审理过程中可能出现的问题提出的抗辩理由。而有关指派仲裁员及申辩的权利是自然公正的内容，应属仲裁参与人最起码的程序权利，不论在什么情况下都应当享有。因此，综合《纽约公约》第 5 条规定的 7 项拒绝

① ICC International Court of Arbitration Bulletin, Vol. 18/ No. 2 -2007.

承认与执行的理由来看,《纽约公约》所指的仲裁裁决仅指有关实体权利义务的裁决。

所以,从《纽约公约》上下文之文义来看,公约所指的仲裁裁决应是对实体问题的裁决,包括对实体问题的临时裁决、部分裁决和终局裁决,而对程序问题的临时裁决则不属于公约下的裁决。仲裁庭可以依据仲裁协议、国内法或仲裁规则对程序性问题作出相应的临时裁决,但该临时裁决是否具有拘束力则依赖当事人的自觉遵守或执行地国法律的特殊规定。

实践中,对于仲裁庭针对仲裁程序的裁决是否属于《纽约公约》下的裁决,国际上并无统一的认识,特别是在仲裁协议的适用法对这种情况没有明确规定时。如意大利的法院在 WTB v. Costruire Coop srl 案中就拒绝承认与执行仲裁庭的临时裁决、澳大利亚法院在 Resort Condominius International Inc. v. Bolwell and another 案以及美国法院在 Publicis Commun v. True North Communs Inc. 案中均拒绝承认与执行这一类的仲裁裁决。

②《纽约公约》并无明确界定,法院可依照我国法律予以解释

目前,我国法院尚未受理过申请承认与执行外国商事仲裁中针对临时措施作出决定的案件,法院及其他官方机构对此如何评判不得而知。理论上,根据现有的法律,我国法院不应承认及执行外国仲裁庭关于仲裁临时措施的裁决。《纽约公约》旨在促进外国仲裁裁决在缔约国内得到顺利的执行。这一宗旨的实现一方面建立在争端当事人纠纷解决的意思自治的基础之上。另一方面还依赖于各国司法权的让渡。因一旦裁决作出后,若被执行人不主动履行裁决所确定的给付义务,尚需被执行人所在国法院强制执行。而强制执行的并非本国司法机构的判决或裁决书,却是外国的商事仲裁裁决,且法院执行时对外国裁决的内容没有实体审查权,若其拒绝承认与执行裁决,只能依据《纽约公约》第 5 条及其国内法之规定;若其承认与执行裁决,则需要执行地国让渡更大的司法权,而这些权力一般专属于法院,一旦此类裁决作出后,执行地法院也不得对其正当与否进行审查,这无疑会增加法院承认与执行的难度。此外,关于仲裁程序性问题的裁决具有随意

性和紧迫性，但其欲在一国获得承认和执行总会经过一定的流程，也会需要一定的时间，这实际上使该类裁决的效果很难得到实现。例如，针对外国临时保全措施的裁定，在外国当事人申请承认及执行时，本国当事人可能早已转移了相关的资产。

《纽约公约》对临时裁决并未作出界定。当一项外国仲裁临时措施的裁决在我国申请承认与执行时，我国受理申请的法院有权对该裁决的性质进行审查。如何确定裁决的性质，首先需要明确依据何国法律来判断，由于在国际民事诉讼中，当事人的实质性权利可能根据外国法来决定，但一个涉外商事争议被界定为程序问题将排他地适用法院地法律。而法院的诉讼行为，属于程序性的问题，对于法院的诉讼中的行为以及其审查的内容，确定裁决的性质实际上就是确定法院审查的内容之一，所以法院应依据法院地法即我国法律判断。《仲裁法》第 54 条之规定，仲裁裁决是指仲裁庭依据应当适用的仲裁规则将提交仲裁解决的案件审理完结之后，对仲裁申请人提出的仲裁请求作出的支持或不予支持的结论。言外之意，我国《仲裁法》所指的仲裁裁决是终极裁决，不包括临时裁决、中间裁决，既然我国法律不予承认关于临时措施的裁决，法院也不宜支持外国临时措施裁决的承认与执行。

③仲裁机构没有对程序性问题作出临时措施的权力

在我国，有关程序性问题的仲裁临时措施的法律规定有《民事诉讼法》与《仲裁法》。其中，有关财产和证据的保全方面的决定权都在法院，即使向仲裁庭提出申请，仲裁庭也需要转移到法院、待法院作出裁定后方能实施。

2015 年《中国国际贸易仲裁委员会仲裁规则》第 23 条规定，当事人若依据中国法律申请保全，则仲裁委员会应当将其申请转交当事人指明的有管辖权的法院（仲裁庭无权自行决定）。而中国法下，对于财产及证据保全需要提交法院进行，仲裁庭无权代为决定。对于其他临时保全，或适用外国法的情况，则可直接向仲裁庭提出申请，仲裁庭依据所适用的法律或当事人的约定可以决定采取其认为必要或适当的临时措施,并有权决定由请求临时措施的一方当事人提供适当的担保。此外,在特殊紧急情况下(如仲裁庭还未组成),当事人还可依据《中国国际经济贸易仲裁委员会紧急仲裁员程序》向仲裁委员会申请紧急仲裁员的介入,紧急仲裁员可决定必要或适当的紧急性临时救济。

尽管《中国(上海)自由贸易试验区仲裁规则》及《中国国际贸易仲裁委员会仲裁规则》授予了仲裁庭对程序性问题可以决定采取临时措施的权力,但也设置了前提条件。这样一来,如果适用的是我国法律,从《民事诉讼法》《仲裁法》的规定来看,仲裁庭无权作出临时措施的裁定。

④依据《纽约公约》第5条第2款第2项可拒绝承认与执行

即使外国仲裁庭对程序性问题作出的中间措施的裁决可以依据《纽约公约》在我国申请承认与执行,也会面临我国法院依据《纽约公约》第5条第2款第2项可拒绝承认与执行的局面。前已述及,按照我国目前的立法,对程序性事项作出裁决的权力在我国专属于法院权力的范畴,仲裁庭无权行使,否则就违反了我国强制性法律的规定。所以,针对外国的程序性事项的临时裁决承认与执行的申请,我国法院审查时,可以以之与我国强制性法律之规定相悖,从而违反我国公共政策为由拒绝承认与执行。

5. 紧急仲裁庭作出的临时措施决定:权源存疑

《中国(上海)自由贸易试验区仲裁规则》第21条规定了紧急仲裁庭的产生、权限及行使权力的程序,这也是我国第一次在仲裁规则中规定紧急仲裁庭的制度。从《中国(上海)自由贸易试验区仲裁规则》的规定可以看出,"紧急仲裁庭"系专门为应对当事人需要尽快采取临时措施而创设的一个制度,是指在仲裁案件受理后至仲裁庭组成前,根据当事人提出的临时措施申请,在执行地国家/地区法律许可的前提下,仲裁委员会认为需要时,指定一名仲裁员审查当事人的申请并作出决定的仲裁庭。"紧急仲裁庭"制度的设置有利于"上海国际仲裁中心"在仲裁庭有权作出临时措施决定的国家开拓仲裁市场,充分保护了临时措施申请人的合法利益,为嗣后的执行做好了准备。

紧急仲裁庭依据《中国(上海)自由贸易试验区仲裁规则》作出的临时措施决定,首要问题在于紧急仲裁庭是否有权作出这一决定,如果其权源无争议,则其作出的临时措施的决定与仲裁庭作出的临时措施决定在效力和执行力上并无二异。

《中国(上海)自由贸易试验区仲裁规则》第21条中规定:"紧急仲裁庭应在仲裁庭组成之日解散,且除非当事人另有约定,组成紧急仲裁庭的仲裁员不再担任与临时措施申请有关的争议案件的仲裁员"。这说明紧急仲裁庭并非仲裁案件实体审理的仲裁机构,也不是当事人仲裁协议所约定的解决其争议的机构,而仅是根据单方当事人的申请,由仲裁委员会自行决定成立的仲裁庭。然而,仲裁委员会是否有权作出这一决定?此外,"任何受判决结果影响的当事人有权获得法庭审判的机会,并且应被告知控诉的性质和理由"。[①] 这是程序正义的基本要求,尽管程序正义是诉讼范畴的要求,仲裁过程中的程序主要受仲裁所适用的仲裁规则的约束,但仲裁规则不可能涵盖仲裁程序的方方面面,在仲裁规则未规定的领域,仲裁庭依然要保障仲裁过程的程序正义。那么,仲裁委员会决定成立紧急仲裁庭及紧急仲裁庭作出的临时措施决定是否构成违反程序正义?

(1)仲裁委员会是否有权作出成立紧急仲裁庭的决定

契约性是仲裁的根本属性,仲裁庭的权力也来源于当事人仲裁协议的约定,仲裁协议是国际商事仲裁的基石。所以,仲裁庭如何组建、仲裁员如何选定、仲裁程序如何进行等均应按照当事人的仲裁协议进行。一旦当事人在仲裁协议中明确约定了仲裁程序所适用的仲裁规则,那么该仲裁规则之规定即可成为当事人仲裁遵守的程序法。所以,只要当事人选择《中国(上海)自由贸易试验区仲裁规则》作为程序法,依据《中国(上海)自由贸易

① 陈瑞华:《程序正义初论》,载陈光中、江伟主编:《诉讼法论丛》(第1卷),法律出版社1998年版,第56页。

试验区仲裁规则》第 21 条之规定,仲裁委员会即有权作出成立紧急仲裁庭的决定。

2009 年《美国仲裁协会国际仲裁规则》第 37 条、2010 年《瑞典斯德哥尔摩仲裁院仲裁规则》附件二、《国际商会仲裁规则》第 29 条以及《日本商事仲裁协会仲裁规则》第 70~74 条均对紧急仲裁庭或紧急仲裁员制度作出了规定,不难看出,紧急仲裁庭制度只存在于机构仲裁之中。当事人选择临时仲裁(ad hoc arbitration)的,在仲裁协议中就对仲裁员或仲裁庭的组成作出了约定,在嗣后的仲裁过程中,仲裁员或仲裁庭既是当事人程序争议的决策者,也是实体正义的裁决人。我国法律并未规定临时仲裁制度,按照《仲裁法》第 16 条之规定,当事人在签署仲裁协议时都约定将争议提交某一具体的机构进行仲裁,若无法确定仲裁机构的,仲裁协议可能就被认定无效。由此,仲裁机构是当事人约定有权处理争议的机关,而非某一特定的仲裁庭。此时,只要是为处理当事人之间的争议,仲裁机构有权决定成立紧急仲裁庭,紧急仲裁庭也有权根据仲裁机构的指示对相关的问题作出决定。需指出的是,如果当事人对紧急仲裁庭的成立与否、权限以及成立的程序有特别约定的,必须遵从当事人的约定。

(2)仲裁委员会决定成立紧急仲裁庭是否构成违反程序正义

《中国(上海)自由贸易试验区仲裁规则》第 21 条第 1 款规定:"当事人在仲裁案件受理后至仲裁庭组成前提出临时措施申请的,可以根据执行地国家/地区有关法律的规定向仲裁委员会提交组成紧急仲裁庭的书面申请。当事人提交组成紧急仲裁庭的书面申请,应当说明理由;是否同意组成紧急仲裁庭,由仲裁委员会决定。"由此,仲裁委员会在作出是否同意组成紧急仲裁庭的决定时无须考虑另一方当事人的意见,另一方当事人也无法表达其主张。但关于成立紧急仲裁庭的决定,只是仲裁程序中的一个前置环节,是协助嗣后成立的仲裁庭审查案件的一个机构,并未使任一方当事人利益受损。所以,仲裁委员会决定成立紧急仲裁庭并不违反程序正义原则。

(3)紧急仲裁庭作出的临时措施决定是否构成违反程序正义

临时措施之决定关乎当事人的现实利益,一旦执行,被申请采取临时措施的一方当事人的财产或行为就会受到影响。尽管《中国(上海)自由贸易试验区仲裁规则》规定紧急仲裁庭可以作出临时措施的决定,但该权力的根源在于当事人的约定。而紧急仲裁庭不同于法院,诉前保全的措施系民事诉讼法在平衡当事人利益的前提下赋予法院救济利害关系人的一项职责;但仲裁规则并非法律,无权剥夺当事人在利益可能受到影响时表达主张的权利。因而,为确保程序正义,紧急仲裁庭在作出该决定时应当听取被申请一方当事人的意见,否则当事人有权提出不予执行临时措施决定的抗辩。

6. 依据《中国(上海)自由贸易试验区仲裁规则》作出临时措施获得执行的出路

在法院地国,除在程序上有差异外,法院依据《中国(上海)自由贸易试验区仲裁规则》作出的临时措施决定,与诉前财产保全和行为保全在效力和结果方面并无差异。至于可否在法院地以外的国家获得承认与执行,取决于法院地国与执行地国家之间的司法协助和司法主权的考虑,并不存在理论障碍,在此不赘述。

(1)仲裁庭临时措施应获得执行的必要性

目前,仲裁庭依据《中国(上海)自由贸易试验区仲裁规则》作出的临时措施决定,除上海市、区人民法院外,在我国无法获得强制执行,严重影响到最终裁决债权人的权利。从国际上其他主要贸易国家的实践及国际立法的发展趋势、尊重当事人的意思自治、促进争端有效解决的角度来看,我国亦应融入国际商事仲裁法律发展的潮流,修订相关的法律规定,以使仲裁庭临时措施的决定能够获得强制执行。

①其他国家(地区)的立法与实践

1986 年《荷兰民事诉讼法》第四篇"仲裁"第 1051 条第 1 款及第 3 款、1987 年《瑞士联邦国际私法》第 183 条、1998 年《德国民事诉讼法典》第 1062 条第 1 款第 3 项条以及我国香港特别行政区 2000 年《仲裁条例(修正)》第2GB(f)条等均立法专门规定了仲裁庭享有作出临时措施的权力，并规定了仲裁庭作出的临时措施的效力。1996年《英国仲裁法》第39条和美国在Island Creek coal Sales Co. v. City of Gainesville,Florida 729 F. 2d 1046 (6th Cir. 1984). 案中也在一定程度上对此予以认可。以上商事仲裁较发达的国家(地区)的立法或实践表明,不仅国内仲裁庭或仲裁员作出的临时措施决定,外国(地区)仲裁庭或仲裁员作出的临时措施决定亦可获得国内法院的认可与执行。

②《示范法》的规定及影响

关于仲裁庭对程序事项作出的临时措施决定的执行问题,联合国贸易法委员会经过7年的努力,最终于2006年6月举行的第39届大会上通过了工作组关于原《联合国国际贸易法委员会国际商事仲裁示范法》(以下简称《示范法》)第17条的修改草案,创设了“独立”的仲裁庭临时措施的执行制度。谓之独立,含义有二:一是独立于裁决执行制度,也就是独立于《示范法》第35、36条的仲裁裁决执行制度;二是独立于仲裁地,无论是否是本国仲裁庭所作出的临时措施,法院都应当审查并执行。修订后的《示范法》规定,“仲裁庭作出的关于对争议标的采取临时性措施的裁决,不仅对各方当事人具有法律上的拘束力,还应当得到法院的承认与执行,包括外国法院的承认与执行”。《示范法》关于临时措施的规定,不仅内容全面,而且体现了仲裁立法的发展趋势。随着《示范法》被更多的国家(地区)所借鉴,国际商事仲裁中的临时措施制度也必将能够越来越协调统一。

修改后的《示范法》第17条,仲裁庭可以行使涉及临时措施的权力,如维系现状、禁止某些行为、保全资产、提供担保等。仲裁庭还可以根据需要要求申请采取临时措施的一方提供担保,要求其对受影响的一方负责损失及费用;若情况发生了重大的变化,仲裁庭还可要求其披露相关信息,以便对申请综合考虑或对已作出的临时措施做更改。尤其值得一提的是,《示范法》第17(7)条允许仲裁庭根据申请人的申请,在无须通知另一方当事人的情况下,作出临时措施的裁决。只是这些申请通常是为索赔取得担保,或在紧急的情况下，调查或保全证据。而这些措施往往需要第三人予以协助，但仲裁庭的临时措施决定又难以约束第三人。所以，这类裁决还需要法院的协助。有关临时措施的决定，仲裁员可以以裁决书的形式下达等。

更重要的是，修改后的《示范法》第 17 条还规定，仲裁庭依据本条作出的临时措施裁决或指令，能够在其他缔约方执行，而拒绝承认与执行的依据与《示范法》第 36 条[①]的规定一致。显然，这一规定对解决跨境执行仲裁庭临时措施决定的困境起到了十分重要的作用，同时增强了仲裁庭的权威性。尽管《示范法》对各国（地区）并无强制拘束力，但从某种程度上说，其对国际商事仲裁的规定体现了当今仲裁的发展趋势，已成为不少国家（地区）修改其国（地区）内仲裁立法的范本或借鉴，所以，评判我国《仲裁法》的先进与落后，免不了要参考《示范法》的规定。

③尊重当事人意思自治

仲裁的根本属性是当事人的契约性，其最根本的特点就是当事人享有较大的自主权。在订立仲裁协议时，只要不违背国家强制性法律的规定，当事人有权选择仲裁机构、仲裁地点、仲裁员、仲裁语言、仲裁所适用的法律以及仲裁程序所适用的规则等。当事人既然协商一致将相互间的争议提交仲裁，即默认与争议相关的所有程序都由约定的仲裁机构或仲裁员予以解决。我国采取的只能由法院对临时措施作出决定的单一模式，限制了当事人要求仲裁庭提出临时措施申请的权利，亦是对当事人意思自治的限制。

仲裁作为商事争端的一种解决方式，一直游弋在当事人意识自治和国家司法监督之间，仲裁的兴盛与否也体现了一个国家对当事人意思自治的支持程度。在不违背国家或国际公约强制性法律规定的前提下，尊重当事人约定的私自解决他们之间争议的方式和超越国家司法限制的意愿已成为商事仲裁发展的趋势，尤其是在国际商事仲裁领域。因而，在党的十八届四中全会提出“健全依法维权和化解纠纷机制”的要求下，尊重当事人意思自

① 该条内容与《纽约公约》第 5 条规定基本一致。

治、承认当事人约定的仲裁庭作出临时措施决定的效力也是“完善仲裁制度,提高仲裁公信力”的一种方式。

④争端解决效率的需要

仲裁所追求的效率价值是其优于诉讼的特点之一,也是当事人倾向选择仲裁作为其争端解决方式的考量因素之一。“仲裁庭无权决定财产保全,当事人只好求助于人民法院却又不能直接申请,而须经过仲裁委员会这个中间环节来转交和传递,导致了不必要的延误。”[①]这无疑与当事人初衷相悖。当事人之所以申请仲裁庭采取临时措施,盖因临时措施的发布及执行往往具有时间的紧迫性。尽管我国《民事诉讼法》第100条也规定,法院应当在接到当事人诉前保全申请之后48小时内作出裁定。但在仲裁程序中,申请人还要经过仲裁委员会这个中间环节来转交和传递,这无形中就会导致时间的拖延。如果当事人可以直接向仲裁庭申请临时措施,由于仲裁庭受理案件后,对争议的内容及有关证据也比较熟悉,与法院相比,可以在较短的时间内作出是否发布临时措施以及发布哪种临时措施的决定,这就更有利于实现申请人最初的期待利益。

⑤合理利用司法资源的需要

在目前我国司法人力资源缺乏合理配置和有效利用的背景下,[②]由仲裁庭直接审查临时措施的申请和作出决定,法院的审判人员无须再重新看卷、审卷,既可减轻司法机关的压力、节省司法成本;亦可使当事人的请求获得准确、及时的救济,从而节约了司法资源,也合理发挥了社会上优秀仲裁人员的潜力。

⑥仲裁员具备审查临时措施申请的专业能力

与法院相对稳定和封闭的审判人员结构不同,仲裁机构可以根据情况吸收不同业界的精英作为仲裁员,他们不仅精通专业知识,而且熟稔其所在

① 邓杰:《完善我国仲裁中的财产保全制度》,载《法学杂志》2003年第1期。

② 尹忠显:《合理配置和有效利用司法人力资源》,载《人民法院报》2013年9月8日。

领域的实际情况，对当事人的争议能够相对公平、公正地作出判断。事实上，“仲裁员大多是法律界、经济界的专家，或者在某一样也领域具有专场的人，对争议所涉及的领域比较熟悉，作出的判断比较切合实际需要，能够合理决定是否发布临时措施以及发布怎样的临时措施”。[①] 而且，依据《中国（上海）自由贸易试验区仲裁规则》开放仲裁员的制度，只要符合当事人约定的条件，即使不属于在册仲裁人员，依然可以成为该当事人争议案件的仲裁员。

⑦便利执行的需要

如前所述，《示范法》及许多国家的立法均试图推动仲裁庭或仲裁员作出临时措施决定的强制执行。从心理接受程度看，既然仲裁是双方当事人自愿选择的争端解决方式，只要是仲裁庭或仲裁员作出的决定，当事人通常更愿意自觉履行。相反，如果要求当事人向法院申请临时措施，被申请一方当事人会认为申请人违背了双方的约定，并对司法的介入产生警戒或抵触心理。即使法院支持了申请人的请求，被申请一方当事人也可能会采取隐匿资产、转移财产、申请破产等方式避免强制执行。所以，顺应当事人的选择，赋予仲裁庭或仲裁员作出临时措施的决定权，有利于临时措施的执行。

⑧我国的相关举措

据 WTO 的统计，2013 年我国已经成为世界第一贸易大国，但从贸易质量来看，我国并非贸易强国。在跨国贸易产生争议之后，国内的贸易商常常因为法律意识和法律知识的匮乏而遭受不必要的损失。所以，发展我国的国际商事仲裁业务，以此来加大对我国商人的保护力度，也是完善我国法律制度的目标之一，而这一目标的实现须以我国完备的仲裁立法为前提。在仲裁庭是否有权作出临时保全措施裁决方面，我国做法比较保守，仅把该权力赋予法院，这也将外国仲裁中的临时裁决在我国是否可执行的问题悬之高阁。不过可喜的是，《中国（上海）自由贸易试验区仲裁规则》第三章和

---

① 刘艳红：《国际商事仲裁专题研究》，法律出版社 2009 年版，第 345 页。

《中国国际贸易仲裁委员会仲裁规则》第23条突破了传统的限制,规定仲裁庭亦有权作出临时保全措施的决定。但囿于仲裁庭无强制执行权的局限性,且我国并无相关立法的支持,使这种临时保全措施的决定是否能够被法院执行仍存有疑问。

(2)出路:修改《仲裁法》的有关规定

对仲裁庭或仲裁员依据《中国(上海)自由贸易试验区仲裁规则》作出的临时措施在我国获得强制执行影响最大的是《民事诉讼法》和《仲裁法》的规定。仅仅依靠《关于适用〈中国(上海)自由贸易试验区仲裁规则〉仲裁案件司法审查和执行的若干意见》,难以让国内除上海以外的其他地方认可,也就无法体现出《中国(上海)自由贸易试验区仲裁规则》关于临时措施制度规定的先进性。根据《民事诉讼法》第3条之规定,其主要适用于人民法院从事的民事诉讼活动;而《仲裁法》则适用于与仲裁相关的活动,包括对仲裁委员会的规范、仲裁委员会的权利和义务以及仲裁的程序要求等。所以,与仲裁相关的启动、审理、裁决主要的法律依据还是《仲裁法》。《民事诉讼法》第101条规定:"利害关系人因情况紧急,不立即申请保全将会使其合法权益受到难以弥补的损害的,可以在提起诉讼或者申请仲裁前向被保全财产所在地、被申请人住所地或者对案件有管辖权的人民法院申请采取保全措施。申请人应当提供担保,不提供担保的,裁定驳回申请……"尽管该条规定了在申请仲裁前,法院享有根据当事人的申请采取保全措施的权力,但并未否定仲裁庭或仲裁员作出类似决定的权力。所以,一旦《仲裁法》对仲裁委员会或者仲裁庭作出临时措施的权力予以规定,且仲裁委员会或者仲裁庭作出类似决定并不违背《民事诉讼法》的规定,同时也便拥有了权源。

为完善我国仲裁法律制度,使仲裁庭或仲裁员依据《中国(上海)自由贸易试验区仲裁规则》作出的临时措施决定能够顺利获得执行,有效保护当事人的利益。在将来修改《仲裁法》时,可借鉴《示范法》及其他国家或地区仲裁立法之规定,设专章对仲裁临时措施制度予以规定。首先,我国仲裁立法中应当明确仲裁临时措施裁决的“身份”，即确定仲裁庭关于临时措施裁决也属于仲裁裁决；其次，赋予仲裁庭作出临时措施裁决的权力；最后，法院应当将仲裁临时措施裁决视为仲裁裁决予以执行。

第一，如前所述，仲裁庭有关临时措施的决定，依据《仲裁法》第 54 条之规定，其不属于《仲裁法》所规定的“裁决”，且《纽约公约》也未作出明确的规定。外国仲裁庭有关临时措施的决定，要想依据《纽约公约》在我国申请承认与执行，在《纽约公约》不明确的前提下，还需要《仲裁法》认可其“裁决”的身份，即确定仲裁庭关于临时措施裁决也属于仲裁裁决，否则无法确定如何适用法律予以执行。如 1986 年《荷兰民事诉讼法》第四篇“仲裁”第 1051 条第 3 款明确规定“紧急仲裁庭程序的裁决视为仲裁裁决”。

第二，从仲裁立法的角度来看，在临时措施的决定权方面，改变《仲裁法》第 28 条仅将临时措施决定权授予法院的规定，应当借鉴《示范法》之规定，明确授予仲裁庭在仲裁中享有发布临时措施的权利。这样做的好处在于：其一，改变我国以往的仲裁程序中的保全措施只能由法院作出的决定权垄断局面，从而顺应了国际社会的一般做法；其二，充分尊重了当事人的意思自治；其三，可以发挥仲裁庭作出临时措施的优势，不用经过仲裁委员会将当事人提交的临时措施申请转交给法院，消除了在转交过程中的程序拖延，可以迅速、便捷地作出临时措施；其四，仲裁员对案件情况比较熟悉，仲裁庭可以作出与实体问题相关的临时措施；其五，有利于临时措施的执行。

当然，在赋予仲裁庭作出的临时措施以法律执行力的同时，亦可通过对临时措施的形式、作出程序及时效、涉及范围等作出必要的限制和指引，以期达到在便利当事人救济的同时，也防止当事人申请临时措施权利的滥用。此外，《仲裁法》之规定并未改变《民事诉讼法》所规定的法院享有作出仲裁前保全的权力，当事人依然可以申请要求仲裁委员会将其临时措施的请求提交法院。这样，《仲裁法》所规定的临时措施制度在与国际仲裁立法和实践接轨的同时，也能够确保我国司法程序对于仲裁程序必要、合法的监督。

第三，《仲裁法》应明确规定临时措施的执行问题。对于仲裁过程中关于临时措施的裁决,一方面,《仲裁法》将其与仲裁案件的实体裁决同等对待、采取同样的标准进行审查,并明确其可获得法院的执行,如 1987 年《瑞士联邦国际私法》第 183 条第 2 款规定"如果当事人不自动履行裁决的,仲裁庭可提请有关法院予以强制执行。法院适用自己的法律予以执行"。另一方面,我国可以借鉴《示范法》的规定,对不予承认和执行临时措施的理由加以具体的规定。法院可以成立专项审判组织,研究、起草针对临时措施执行的专项意见,提供专业的司法服务,促进临时措施制度的完善。

第四,我国可与相关国家签订临时措施域外执行的双边协定。如前所述,荷兰、瑞士、德国等国家均立法专门规定外国商事仲裁中仲裁庭临时措施的裁决在本国可以获得执行;英国和美国也在一定程度上对此予以承认。在当前《纽约公约》规定暂时难以改变及我国的仲裁立法形势下,想要在短时间内达到外国仲裁过程中的仲裁临时措施可获得我国的承认与执行,我国可以在平等互利的基础上,遵循互惠原则,与其他国家和地区签订双边条约,以协定的方式来解决在仲裁实践中所遇到的临时措施的域外执行问题。

《中国(上海)自由贸易试验区仲裁规则》开创性地吸收了国际上许多先进的仲裁制度和经验,完全摆脱了我国传统仲裁规则的规定和要求,使之成为我国乃至世界上最先进的仲裁规则。仲裁规则的实施需要国家立法予以支撑,对一些创新性制度的规定与实施,《中国(上海)自由贸易试验区仲裁规则》与国内立法严重脱节,使这些制度的先进性效应无法得到充分的发挥。其中,有关临时措施的决定可否获得执行便是最明显的体现。在党的十八届四中全会提出"健全依法维权和化解纠纷机制"的要求下,适时修改《仲裁法》无法满足实践需求的条款,也是"完善仲裁制度,提高仲裁公信力"的一种方式。所以,为使《中国(上海)自由贸易试验区仲裁规则》的相关创新制度得到实施,我国还需要修改相应的法律,以引导和支持仲裁实践,使《中国(上海)自由贸易试验区仲裁规则》既有法律基础,又有实践作支撑,这样方能使《中国(上海)自由贸易试验区仲裁规则》的溢出效应得到最大的发挥,形成"可复制、可推广"的经验。

(三)中外自由贸易区仲裁制度

截至2015年12月17日,我国已签署14个自由贸易协定,其中已实施12个自由贸易协定,涉及22个国家和地区,自由贸易伙伴涉及亚洲、拉美、大洋洲、欧洲等地区。

近年来,中国的经济增速虽有所放缓,但总量仍保持着较高增长。截至2015年年底,中国已与22个国家和地区签署了自由贸易协定,对加快中国与这些国家(地区)之间的投资、贸易的交流和发展起到了巨大的推动作用。但同时,自由贸易的签署并不能消除我国与这些国家(地区)将来可能产生的争议,但其所规定的明确、高效、以协商为导向的争端解决机制无疑对公正、合理地解决我国与他国(地区)间的争议起到了重要的作用。

商务部新闻办公室在《2015年商务工作年终综述》中提到:《中华人民共和国政府和大韩民国政府自由贸易协定》(China Korea Free Trade Agreement, CKFTA)是我国迄今为止对外签署的涉及国别贸易额最大的自由贸易协定,对中韩双方而言是一个互利、“双赢”的协定,实现了“利益大体平衡、全面、高水平”的目标。鉴于CKFTA系我国目前签署的国别贸易额最大的自贸协定,协定内容亦代表了我国对外签署自贸协定的较高水平。本文以下以CKFTA的争端解决机制为准,介绍我国对外签署自由贸易协定的一般内容。

1. CKFTA争端解决机制的基本规则及意义

CKFTA争端解决机制的达成,考虑到了中韩两国的特殊文化、友好关系以及两国法律体系的差异性,因而其不但与我国已签署的自由贸易区协议中争端解决机制的具体规定不同,也异于韩国已签署的自由贸易区协议中争端解决机制的规定。CKFTA独特的争端解决规则对促进CKFTA的实施,确保CKFTA的各项共识之落实,实现互利、共赢的目标,造福两国民众具有十分重要的意义。

(1)CKFTA争端解决机制的基本规则

①集中程序规则

集中程序规则,又叫统一程序规则,与《北美自由贸易区协定》(North American Free Trade Agreement,NAFTA)根据争端类型而采取的五种分散式的争端解决规则不同,集中程序规则不区分争端的类型,但凡因CKFTA及其附件所产生的争议,在依CKFTA争端解决机制解决时,均适用统一的程序规则。

②协商导向性解决争端规则

CKFTA第20.1条将双方协商合作以达成满意的解决方案作为缔约双方面临争议时的首要任务。在争端解决的过程中,强制双方必须先予磋商,在磋商无果的前提下,倡导双方采取斡旋、调停和调解的方式解决争议,且针对特殊争议,鼓励双方进行调解。即使在专家组审查案件的程序中,亦不禁止或妨碍调停或调解程序的进行。无论是调解还是调停,都必须在双方协商同意下方能进行。调停或调解可以在争议发生后的任何时候启动和终止。为保证双方积极参与调停和调解程序,CKFTA还规定这一程序中的任何立场不得作为其他争议解决程序的基础,亦不构成其所作出进一步的承诺。所以,双方之间的协商合作贯穿于整个争端解决的始终,充分地体现了双方崇尚和平合作的精神。

③损益均等规则

在一方违背CKFTA规定之义务给另一方造成损失的情况下,通过专家组一致性审查,违反CKFTA规定一方未能完全执行专家组报告或没有执行,CKFTA赋予守约方要求违约方补偿、中止减让或其他义务的权利。但补偿、中止减让或其他义务的水平应当等于其所丧失的利益或减损的水平,否则,被采取措施的一方有权依CKFTA采取相关的救济措施。

④法定时限规则

CKFTA争端解决机制明确规定了每一争端解决程序所经历的最长时限,当一方在时限内没有行使权利,另一方可以立即推动程序进入下一阶段，或者程序将自动进入下一阶段。在 CKFTA 争端解决制度第 20.4 条第 2~4 款规定了磋商的时限；第 20.6 条第 1 款规定了申请成立专家组的时限；第 20.7 条第 1、3 款规定了专家组组成成员指定及变更的时限；第 20.9、20.10、20.11 条对专家组的审理程序及作出报告各阶段的时限作出了严格的限定；第 20.13、20.14、20.15、20.16 条则对专家组报告的执行及后续问题所涉的时限进行了规定。

⑤私人救济排除规则

CKFTA 系以中韩两国政府为主体签署的协定，其规范的主体是中、韩两国，对中韩两国的自然人、法人或组织而言，其不得以另一缔约方的任何措施与 CKFTA 之规定不符而在国内提起诉讼，中韩两国的国内法也不得授权其国内居民、法人或组织享有此项诉讼权利。是以，CKFTA 实质上排除了私人权利在国内获得司法救济的途径。

（2）CKFTA 争端解决机制的意义

近年来，中国的经济增速虽有所放缓，但总量仍保持着较高增长，中国业已成为韩国第一大贸易伙伴、第一大出口目的地和最大的进口来源地。但由于两国农产品、电子科技、钢铁制造、船舶建造等领域存在较高的相似性，同质产品的竞争将越来越激烈。也曾产生过严重的争议，[①]CKFTA 的签署并不能消除中韩两国将来可能产生的争议，但其所规定的明确、高效、以协商为导向的争端解决机制无疑对公正、合理地解决两国间的争议起到了重要的作用。

①为争端的解决提供制度保障

CKFTA 争端解决机制通过设置磋商，斡旋、调停和调解，专家组审查三类争端解决方式，从而构成了一整套争端解决程序，为双方在执行 CKFTA 过程中产生的贸易、投资、环境等争议提供了有效的解决途径。

从世界范围来看，无论是国际经济组织的争端解决机制，如 WTO 争端

---

① 如中韩两国 2000 年“大蒜贸易战”及 2005 年“泡菜风波”。

解决机制;还是区域性经济组织的争端解决机制,如欧盟、NAFTA等争端解决机制,就其成立后的运作实践来看,其裁决都是容易得到承认和执行的。CKFTA签订前,中韩两国间的贸易、投资争议时有发生。尤其是在中国加入WTO之前,由于缺乏具体有效的争端解决机制,双方之间争议的解决甚至会影响到双边关系。中国加入WTO之后,尽管双方均可诉诸WTO争端解决机制,但由于该机制适用范围的局限以及程序的繁琐性可能使双方争议解决的过程复杂、效率低下,甚至影响到两国的经贸关系。CKFTA所设置的争端解决程序为专业、公正、高效解决双方争议,维护各方正当权益提供了有效的途径和保障。

②为将来我国与其他国家签署自由贸易协定提供了范本

CKFTA付诸实施不久,目前尚无依CKFTA提请解决之争议,倘若经实践验证其能有效解决两国争端,保障CKFTA的顺利实施,那么CKFTA争端解决机制包含的集中程序规则、协商导向性解决争端规则、损益均等规则、法定时限规则及国内司法救济排除规则及相关内容无疑将成为我国将来与其他国家开展自由贸易协定争端解决机制构建的范本。

③助推"中日韩自由贸易区"及"区域全面经济伙伴关系协定"尽早达成

"中日韩自由贸易区"及"区域全面经济伙伴关系协定"(Regional Comprehensive Economic Partnership,RCEP)正在谈判过程中,CKFTA的签署及实施,将为全面推进"中日韩自由贸易区"及RCEP乃至亚太自由贸易区发挥强有力的推进作用。中韩两国均为以上自由贸易区协定的重要参与国,且争端解决机制是每一个自由贸易区协定的重要组成部分,CKFTA争端解决条款的合理设计及有效实施必将对上述协议的谈判贡献正能量、提供新机遇,从而助推以上协议尽早达成。

2. CKFTA争端解决机制的解读

自由贸易区协定一旦达成,政策制定者和学者们往往会被协定内的经济、政策性主张所吸引,而对关涉自由贸易协定可否有效执行,具有法律约束力的争端解决条款则关注不多。事实上,自由贸易区协定内的争端解决条款是自由贸易区可否有序推进、自由贸易区协定能否顺利实施的有力保障。随着 CKFTA 的实施,中韩之间的依存度和经贸关系将进一步增强,了解和掌握 CKFTA 有关争端解决的规定,对中、韩自由贸易区建设的参与主体而言,可以公证、有效地解决争议,避免分歧的扩大。

(1)CKFTA 争端解决机制的适用范围

①适用的主体

CKFTA 系中韩两国政府间的协议,中韩两国是当然的主体。由于我国属于一个国家,多个关税主体,对于我国香港特别行政区和澳门特别行政区可否适用 CKFTA,CKFTA 第 1.5 条规定:“中国全部关税领土,包括领陆、内水、领海、领空,以及根据国内法和国际法,中华人民共和国可行使主权权利或管辖权的领海以外区域。”关税领土不同于主权领土,WTO 体制下,我国形成了“一国四席”的一个国家四个不同关税区的体系。同样在 CKFTA 框架下,中国的关税领土则指中国内地,而不包括中国香港地区、中国澳门地区和中国台湾地区。

②适用争议的范围

CKFTA 第 20 章的条文明确五类争议适用 CKFTA 争端解决机制。CKFTA 第 20.2 条明确规定了适用该协议争端解决机制的三类争议:第一,有关 CKFTA 解释和适用的所有争议;第二,一缔约方对另一缔约方履行 CKFTA 所规定的义务有异议而产生的争议;第三,任一缔约方未履行 CKFTA 所规定的义务所产生的争议。但 CKFTA 第 20.2 条对这三类争议的适用亦规定了前提条件,即 CKFTA 未规定禁止适用本协议以及中韩两国未对争议的解决达成其他一致意见。

CKFTA 第 20.14 条第 2 款认为,争议双方对执行专家组建议而采取的措施所产生的争议,适用 CKFTA 的专家组程序。

CKFTA 第 20.15 条第 5 款将争议一方对专家组报告有异议,从而导致的争议应当向原专家组提出,或依据 CKFTA 争端解决机制的有关规定重新组成专家组。

③适用争议冲突的处理

由于中韩两国既是CKFTA的缔约国,同时也是WTO的成员国,将来可能成为其他区域或经济组织的成员,且CKFTA第1.3条确认了双方在其他协议中的权利与义务。所以,一旦中韩两国间发生争议所涉的事项既是CKFTA所规范的对象,也是其他协议所规范的对象,就会遇到适用冲突的问题。CKFTA第20.3条为了避免这一冲突,规定提起争议处理的一国可以作出选择,一旦其选择了某一协议规定的争端解决机制,即以其选择为准,另一国不得提出适用异议,亦不得另行向其他争端解决场所提起争议解决的申请。

(2)争端解决程序

具体争端的解决,CKFTA规定了磋商程序,斡旋、调停和调解程序,专家组程序。

①磋商程序

CKFTA本着合作的理念,要求中韩双方尽一切努力合作和磋商,以达成满意的解决方案。所以,磋商程序亦成为适用CKFTA争端解决的必经的、首要的程序。

A. 总体要求

CKFTA对缔约双方的磋商提出了要求——磋商必须善意地进行。缔约双方之间的善意体现于磋商的全过程:第一,一旦产生争议,缔约双方不得以任何理由拖延磋商程序的进行;第二,磋商程序进行过程中,双方应以解决争议为目的,尽可能提供磋商所需要的充分信息;[①]第三,双方应尽一切努力以达成双方均能接受的解决方案;[②]第四,双方不得对外泄露磋商过程中所获取的任何可能影响任一缔约方权益的信息;[③]第五,双方应当尽一

① CKFTA第20.4条第5款。

② CKFTA第20.4条第1款。

③ CKFTA第20.4条第6款。

切可能执行协商所达成的一致意见。

B. 磋商的提起

CKFTA 规定了提起磋商的争议、[①]请求的形式和实质要件以及请求的送达。[②] 因 CKFTA 第 20. 2 条所述的任何争议，缔约双方均可请求磋商。此外，第 20. 2 条之外的其他与 CKFTA 相关的任何争端亦可提请磋商。例如，执行专家组决议过程中所产生的争议。

CKFTA 确定了磋商请求的形式要件对专家组报告的异议，即任何磋商请求必须以书面形式提交。从 CKFTA 附件 20 – A 第 2 条对"文件"的解释中可以看出，书面形式包括以纸质或电子形式为载体所体现的形式。在实质内容上，书面请求应当包括争议的措施、指控的事实和法律依据。

提请磋商的书面请求必须递交另一缔约方，即需完成送达。尽管 CKFTA 第 20.4 条并未规定送达的方式，但依据 CKFTA 附件 20 – A 第 2 条可知，送达应当采用回执函、挂号信、专递、传真、电传、电报或者其他能提供投递记录的电信方式。如果以书面方式送达的，同时应当通过电子形式提供。此外，所有通知应当由中国商务部和韩国通商产业资源部或者两部门各自的承继机构发出和接受。

C. 磋商的具体程序

首先，磋商进行的地点。缔约双方对磋商地点有约定的从约定，无约定的，在被请求一方领土内进行。[③] 其次，磋商请求的答复时限。收到磋商请求的缔约方，应在收到请求后 10 日内书面答复请求方。[④] 再次，磋商的时限。缔约双方应当在被请求方收到磋商请求后 30 日内完成。[⑤] 最后，被请求方未答复及磋商无果的处理，若在规定期限内被请求方未给予答复或磋

---

① CKFTA 第 20.4 条第 1 款。

② CKFTA 第 20.4 条第 2 款。

③ CKFTA 第 20.4 条第 3 款。

④ CKFTA 第 20.4 条第 2 款。

⑤ CKFTA 第 20.4 条第 3 款。

商未达到双方一致的解决方案,请求方可径直依CKFTA之规定提请专家组程序。[①]

②斡旋、调停和调解程序

“斡旋、调停和调解”并非CKFTA争端解决的强制、必经程序,其以缔约双方自愿为前提,但CKFTA鼓励缔约方采取该程序解决双方之间的争议。

适用“斡旋、调停和调解”程序时,应注意:其一,启动及进行并无时间限制。争议产生后,任一缔约方可随时请求“斡旋、调停和调解”,而不论该争议处于何阶段,且可与其他争端解决程序同时进行。[②] 进行“斡旋、调停和调解”时,组织或主持人员可根据具体的情况决定推进的进度,当然双方应秉持善意,尽量在合理期限内达成一致的解决方案。其二,保密性。所有“斡旋、调停和调解”的参与人,对缔约双方在“斡旋、调停和调解”过程中的主张、立场及相关文件均应当保密,且不得作为任何CKFTA所规定的其他争端解决程序及依据其他协定所规定的争端程序中主张的依据。[③] 其三,鼓励特殊争议进行“斡旋、调停和调解”。对任一缔约方所采取的与CKFTA中货物市场准入相关的非关税措施所引发的争议,尽管CKFTA并未强制规定需经“调解”程序予以解决,但缔约双方应当积极创造条件进入调解程序。[④] 其四,调解解决方案的执行。经调解,一旦缔约双方对争议达成一致的解决方案,相关方有义务执行解决方案所规定的各项决议。

③专家组程序

CKFTA将专家组程序确定为解决缔约双方争议的主要程序。

A. 专家组的设立

专家组设立的时间有两种情况:第一,如果中韩对争议解决约定了时限

---

① CKFTA第20.4条第4款。

② CKFTA第20.5条第3款。

③ CKFTA第20.5条第2、6款。

④ CKFTA第20.5条第4款。

的，在该时限内双方未达成一致的解决方案，时限届满后，起诉方即可向另一缔约方递交设立专家组的请求。第二，在中韩双方对 CKFTA 下的争议解决未约定时限的情况下，在任一缔约方收到磋商请求后 60 日内未达成一致的解决方案，起诉方即可向另一缔约方递交设立专家组的请求。不论依据哪种情况设立专家组，专家组均在被起诉方收到请求之日起设立。

设立专家组的请求应以书面形式送达，请求包括争议的具体内容、逐一列明争议问题的事实情况及法律依据。

B. 专家组的成员

专家组成立后，中韩双方可约定专家组组成人员的人数及遴选标准。中、韩双方无约定的，专家组应由三名成员组成。

第一，专家组成员的指定。首先，专家组成立后 15 日内，争议双方应当分别指定一名专家组成员。如果有一方未完成指定，则由另一方指定。①通常来说，作为争议解决的提起人，起诉方应该会在规定时限内指定专家组人员，所以基本不可能发生双方均未在 15 日内指定专家组成员的情形。其次，专家组设立后 30 日内，缔约双方可协商确立专家组主席的人选。② 最后，缔约双方在规定的时间内未对专家组主席达成一致意见的，争端双方均可向 WTO 总干事或副总干事提出请求，由其指定具体主席人选。③

第二，专家组成员的变更。如果已经组成的专家组成员因任何原因辞职、不能继续履行职责或因不遵守 CKFTA 所规定的“专家组成员和调解员行为规则”④之规定，需要变更专家组成员的，依据该被变更专家所产生的程序重新任命。专家组成员变更过程中，继任者到任之前，专家组程序进展的时限中止计算。⑤

---

① CKFTA 第 20.7 条第 1 款第 2 项。
② CKFTA 第 20.7 条第 1 款第 3 项。
③ CKFTA 第 20.7 条第 1 款第 4 项。
④ CKFTA 第 20.7 条第 5 款。
⑤ CKFTA 第 20.7 条第 3 款。

第三,专家组成员的要求。首先,专家组主席及主席的指定人应当坚持回避原则。CKFTA 要求专家组主席不得系中韩任一国国民;不得经常居住于中韩任一国;不得受雇于中韩任一国;不得参与过争端事项。在寻求 WTO 协助,由 WTO 总干事或副总干事指定专家组主席时,其不得是中韩任一国国民。其次,专家组成员应当具有法律、国际贸易、国际投资、环境保护等方面的专业知识和经验,并且仅在客观、可靠、公平和独立的基础上严格选任。最后,专家组成员审查案件时,应当独立、公证、避免利益冲突,及时披露相关信息,严格履行职责,并遵守保密的义务。

④专家组的职能

缔约双方可以在专家组成立后 20 日内,协商约定专家组的职能范围。如果缔约双方没有额外约定的,专家组的职能是对缔约方提交的争议作出客观的评判。[①] 包括:依据 CKFTA 的有关规定,审查提交专家组的措施、举行听证会,并提出调查结果和 CKFTA 规定的决议和建议,同时就争端当事方所依据的 CKFTA 有关规定进行解释和说明。具体而言,包括以下三项:第一,应定期与争端双方进行磋商,为达成双方满意的解决方法提供充分机会;第二,通过听证、审查,根据 CKFTA 和双方约定的规则对争端作出裁决;第三,应在裁定中说明争议事实、调查结果、裁定结论及其依据。

⑤专家组程序

CKFTA 在规定专家组自有程序规则的同时,允许缔约双方在与专家组协商后,对 CKFTA 未涉及的事项,达成一致的补充程序规则。[②] 专家组主席主持专家组的所有会议,且在专家组的授权下,行使行政及程序上的管理权和决定权。

首先,专家组程序的开始。专家组的成立代表了专家组程序的开始。专家组程序开始后,争议双方可以约定与专家组会面的时间,无约定的,争

---

① CKFTA 第 20.9 条第 2 款。

② CKFTA 第 20.9 条第 1 款。

议双方应在专家组成立之日起 15 日内与专家组会面，以确定争端应审查的相关事项及专家组成员的报酬和费用问题。

其次，专家组审查案件。第一，起诉方应在专家组最后一名成员指定之后 20 日内提交第一次书面陈述。第二，专家组可决定被诉方提交第一次书面陈述的时间，专家组未决定的，被诉方应在收到起诉方送达的书面陈述后 20 日内提交。第三，专家组可以决定不召开听证会，但只要有一方反对，专家组就应当召开听证会。此时，专家组应与争议双方磋商以确定召开听证会的日期和时间。第四，除非缔约双方对听证会的地点有特别约定，听证会在被诉方国内进行。一次听证会不足以查清争议事实的，在争议双方同意的情况下，专家组可决定召开补充听证会。听证会期间，所有专家组成员均应全程参与；争议双方代表、顾问、辅助人员以及专家组成员的助理亦可参加听证会。为查清事实，专家组可随时向争端任一方提问，对于所有听证会的记录，均应送达至争端双方。第五，在每次听证会后的 20 日内，任一争端方均可向专家组提交与庭审争议有关的补充书面陈述。第六，除非缔约双方对提交报告的时间另有约定，否则，在专家组最后一名专家确定后的 120 日内，专家组应当向双方提交中期报告，特殊原因需要延迟的，除非争端双方另有约定，延迟期不得超过 30 日。第七，任一争端方对专家组中期报告有不同意见的，在中期报告提交后 15 日内，可以向专家组提交书面评论。第八，除非争议双方另有约定，专家组的最终报告应在中期报告提交后 45 日内提交。第九，除非争议双方决定不公开最终报告，否则，双方应在获得最终报告后 15 日内保证公众可获取相关信息。第十，被诉方负责专家组整个程序的后勤管理、听证会的组织与服务。专家组成员对整个程序中所获得的信息应当保密。

⑥专家报告的执行

专家组出具的最终报告为缔约双方争议的终极裁决，对争议双方均有约束力，被诉方应当按照最终报告规定的解决方案执行。

第一，执行的期限。原则上，执行期限不得超过专家组最终报告散发之日起15个月。具体而言:首先,被诉方收到专家组最终报告后,应当立即依据解决方案执行。如果立即执行不可行的,则可在一定的合理期限内逐步执行。其次,争议双方可以约定执行的合理期限。如果在最终报告散发后的30日内未约定的,任一争议方可提请原专家组予以确定。原专家组在收到该请求之后30日内应予作出决定,倘无法在该期限内作出决定的,应当书面通知争议双方迟延的原因,除非缔约双方另行约定迟延的期限,否则,原专家组的迟延不得超过30日。亦即,除缔约双方特别约定外,原专家组应当在60日内作出决定。最后,一旦确定了合理期限,被诉方应在合理期限届满的30日之前,以书面形式告知起诉方其执行最终报告的进展情况。

第二,执行结果的审查。在执行的合理期限届满时,被诉方应当告知起诉方其为执行专家组报告所采取的措施。若起诉方认为被诉方所采取的措施依然不符合CKFTA之规定,从而产生争议时,依然需提交专家组评判,亦可直接提交原专家组。专家组在收到此类请求后,应在60日内提交报告,倘无法在该期限内提交的,应当书面通知争议双方迟延的原因,除非争议双方另行约定迟延的期限,否则,专家组的迟延不得超过30日。

第三,临时性措施:补偿和中止减让或其他义务。补偿措施、中止减让或其他义务是在专家组相关建议和裁决未能在合理期限内得到执行时,依据CKFTA可以采取的临时性措施,临时性措施应当坚持损益均等的原则。首先,补偿程序遵循自愿原则,如果被诉方未能完全执行专家组的建议,或者以书面形式表示不执行建议,或者虽未任何表示,但未采取任何执行措施,此时起诉方可与被诉方谈判补偿事宜。其次,争议双方进行补偿谈判后20日内未达成一致意见的,起诉方可以采取中止减让或其他义务的措施,但应当在采取该措施前30日将采取该措施的水平和范围通知被诉方。具体在考虑中止被诉方的哪些减让或者利益时应遵循“先同质,后异质”原则,即应寻求与被认定的违反CKFTA或者造成损失或者损害情形相同的部门的减让或其他义务,如起诉方认为对相同部门的减让或者利益进行中止不可行或者无效,方可寻求中止其他部门项下的减让或者利益。最后,对起诉方采取的中止减让或其他义务的措施，被诉方有异议的，可以向原专家组提出审查请求，原专家组应当在收到请求之后60日内作出裁定。专家组未能由原专家组成员组成的，则应在最后一名专家组成员指定后60日内作出裁定。

起诉方所采取的中止减让或其他义务的措施是临时性的，待被认定与CKFTA不一致的措施取消，或者被诉方已经执行了专家组的建议，或者双方已另行达成满意的解决办法，则该临时措施将自动失效。

第四，后中止程序。在起诉方采取临时性措施的过程中，被诉方可以书面通知起诉方其已消除与CKFTA不符的措施。如果起诉方对此存有分歧，应在收到书面通知后60日内将此项分歧提交原专家组决定，否则应立即停止中止减让或其他义务。专家组在收到通知后60日内应当向争议双方提交报告，以明确被诉方是否已经消除不符之处。

(四)金砖国家合作的争端仲裁制度

1. 金砖国家争议解决上海中心的成立

2015年10月14日，上海国际经济贸易仲裁委员会(上海国际仲裁中心)在中国法学会和其他金砖国家法律界的支持下，设立了金砖国家争议解决上海中心。金砖国家争议解决上海中心承接金砖国家商事主体间的仲裁案件、提供多元化争议解决服务，积极推动和促进金砖国家间金融、投资及贸易等领域的友好合作和良性发展。

为支援和对接金砖国家争议解决上海中心的发展，华东政法大学在中国法学会的指导和支持下，专门成立了金砖国家法律研究院，以论坛为依托，主动对接国家重大发展战略，大力推进协同创新，致力于金砖国家法律研究、人才培养与培训、构建争端解决机制以及提供跨境贸易法律服务等工作。金砖国家法律研究院针对各成员国法律及法律合作开展学术研究，探索、协助建立金砖国家法律争议解决机制，与上海国际仲裁中心合作推动成立“金砖国家争议解决上海中心”，为金砖国家合作机制健康发展提供保障;实施金砖国家高端法律人才培训项目,首届高端法律人才短期培训班已于2015年10月12日开班。

金砖国家组织成立以来,金砖国家之间的金融、投资和贸易往来与日俱增,同时由于金砖国家分处不同的地理区域,拥有不同的政治、经济、文化传统与法律制度,金砖国家之间的差异性导致金砖国家之间的深层合作面临挑战。可以预见的是,随着金砖国家之间的经济交往深入,随之产生的跨境争议也亟待公正高效且具特色争议解决机制予以保障。作为金砖国家间第一个争议解决机构,“金砖国家争议解决上海中心”的建立无疑具有十分重要的意义。

2. 成立金砖国家争议解决上海中心的意义①

(1)构建金砖国家间多元化争议解决机制,有利于发挥中国在国际争议解决领域的话语权

综观全球数量众多的国际贸易投资领域的多边及双边条约,其中一个重要的特点是均有大量篇幅的争议解决条款。以最早的自由贸易区——NAFTA为例,就详细地规定了协商争议解决机制。而全球最重要的国际贸易组织——WTO的条约群中,就有专门规范国际贸易争议的解决机构和争议解决程序的规定。目前,中美关于双边投资的谈判正在如火如荼进行,考察美国投资条约范本(2012年版)不难发现,也有近一半的条款是关于投资争议如何解决的。而最近颇受各界关注的由美国等国家签订的“跨太平洋贸易伙伴协议”(TPP协议)在投资领域相关规定中的一个核心问题便是如何解决投资者与东道国之间的争端。可见,所有与国际贸易和国际投资领域相关的法律文件中,对争议解决机制的重视可与实体条款等量齐观。

然而众所周知,目前不仅以美国为首的西方国家不断抢占制定国际经贸规则的话语权,国际上最重要的争议解决机构,包括WTO的争端解决机

---

① 刘晓红:《金砖国家间多元化争议解决机制的构建》,载《上海法治报》2015年11月16日,A7版。

制、国际投资争议解决中心(International Center for Settlement of Investment Disputes,ICSID)、国际法院(International Court of Justice,ICJ)、国际常设仲裁院(Permanent Cout of Arbitration,PCA)以及国际商会仲裁院(International Court of Arbitration of the International Chamber of Commence,ICC)等,参与者也主要是法律发达的西方国家。

我国近年来虽然也有参与国际重大案件的解决,但数量和质量仍需提升。因此,构建全方位、多层级、多元化的金砖国家争议解决机制,有利于我国发挥在国际争议解决乃至全球治理中的话语权。同时,金砖国家间通过争议解决规则的创设也势必为国际社会以和平手段解决纠纷作出良好示范。

(2)有助于解决贸易投资争议

构建金砖国家间多元化争议解决机制,对解决金砖国家贸易投资及其他商事争议具有重要的实践价值。

以投资者与国家之间的争议解决为视角,金砖五国成员中仅中国为《华盛顿公约》及解决投资争端国际中心成员。中国与其他金砖国家之间不存在双边或多边自由贸易协定。这会导致投资者与东道国之间纠纷解决的不确定性。2014 年,金砖国家开发银行总部正式落地中国上海,随着金砖国家开发银行的运作,投资者在金砖国家的投资建设项目会越来越多。鉴于金砖国家的投资环境并不完善,这可能引发越来越多的投资者与东道国之间的纠纷。因此,构建金砖国家投资争议解决机制迫在眉睫。

以涉外商事主体之间的争议解决为视角,是否能够获得及时、有效的司法救济对于保护商事主体的利益至关重要。鉴于"金砖五国"同为《纽约公约》的成员国,以仲裁方式解决争议可能更为便利、有效。同时,其他多元化争议解决方式如协商、调解,也是仲裁方式的必要补充。因此,推进仲裁服务的国际化、协调金砖国家司法合作,对保护商事主体利益至关重要。

(3)有助于完善多元化争议解决机制

构建金砖国家间多元化争议解决机制,是完善中国多元化争议解决机制的试验田。当下的中国正高举全面深化改革旗帜,大力推进依法治国的战略。党的十八届四中全会决定明确指出:"推进法治社会建设需要健全依法维权和化解纠纷机制,完善调解、仲裁、行政裁决、行政复议、诉讼等有机衔接、相互协调的多元化纠纷解决机制。加强行业性、专业性人民调解组织建设,完善人民调解、行政调解、司法调解联动工作体系。完善仲裁制度,提高仲裁公信力。"同时,正在中国开展的自贸试验区的探索,将国际化、法治化的营商环境的建设作为自由贸易区的主要目标之一。而自由贸易试验区建设进程中市场主体间各类纠纷的发生能否得到公正高效解决,在一定程度上折射着自由贸易试验区法制环境的规范程度。在此方面,随着中国(上海)自由贸易试验区的建立,以设立上海自由贸易试验区仲裁院、出台自由贸易试验区仲裁规则、自由贸易试验区诉讼与非诉讼相衔接的商事纠纷解决机制的建立等为代表的改革和创新成果接踵而至。

2015年4月,国务院《进一步深化中国(上海)自由贸易试验区改革开放方案的通知》的发布,标志着上海自由贸易试验区建设正式进入"2.0时代"。令人关注的是,该文件明确指出:"进一步对接国际商事争议解决规则,优化自贸试验区仲裁规则,支持国际知名商事争议解决机构入驻,提高商事纠纷仲裁国际化程度。探索建立全国性的自贸试验区仲裁法律服务联盟和亚太仲裁机构交流合作机制,加快打造面向全球的亚太仲裁中心。"这对上海自由贸易试验区进一步探索国际化的多元化争议解决机制提出了要求。

通过金砖国家间多元化争议解决机制的构建,不仅有利于金砖国家之间、金砖国家与投资者、金砖国家不同商事主体之间的争议解决,还有利于我们学习和整合国际多元化争议解决的先进经验,为我国探索国内法治与国际法治的接轨、深化法律体制改革、推进仲裁国际化、促进与其他金砖国家之间司法合作提供重要的理论参考,为我国多元化争议解决机制的法律构建提供海外经验。

（五）“双边投资协定”仲裁制度

目前，在我国谈判的双边投资协定（Bilateral Investment Treaty，BIT）中，中美BIT谈判无疑是重中之重。自2008年中美BIT谈判正式启动至今，中美已前后进行了24轮谈判。习近平主席在2015年9月出访美国时，两国领导人就谈判达成了重要共识，强力推进BIT谈判，加快工作节奏，以达成一项互利共赢的高水平投资协定，造福两国业界和人民。事实上，中美BIT谈判的意义已然超越了缔结一份投资保护条约的范畴，而可能成为推进中国国内贸易和投资体制改革的关键，并对于中国进一步参与国际造法进程起到积极作用。但是，就投资者——国家争端解决章节来看，中国在该条款谈判中处于劣势地位，被动接受美国BIT范本相关规定的可能性非常大。美国是该条款的倡导者，对条文的研究比中国更为深入、系统而全面，并且拥有丰富的国际投资仲裁实践经验。另外，近期签订并生效的中国—澳大利亚自由贸易协定中对于投资者——国家仲裁机制的规定几乎与TPP协定相差无几，这恰恰说明了中国在谈判中对该条款的议价能力不足，几乎照搬发达国家的文本条款。如果我国在中美BIT投资者——国家争端解决章节中没有自己的仲裁机制条款方案，很可能会步中澳自由贸易协定之后尘，采用美国主导的TPP协定中的仲裁解决机制模式，在不久的将来势必会面临大量来自美国投资者的仲裁申请，并造成应接不暇的局面。

1. 我国在签署BIT时对ICSID仲裁的态度

在批准《解决国家与他国国民间投资争端公约》（以下简称《ICSID公约》）之前我国签订的BIT中，对于投资者与东道国之间的争议，我国彼时的条约中几乎均仅允许将有关征收、国有化或其他类似措施的补偿额的争议提交专设国际仲裁庭解决。同时，由于在20世纪80年代末我国已经开始考虑加入公约，在该时段签订的某些BIT中，我国同意一旦双方都成为公约成员国，则补偿额争端可提交ICSID仲裁解决。我国于1990年签署、1993年批准公约，并根据公约第25条第4款的规定，声明仅考虑将“有关征收与国有化引起的赔偿数额争议案件”交由ICSID管辖。这种表述同我国在加入公约之前的BIT实践一致,之后我国逐渐开始在同公约成员国签署的BIT中接受ICSID仲裁管辖,但同样将其管辖范围限于征收与国有化赔偿数额争议,并在某些BIT中同时加入了“岔路口”条款,即另一国投资者若选择了东道国国内救济,则不得再将争议提交ICSID仲裁。

时至20世纪90年代末,我国接受ICSID仲裁管辖权的方式开始发生转变,新签或重新签订的大部分BIT采用了全面接受ICSID管辖的方式,规定投资者与东道国间有关投资的任何法律争议,若经友好协商无法解决,可采取包括ICSID仲裁在内的方式解决。我国至今已签订了超过130项BIT,其中多数均同意ICSID仲裁管辖,目前我国作为被申请人进入ICSID仲裁程序的案件已经出现。

2. 中美BIT谈判对我国的启示

中美BIT的谈判和签订,对于两国来说均是重要契机,我国利用美国作为世界上最大的发达国家,却对ICSID仲裁持谨慎态度的契机,在一定程度上修改之前对ICSID仲裁过于开放的态度,明确限定可仲裁事项,可为之后签订新的或修改既存的BIT提供借鉴。除此之外,在宏观层面,这次契机亦可推动我国BIT制度的发展。

首先,在促进中美BIT谈判达成的同时,我国也应当做好应对中美BIT签订后,可能出现的美国投资者对中国提起ICSID仲裁的可能,积累应诉经验,提升处理国际投资争端的能力。因为尽管ICSID仲裁并不采取“遵循先例”制度,但同WTO争端解决一样,之后案例在作出裁决时,均不可避免地需要在先前案例中寻找支持,并需要对本案与之前相关案例的不同作出说明,而争议双方亦会在申请或答辩中在之前已决案例中寻找对己方有利的观点。因此,积极参与到ICSID仲裁制度的发展过程中,与我国积极加入WTO争端解决的过程同样重要。同时,我国赴美投资企业亦应当学会利用美国国内及ICSID仲裁等救济方式维护自身投资利益,提升我国企业在国际市场的竞争力。

其次,我国应着手开展我国的BIT范本制定工作。我国曾于2010年制定了我国的BIT范本,之后却一直未颁布官方版本,但将我国签订的CKFTA同我国BIT年范本草案相比较,存在诸多相似之处,可见我国在对外进行BIT谈判的过程中是存在"隐形的范本"的。由于我国具有自身为发展中国家的国情,却又有能力对发达国家进行投资的双重身份,汲取欧式BIT和美式BIT的有利之处为我所用,形成我国自己的BIT范本,将有利于我国之后的BIT谈判。

最后,我国所签订的BIT数量仅次于德国,居世界第二位,并在BIT中广泛接受了国际仲裁作为争端解决方式,因此,我国应积极地参与到对ICSID等国际争端解决机制的改革进程中来。中美作为世界上经济总量前两位的国家,对新的国际规则的制定能够发挥巨大作用。除了ICSID对自身管辖权的不当扩大,对于ICSID仲裁透明度不足、仲裁裁决一致性问题、一裁终局合理性问题等,均是中外学者所关注的问题。中美两国若能以签订BIT为契机,作出大胆尝试,如增加ICSID对案件程序和材料的公开、增加公众参与,甚至设立国际投资仲裁上诉机制等,将会对国际投资仲裁机制产生巨大影响,我国亦可以此为契机加入新的国际规则的形成和制定,进一步提升我国的国际影响力。①

（撰稿人:张虎）

---

① 梁肖然:《美国双边投资协定范本争议解决条款分析——以对ICSID仲裁管辖权之认可为视角》,载《河北法学》2016年第3期。

二、仲裁制度完善

(一)涉外仲裁的发展与完善

所谓涉外仲裁,是具有涉外因素的仲裁案件。按照2015年最高人民法院《关于适用〈中华人民共和国民事诉讼法〉的解释》第522条之规定,涉外民事案件的判断因素包括:(1)当事人一方或者双方是外国人、无国籍人、外国企业或者组织的;(2)当事人一方或者双方的经常居所地在中华人民共和国领域外的;(3)标的物在中华人民共和国领域外的;(4)产生、变更或者消灭民事关系的法律事实发生在中华人民共和国领域外的;(5)可以认定为涉外民事案件的其他情形。因此,凡仲裁案件中存在上述因素者,都可以认为是涉外仲裁。过去两年来,我国的涉外仲裁仍然维持了良好的发展势头,出现了若干新发展与有影响力的案例。

1. 我国涉外仲裁的基本法律制度

在我国,最早的商事仲裁肇始于1956年在中国贸促会内设立的对外贸易仲裁委员会,也就是现在的中国国际经济贸易仲裁委员会,到2016年已经走过一个甲子的春秋。改革开放之后,我国的涉外仲裁发生了长足的进步,中国国际经济贸易仲裁委员会已经成为国际商事仲裁的中心之一,受案量在国际范围内长期处于前列。

目前,我国涉外仲裁的法律制度包括以下几个方面:

第一,就国际法律规范而言,目前对我国最重要的当属《纽约公约》。这是我国承认与执行外国仲裁裁决的基本依据,也是我国涉外仲裁的重要依据之一。就区际法律规范而言,主要是指三个涉及港澳台的相关文件,分别是最高人民法院与我国香港特别行政区于1999年共同签署的《关于内地与香港特别行政区相互执行仲裁裁决的安排》,以及最高人民法院与我国澳门特别行政区2007年共同制定的《关于内地与澳门特别行政区相互执行仲裁裁决的安排》,还有 2015 年公布的最高人民法院《关于认可和执行台湾地区仲裁裁决的规定》。

第二,在国内法律规范方面,2012 年《民事诉讼法》中属于规范涉外仲裁的条文有第 271 条至第 275 条及第 283 条,涉及的内容包括仲裁的独立性、财产保全、仲裁裁决的承认与执行、裁决的撤销情形等问题。《仲裁法》中明确规定为涉外仲裁规范的条文为第 65 ~ 73 条,涉及的问题包括外籍人士担任仲裁员、证据保全的、仲裁裁决不执行理由等。另外,还有若干效力等级较低的与涉外仲裁明显关联的行政法规等,数量众多此处不再赘述。

2. 我国涉外仲裁最近的发展

当前,我国正从贸易大国向贸易强国过渡,国家大力推进"一带一路"倡议,中资企业在国际经济贸易合作中的作用越来越明显,导致具有涉外因素的纠纷越来越多,为涉外仲裁的发展提供了良好的历史契机。大力发展涉外仲裁,有利于公正快捷地解决国际经贸纠纷,维护公平有序的经贸秩序,创设互利共赢的贸易投资环境,培育中国仲裁文化,早日建成国际商事仲裁中心,为建设贸易强国服务。

2015 年,全国受理涉外案仲裁机构达 62 家,受理涉外案件 2085 件,同比增长 16.8%,占每年仲裁受理案件总量大约 1.5%。在这其中,中国国际经济贸易仲裁委员会已经成为具有重要国际影响力的国际仲裁机构,并正在成为国际商事仲裁中心之一,国际化程度日益提高。2015 年,该仲裁委员会审理涉外仲裁案件达到 437 件(包括涉港澳台案件 156 件),当事人涉及 57 个国家和地区;国际化程度明显增强,有英文程序案件 24 件,适用其他规则的案件 16 件(含《联合国国际贸易法委员会仲裁规则》等),有外籍仲裁员参与审理的案件 58 件,双方均为境外当事人的国际仲裁案件已经达到 40 件,在国内始终处于绝对优势地位。另外,其他一些仲裁委员会也在涉外仲裁方面有进一步发展。

在法律方面,值得注意的动态是 2015 年 6 月 30 日最高人民法院正式公布《关于认可和执行台湾地区仲裁裁决的规定》,并于 7 月 1 日起施行。

该规定共22条,特色内容主要在于:扩大了申请认可和执行的我国台湾地区仲裁裁决的范围,明确了仲裁优先的原则,规定了认可我国台湾地区仲裁裁决的审查期限及内部报审程序,明确了不予认可仲裁裁决的理由,规定了在当事人申请认可后在我国台湾地区法院又进行的撤销仲裁裁决程序对人民法院认可和执行程序的影响,增加了不予认可后的救济途径等。这为涉及我国台湾地区的涉外仲裁又提供了一个明晰的法律依据。

3.我国涉外仲裁存在的问题与发展趋势

尽管我国涉外仲裁已经取得了长足进步,但与我国目前的国际经济地位与作用相比以及企业的需求相比,我国涉外仲裁的发展还有待加强,在国际法律界的地位与声誉还需要进一步提高,需要更积极主动地参与国际竞争,早日使我国成为具有世界声誉的国际仲裁中心。这不仅体现在法律的内容方面,也体现在法律的形式方面。

从内容上而言,我国1994年《仲裁法》为核心的相关规则已经严重落后于时代的要求与发展,而且法律之间的脱节与矛盾也逐渐凸显,法律条文的抽象性与模糊性越来越不适应仲裁的实际需求。例如,《仲裁法》第七章仅有9条,对于现实中大量的问题并没有细化处理。关于涉外仲裁裁决的撤销规则方面,该法的3条规定也存在问题。例如,第70条对存在仲裁员的受贿、违反公共利益等情形的涉外仲裁裁决是否可以通过司法审查撤销等没有明确规定,以至于产生不同理解;仲裁庭的组成或仲裁程序与仲裁规则不符的裁决撤销理由既未尊重当事人意思自治,也与国际主流规定不一致;该法与《民事诉讼法》第274条的规定均没有明确何种级别的人民法院可以受理涉外仲裁裁决的撤销纠纷。此种问题可以说是不一而足,证明《仲裁法》的修订早已是大势所趋。

从形式上而言,我国目前的涉外仲裁法律规范比较分散,整体的逻辑性与等级性存在不足,导致难以形成具有系统性与逻辑性的规则体系。这种情况下,各种冲突与矛盾就在所难免,形式上的混乱造成了若干问题。例如,《民事诉讼法》与《仲裁法》对涉外仲裁都有专章规定,但2012年《民事诉讼法》修订后产生了条文援用的不一致。再如,《民事诉讼法》第259条和《仲裁法》第65条明示规定在专门的涉外法律规范没有规定的情况下,适用其他有关规定处理问题,这使问题不仅没有明确化,反而产生了不少歧义。另外,各地仲裁委员会早已有权受理涉外案件,所谓的"涉外仲裁机构"已经没有必要再使用。

由此可见,我国涉外仲裁制度目前已经发展到一个亟须法律制度进行升级并提供新鲜动力的时机。上述立法方面的种种问题已经形成制约,实践中的各种混乱与难题都需要顶层设计来解决。一个符合国际潮流、整体和谐、相互配合的涉外仲裁法律制度应当早日出现,唯有如此才能够整合国内这方面的力量,形成涉外仲裁制度的新格局。这一问题久拖不决为我国涉外仲裁的发展造成了不少问题,亟须研究解决。

(撰稿人:王秉乾)

(二)涉台争端解决仲裁制度

1. 海峡两岸仲裁中心的设立

2015年12月29日,为支持平潭综合实验区建设,营造两岸便利化、法治化经贸投资环境,中国贸促会在平潭组织设立了海峡两岸仲裁中心(Arbitration Center Across the Straits)。

在平潭设立海峡两岸仲裁中心,是新形势下构建法治化、便利化营商环境,进一步推动两岸经贸关系深入发展的需要,符合两岸工商界的共同期待。仲裁中心可以就近为两岸企业提供仲裁服务,通过法律途径帮助两岸当事人定分止争。海峡两岸仲裁中心可以突出自身特色,加大推介力度,不断创新和丰富服务手段,着力打造一支公道正派、业务精湛的仲裁员队伍,努力建设水平一流的仲裁机构和两岸仲裁界的共同家园,为推动两岸经贸关系持续健康稳定发展作出积极的贡献。

海峡两岸仲裁中心的成立是两岸民商事法律合作的新突破、新创举,同时也为两岸的法学研究专家和专业人士提供了一个交流、对话的平台,必将进一步推动两岸专家学者开展更加深入全面的合作,达成更加广泛的共识,对推动两岸关系的进一步改善具有十分重要的意义。

2015 年 6 月,最高人民法院颁布实施了《关于认可和执行台湾地区法院民事判决的规定》《关于认可和执行台湾地区仲裁裁决的规定》两项重要司法解释,为两岸民事判决及仲裁裁决的认可和执行提供了坚实的法律保证。

海峡两岸仲裁中心即将实施的仲裁规则,参考了两岸仲裁相关规定及实践做法,更加便利于解决两岸经贸争议。海峡两岸仲裁中心制定的《仲裁员名册》吸纳了海峡两岸暨香港、澳门的仲裁法律界 200 多名知名人士,方便当事人选择海峡两岸暨香港、澳门仲裁员审理案件。仲裁中心设立在距离我国台湾地区最近的平潭综合实验区,其优越的地理位置更加方便两岸当事人,可以就近为当事人提供独立公正高效的仲裁服务。海峡两岸仲裁中心的成立,标志着大陆第一家有针对性地处理两岸经贸争议仲裁机构的诞生,对于优化两岸经贸合作法制环境具有重要意义。海峡两岸仲裁中心迄今已受理一批涉台仲裁案件,并聘请了 18 名我国台湾地区人士担任仲裁员,与我国台湾地区仲裁界建立了紧密的合作关系。

2. 最高人民法院《关于认可和执行台湾地区仲裁裁决的规定》

就认可和执行我国台湾地区仲裁裁决问题,最高人民法院并未单独发布过专门司法解释予以规范,仅在 1998 年发布的《关于人民法院认可台湾地区有关法院民事判决的规定》(法释〔1998〕11 号,以下简称 1998 年《规定》)第 19 条规定:“申请认可台湾地区有关法院民事裁定和台湾地区仲裁机构裁决的,适用本规定。”根据该条规定,人民法院在办理认可和执行我国台湾地区仲裁裁决有了一定的法律依据。但是,对仲裁裁决直接套用对法院判决认可和执行的规则,明显混淆了仲裁裁决与法院判决在认可和执行方面的差异,尤其是拒绝认可和执行的理由上,对仲裁的审查等同于诉讼,将不利于仲裁裁决的认可和执行。

（1）最高人民法院《关于认可和执行台湾地区仲裁裁决的规定》的关键修改点

2015年最高人民法院颁布的《关于认可和执行台湾地区仲裁裁决的规定》实施后，1998年《规定》即不再适用于大陆与我国台湾地区之间仲裁裁决的任何与执行。《关于认可和执行台湾地区仲裁裁决的规定》共22条，具体涵盖了申请认可与执行我国台湾地区仲裁裁决的申请人、管辖法院、申请书、法院审查、申请的费用、认可效力、财产保全、申请认可的期限、救济程序、委托申请、不予认可的理由、裁决的既判力等。

①适用范围

1998年《规定》适用于我国台湾地区仲裁机构裁决，即机构标准；而《关于认可和执行台湾地区仲裁裁决的规定》认为"有关常设仲裁机构及临时仲裁庭在台湾地区按照台湾地区仲裁规定就有关民商事争议作出的仲裁裁决"均属于可申请认可和执行的范围，即仲裁地标准。

②管辖法院

1998年《规定》规定管辖法院为"申请人住所地、经常居住地或者被执行财产所在地中级人民法院"；而《关于认可和执行台湾地区仲裁裁决的规定》规定管辖法院为"申请人住所地、经常居住地或被申请人住所地、经常居住地、财产所在地中级人民法院"。

③认可与执行行程序

1998年《规定》审查认可申请，通过审查后，执行行程序依据《民事诉讼法》所规定的程序进行。《关于认可和执行台湾地区仲裁裁决的规定》规定当事人必须先提出认可申请，否则予以驳回；同时提出认可与执行行申请的，先审查认可申请，裁定认可后才进入执行行程序。

④拒绝认可与执行的理由

1998年《规定》列举了6项可以拒绝认可与执行的理由：第一，申请认可的民事判决的效力未确定的；第二，申请认可的民事判决，是在被告缺席又未经合法传唤或者在被告无诉讼行为能力又未得到适当代理理的情况下作出的;第三,案件系人民法院专属管辖的;第四,案件的双方当事人订有仲裁协议的;第五,案件系人民法院已作出判决,或者外国境外地区法院作出判决或境外仲裁机构作出仲裁裁决已为人民法院所承认的;第六,判决具有违反国家法律的基本原则,或损害社会公共利益的。

《关于认可和执行台湾地区仲裁裁决的规定》参照内地与我国香港、澳门特别行政区相互认可和执行仲裁裁决的两个安排,并适度参考《纽约公约》的规定,同时结合本解释只适用于我国台湾地区仲裁裁决认可和执行的情况,作出富有特色的针对性规定。其规定了7项得拒绝认可与执行的理由:第一,仲裁协议一方当事人依对其适用的法律在订立仲裁协议时属于无行为能力的;或者依当事人约定的准据法,或当事人没有约定适用的准据法而依我国台湾地区仲裁规定,该仲裁协议无效的;第二,被申请人未接到选任仲裁员或进行仲裁程序的适当通知,或者由于其他不可归责于被申请人的原因而未能陈述意见的;第三,仲裁裁决超裁;第四,仲裁庭的组成或者仲裁程序违反当事人的约定,或者在当事人没有约定时与我国台湾地区仲裁规定不符的;第五,裁决对当事人尚无约束力,或者业经我国台湾地区法院撤销或者驳回执行申请的;第六,该争议事项不具有可仲裁性;第七,认可该仲裁裁决将违反一个中国原则等国家法律的基本原则或损害社会公共利益的。

⑤申请时限

1998年《规定》确定的时限为判决生效后1年内;而《关于认可和执行台湾地区仲裁裁决的规定》确定为判决生效后2年内,且执行申请与认可申请的时限分开计算,后者构成前者的中断。

⑥申请时需提交的文件

1998年《规定》应提交申请书,并须附有不违反一个中国原则的我国台湾地区仲裁裁决书正本或经证明无误的副本、证明文件;而《关于认可和执行台湾地区仲裁裁决的规定》规定需要提交申请书、仲裁协议、仲裁裁决书、仲裁和解书或者仲裁调解书即可。

(2)《关于认可和执行台湾地区仲裁裁决的规定》的解读

①适用范围问题

《关于认可和执行台湾地区仲裁裁决的规定》第2条规定是以仲裁地标准来判断我国台湾仲裁裁决的,而且增加了关于我国台湾地区仲裁判断、仲裁和解和仲裁调解的规定,1998年《规定》并无此规定,尤其是调解,在海峡两岸都是十分受重视的制度,我国不仅《民事诉讼法》《仲裁法》以及各个仲裁机构的仲裁规则对调解有明确的规定,而且有专门的调节机构和规则。《仲裁法》明确了仲裁调解的重要作用以及法律地位,但是在《关于认可和执行台湾地区仲裁裁决的规定》之前并没有在我国台湾地区的仲裁裁决认可与执行方面体现出来,这无疑是个进步。我国台湾地区也不仅有调解规则,而且允许其仲裁机构以调解的方式解决争议。我国台湾地区在1988年颁布的"仲裁法"第六章为"和解与调解",规定仲裁机构可以依据当事人申请进行调解的案件不限于"涉外贸易纠纷",而可以是当事人未依"本法"订立仲裁协议的任何案件。由此可见,在我国台湾地区,只要当事人对没有仲裁协议的争议案件申请了调解,仲裁机构就可以进行调解,但是并没有规定仲裁庭在仲裁过程中是否可以进行调解。无论是在大陆还是我国台湾地区,仲裁调解都是非常重要的一项制度,此次《关于认可和执行台湾地区仲裁裁决的规定》顺应两岸仲裁制度的具体情况,将我国台湾地区仲裁裁决的范围扩大到包括仲裁裁决、仲裁判断、仲裁和解和仲裁调解,无疑是很大的进步。

②认可与执行的划分问题

《关于认可和执行台湾地区仲裁裁决的规定》第3条对认可和执行进行了区分,该规定借鉴了我国实施《纽约公约》的经验,将认可规定为执行仲裁裁决的前提条件,必须要先经过认可才可以执行。仲裁裁决的认可与执行是不同的两种程序,有的需要认可的仲裁裁决不一定需要执行,但是需要执行的仲裁裁决必须首先得到认可。仲裁裁决的认可需不需要独立的程序来完成,各个国家或地区的规定是不一样的。在我国内地与我国香港特别行政区签订的最高人民法院《关于内地与香港特别行政区相互执行仲裁裁决的安排》中就对仲裁裁决的认可并没有特别规定,而是通过我国香港《仲裁条例》第40B条第2款进行规定,从这条条款可以看出,我国香港特别行政区对内地仲裁裁决的承认持无条件认可制度。也就是说,我国香港特别行政区并没有单独规定对内地仲裁裁决的承认制度,而仅仅规定了对内地仲裁裁决的执行制度。①

诚如前述,仲裁裁决的认可与执行是两种不同的程序,有的需要认可的仲裁裁决不一定需要执行,但是需要执行的仲裁裁决必须首先得到认可。需要执行的仲裁裁决还要当事人在仲裁裁决所明确的在一定时间内拒不履行仲裁裁决为前提,同时,在一定的情况下,仲裁的当事人也可以只申请认可仲裁裁决而不请求执行该仲裁裁决。有学者认为:“认可仲裁裁决就像是盾,它的主要作用是阻止在已经通过仲裁方式解决的纠纷被一方当事人通过新的方式再提起诉讼;而执行仲裁裁决则扮演着矛的角色,在一方当事人拒不履行仲裁裁决的情况下,另一方当事人可以请求司法机关强制其执行。”②

有关认可与执行的问题,《关于认可和执行台湾地区仲裁裁决的规定》并未作出规定。最高人民法院在《关于泰王国泰普克沥青(大众)有限公司申请承认新加坡国际仲裁中心仲裁决一案请示的复函》中认为:“第一,对于外国仲裁裁决,法律没有规定当事人必须一并申请承认和执行,当事人可以选择仅申请人民法院承认,也可以选择申请人民法院承认和执行。当事人先申请人民法院承认外国仲裁裁决,人民法院经审查裁定予以承认的,当事人还可以申请人民法院执行该仲裁裁决。第二,根据《最高人民法院关于人民法院处理与涉外仲裁及外国仲裁事项有关问题的通知》(法发〔1995〕18号)的精神,泰王国泰普克沥青(大众)有限公司(以下简称泰普克公司)

---

① 袁古洁:《中国内地与港澳若干法律问题研究》,广东人民出版社2006年版,第112页。

② 乔欣:《比较商事仲裁》,法律出版社2004年版,第382页。

申请执行涉案外国仲裁裁决，西安市中级人民法院在拟裁定不予受理前，应当逐级上报最高人民法院，待最高人民法院答复后作出相应裁定。第三，西安市中级人民法院于2009年12月7日裁定承认涉案外国仲裁裁决，泰普克公司于2010年1月27日申请执行该仲裁裁决，西安市中级人民法院审查是否执行该仲裁裁决，应当适用当时施行的《中华人民共和国民事诉讼法(2007)》。依照《中华人民共和国民事诉讼法(2007)》第215条第1款的规定，申请执行的期间为2年；申请执行时效的中止、中断，适用法律有关诉讼时效中止、中断的规定。西安市中级人民法院裁定承认仲裁裁决后，泰普克公司申请执行该仲裁裁决的期限从该裁定生效之日起重新计算。泰普克公司申请执行该仲裁裁决，并未超过《中华人民共和国民事诉讼法(2007)》规定的2年申请执行期限。西安市中级人民法院以泰普克公司申请执行超过《中华人民共和国民事诉讼法(2007)》规定的申请执行期限为由，裁定不予受理，适用法律不当，应予纠正。"①由此可见：其一，对于我国台湾地区的仲裁裁决，法律没有规定当事人必须一并申请认可和执行，当事人可以选择仅申请人民法院认可，也可以选择申请人民法院认可和执行。当事人先申请人民法院认可我国台湾地区仲裁裁决，人民法院经审查裁定予以认可的，当事人还可以申请人民法院执行该仲裁裁决。其二，申请执行人选择仅申请人民法院认可的，人民法院认可后。申请执行人申请执行的期限从人民法院作出的认可裁定生效之日起重新计算。②

总的来说，由于两岸政治关系的特殊性，这项规定是从两岸的立法现实考虑，在目前阶段有利于海峡两岸仲裁裁决的相互认可与执行。

③仲裁裁决的既判力问题

《关于认可和执行台湾地区仲裁裁决的规定》第11条对既判力进行了

---

① 《关于泰王国泰普克沥青(大众)有限公司申请承认新加坡国际仲裁中心仲裁决一案请示的复函》(最高人民法院〔2013〕民四他字第43号)。

② 张虎：《外国仲裁裁决在我国承认与执行案例要旨通撰》，人民交通出版社股份有限公司2016年版，第285页。

明确规定,人民法院已经受理了当事人提出的请求,如果争议双方没有新的证据或者事由,又向人民法院提起的,法院裁定不予受理。但是当事人放弃仲裁的权利,反而通过诉讼方式解决,但是并没有提出新的争端理由,在这样的情况下,人民法院也不应受理。除非之前仲裁双方当事人所订立的仲裁协议无效。由此可见,我国大陆明确了我国台湾地区仲裁裁决不仅具备既判力,也具备执行力。可见,《关于认可和执行台湾地区仲裁裁决的规定》关于我国台湾地区仲裁裁决的既判力和执行力都按照《仲裁法》的精神明确给与了确认。

④拒绝认可与执行我国台湾地区仲裁裁决事由的问题

《关于认可和执行台湾地区仲裁裁决的规定》在立法中明文进行了确定,这也是第一次明确规定不予认可我国台湾地区仲裁裁决的事由。根据《关于认可和执行台湾地区仲裁裁决的规定》第 14 条之规定,在 7 种情形下,人民法院将不予认可和执行当事人提出的请求,其中前 5 条基本沿袭了我国加入的《纽约公约》的规定:第一,仲裁协议一方当事人依对其适用的法律在订立仲裁协议时属于无行为能力的;或者依当事人约定的准据法,或当事人没有约定适用的准据法而依我国台湾地区仲裁规定,该仲裁协议无效的;第二,被申请人未接到选任仲裁员或进行仲裁程序的适当通知,或者由于其他不可归责于被申请人的原因而未能陈述意见的;第三,仲裁裁决超裁;第四,仲裁庭的组成或者仲裁程序违反当事人的约定,或者在当事人没有约定时与我国台湾地区仲裁规定不符的;第五,裁决对当事人尚无约束力,或者业经我国台湾地区法院撤销或者驳回执行申请的。上述 5 条规定基本上和我国参加的《纽约公约》缔结的关于不予认可仲裁裁决的理由一致,也和最高人民法院《关于内地与香港特别行政区相互执行仲裁裁决的安排》和最高人民法院《关于内地与澳门特别行政区相互执行仲裁裁决的安排》规定的内地与我国香港、澳门特别行政区之间不予认可仲裁裁决的安排相一致。除此之外,《关于认可和执行台湾地区仲裁裁决的规定》还规定了原则条款:“依据国家法律,该争议事项不能以仲裁解决的,或者认可该仲裁裁决将违反一个中国原则等国家法律的基本原则或损害社会公共利益的，人民法院应当裁定不予认可。”而在《关于内地与香港特别行政区相互执行仲裁裁决的安排》中，只强调了违反社会公共利益或者公共政策，《关于内地与澳门特别行政区相互执行仲裁裁决的安排》则强调了违反法律基本原则或者公共利益或者公共政策，“违反一个中国原则等国家法律的基本原则”应该是在新形势下我国对两岸关系的新概括，本条规定也同样出现在2015年6月2日最高人民法院审判委员会第1653次会议通过的《关于认可和执行台湾地区法院民事判决的规定》中，这条规定明显和内地与我国香港、澳门特别行政区安排不同，香港特别行政区、澳门特别行政区已经回归祖国，我国台湾地区虽然目前与祖国大陆政治形势稍微平稳，但是仍有一小撮“台独”分子妄图破坏两岸和平，在这样的形势下，2005年3月14日中华人民共和国第十一届全国人民代表大会第三次会议通过了关于维护两岸关系的非常重要的法律——《反分裂国家法》，从而团结包括我国台湾地区同胞在内的所有爱国力量，共同维护国家领土主权完整。为实现此目的，海峡两岸的规定不可避免地带有一定的政治色彩，所以中华人民共和国出台的最新规定都将“不违反一个中国原则”作为国家的一项基本原则明确列入了法规。

此外，《关于认可和执行台湾地区仲裁裁决的规定》还明确规定如果双方当事人提交的争议事项不能以仲裁方式解决的，也不能予以认可和执行。在《关于内地与香港特别行政区相互执行仲裁裁决的安排》和《关于内地与澳门特别行政区相互认可与执行仲裁裁决的安排》中都是根据申请认可执行地的法律判断该项事项是否可以仲裁，而《关于认可和执行台湾地区仲裁裁决的规定》是依照国家法律，也就是说如果争议当事人提请大陆法院认可与执行的争端在我国大陆不属于仲裁裁决可以解决的事项，我国大陆法院也将不予认可和执行，所以弄清楚我国可仲裁事项的标准也很有必要。

我国可仲裁事项标准主要规定在1995年9月1日施行的《仲裁法》当中，《仲裁法》第2、3条明确规定了我国什么事项可以仲裁、什么事项不可以仲裁。根据我国《仲裁法》规定，我国台湾地区可仲裁事项与我国大陆规定不同,我国台湾地区关于可仲裁事项主要规定在我国台湾地区“仲裁法”第1条,不管是现在还是将来发生的争议,只要是争议双方当事人可以和解的,都可以依照仲裁协议提交仲裁。也就是说,我国台湾地区不仅不限制只有商务上的纠纷可以通过仲裁方式解决,而且只要是争端双方当事人可以和解的任何领域的争议都可以通过仲裁方式解决。

对比来说,我国《仲裁法》通过列举式规定了不可以通过仲裁方式解决的争议,在一定程度上并不符合目前适用仲裁裁决范围越来越大的趋势,除了一些涉及社会公共利益以及第三人权益的争议,不能通过仲裁方式解决之外,可以适当放开可以由当事人自由处分的争议,让当事人通过仲裁方式解决。

(撰稿人:张虎)

(三)投资者与东道国争端仲裁与我国法律机制的衔接

随着中国资本输出活动的日益频繁,中美、中欧双边投资保护协定谈判的深入,投资者与东道国争端解决机制对我国的深刻影响将日渐凸显。[①]我国过去以资本输入国自居,对待投资者与东道国争端解决机制强调东道国利益保护的立场也在逐渐调整,作为重要的资本输出国,我国已开始关注投资者保护。[②][③]

---

① 我国2016年为世界第三大资本输入国,以及世界第二大资本输出国,参见 *United Nations Conference on Trade and Development*: *World Investment Report* 2017, pp. 12,14。

② Gallagher N., "Role of China in Investment: BITs, SOEs, Private Enterprises, and Evolution of Policy", *ICSID Review*, 2016 (1), pp. 93－94.

③ ICSID公约1993年2月6日对我国生效。《ICSID公约》第25条第4款允许缔约国就提交国际投资争端解决中心的争议类型作出保留,我国在加入ICSID公约时根据该条作出了保留,仅征收和国有化的补偿争议方能提交国际投资争端解决中心。在1998年7月20日签署于1999年10月1日生效的《中国和巴巴多斯关于鼓励和相互保护投资协定》中,我国放弃了此项保留,规定缔约一方的投资者与缔约另一方之间任何投资争议均可提交国际投资争端解决中心。自此,我国签署的双边投资保护协定对诉诸国际投资争端解决中心的投资争议类型不作出限制。

随着我国对投资者与东道国争端仲裁逐渐采取开放态度，涉及中国和中国投资者的案件日益增多。[①] 以 ICSID 为例，该中心受理的中国投资者作为申请人的仲裁案件已有六起，以中国作为被申请人的案件已有三起。[②] 随着中美、中欧双边投资保护协定的达成，相关仲裁案件可能会激增。这就要求我国及时应对，对国内的相关法律机制作出适时调整，以保护我国国家利益和我国投资者利益，并以此为契机推动我国的仲裁机制与国际接轨。

1. 司法机制的衔接

根据我国近年签署的 BIT 和自由贸易协定中投资专章的规定，投资者通常将争端诉诸：(1) 国际投资争端解决中心，依据《ICSID 公约》及《国际投资争端解决中心程序规则》仲裁。(2) 通过专设仲裁庭进行仲裁，如根据联合国国际贸易法委员会仲裁规则，设立专设仲裁庭进行仲裁。(3) 诉诸其他仲裁机构仲裁，如瑞典斯德哥尔摩商会仲裁院。[③] 据此可以把投资者与东道国争端仲裁分为 ICSID 仲裁和非 ICSID 仲裁。ICSID 公约意图建立自足的、不受内国法院干预的仲裁机制，完全摒弃了仲裁地的概念，排除了相关国家法院对仲裁裁决的监督。就 ICSID 仲裁，任何法院无权管辖撤销

---

① 余劲松、詹晓宁：《论投资者与东道国间争端解决机制及其影响》，载《中国法学》2005 年第 5 期；漆彤：《论中国海外投资者对国际投资仲裁机制的利用》，载《东方法学》2014 年第 3 期。

② 诉诸国际投资争端解决中心以中国作为被申请人的三起案件中，第一起是 2011 年 5 月 24 日该中心受理的马来西亚 Ekran 公司诉中国投资争端仲裁案[Ekran Berhad v. People's Republic of China (ICSID Case No. ARB/11/15)]，该案双方达成了和解于 2013 年 5 月终止了案件程序。第二起是 2014 年 11 月 4 日该中心受理的韩国安城住房株式会社因房地产开发项目诉中国的投资争端仲裁案件[Ansung Housing Co., Ltd. v. People's Republic of China (ICSID Case No. ARB/14/25)]，该案已审结，仲裁庭裁定其对争议无管辖权。第三起是 2017 年 6 月 21 日该中心受理的德国 Spice products company 公司诉中国投资争端仲裁案[Hela Schwarz GmbH v. People's Republic of China (ICSID Case No. ARB/17/19)]，在笔者动笔之际该案尚在仲裁庭组庭阶段。

③ 如 2012 年 9 月签署 2014 年 10 月生效的中加双边投资协定，以及中澳自由贸易区协定投资部分关于投资者与缔约方的争端仲裁机制的规定，反映了我国投资者与缔约方争端仲裁机制的最新发展。

仲裁裁决的申请,当事人仅能向国际投资争端解决中心秘书长申请撤销仲裁裁决,由管理委员会主席从仲裁员名单中任命3名仲裁员组成临时委员会审理是否撤销仲裁裁决。执行地法院应将ICSID仲裁裁决视为该国终审判决予以承认和执行。非ICSID仲裁则要受到内国法院对仲裁裁决的监督,具体表现为仲裁地法院对仲裁庭管辖权、撤销仲裁裁决申请的审查,以及执行地法院对承认和执行仲裁裁决申请的审查。这就要求我国就ICSID仲裁裁决建立承认和执行的司法支持机制,以及对非ICSID仲裁建立司法监督机制。

(1)ICSID仲裁裁决承认和执行机制

就ICSID仲裁裁决的承认和执行,我国尚未建立具体机制。中国在加入《ICSID公约》后,根据《ICSID公约》第54条第2款的要求,需指定相关法院或其他机构供申请承认和执行ICSID仲裁裁决的人提交申请,并就该指定通知国际投资争端解决中心秘书长。根据《ICSID公约》第69条的要求,需采取立法或其他措施使公约能够在缔约国有效实施。但中国目前尚未指定相关法院或其他机构,也未通过立法或采取其他措施使公约在中国有效实施。①

就在我国建立ICSID仲裁裁决承认和执行机制,首先,鉴于ICSID仲裁裁决的当事人涉及一国政府,可考虑指定最高人民法院作为提交承认和执行ICSID仲裁裁决申请的机构。其次,在法院管辖方面,如被申请执行人为外国国家,应由最高人民法院受理。在被申请执行人为我国时,鉴于ICSID仲裁中所涉及的东道国行为,实际行为人可能是国务院、中央各部门、各级地方人民政府等,可考虑将承认和执行程序分开,承认由最高人民法院受理,如最高人民法院作出承认ICSID仲裁裁决的裁定,可由相关高级或中级人民法院具体执行。

---

① 肖芳:《国际投资仲裁裁决在中国的承认与执行》,载《法学家》2011年第6期。

（2）非 ICSID 仲裁司法监督机制

就非 ICSID 仲裁，在我国作为仲裁地的情况下，我国法院具有对仲裁庭管辖权异议，以及撤销仲裁裁决申请的管辖权。这就需要我国建立相应的司法审查机制。鉴于非 ICSID 仲裁当事人涉及一国政府，可考虑由最高人民法院作为受理仲裁庭管辖权异议，以及撤销仲裁裁决申请的法院。

非 ICSID 仲裁裁决的承认和执行可分为两种情况，第一种情况是依据《纽约公约》申请承认和执行的仲裁裁决，第二种情况是非依据《纽约公约》申请承认和执行的仲裁裁决。就依据《纽约公约》申请承认和执行的仲裁裁决，目前这类仲裁裁决在我国的承认和执行存在障碍。首先，我国在加入《纽约公约》时作出了商事保留，仅对按照我国法律属于契约性和非契约性商事法律关系所引起的争议适用该公约。最高人民法院在中国在加入《纽约公约》后，发布了《关于执行我国加入的〈承认及执行外国仲裁裁决公约〉的通知》（以下简称《执行纽约公约通知》），就何为"契约性和非契约性商事法律关系"作出了具体说明，并特别将外国投资者与东道国政府之间的争端排除在商事法律关系之外。因此，目前在我国根据《纽约公约》承认和执行投资者与东道国争端仲裁裁决是存在障碍的。值得注意的是，美国 2012 年 BIT 为充分利用《纽约公约》以确保投资者与东道国投资争端仲裁裁决执行，特别将投资者与缔约方争端定性为属于《纽约公约》管辖范围的商事争议。[①] 这显然与我国当前的立场相矛盾，需要在中美 BIT 谈判中妥善处理。其次，《执行纽约公约通知》就承认及执行外国仲裁裁决申请的法院管辖，承认和执行外国仲裁裁决的具体程序作出了规定。但就法院管辖仅规定了被执行人为自然人和法人的情况，对于投资者与东道国争端仲裁裁决承认和执行中，以国家为被申请执行人的情况未作出规定。为此，需要对《执行纽约公约通知》中，关于"契约性和非契约性商事法律关系"的具体说明进行修正，将外国投资者与东道国政府之间的争端纳入商事法律关系。

---

① 参见美国 2012 年双边投资协定范本第 34.10 条。

就仲裁裁决具体的承认和执行程序,需要增加以国家为被申请执行人的情况,可参照前述ICSID仲裁裁决承认和执行程序进行修改。

就非依据《纽约公约》申请承认和执行的仲裁裁决,根据我国《民事诉讼法》,如果我国与仲裁裁决的国籍国之间没有缔结相关条约,则按照互惠原则予以承认和执行。就仲裁裁决具体的承认和执行程序,也可参照前述ICSID仲裁裁决承认和执行程序。

当然,为了方便操作可考虑由最高人民法院就ICSID仲裁裁决承认和执行机制,以及非ICSID仲裁司法监督机制作出"一揽子"规定。

2. 国家豁免立法

承认和执行投资者与东道国仲裁裁决中一个不能回避的问题就是国家豁免。[①] 在这个问题上ICSID仲裁裁决也不例外。《ICSID公约》要求缔约国将ICSID仲裁裁决视为该国终审判决予以承认,并执行其中的金钱债务,排除了缔约国在作为执行地时对承认和执行ICSID仲裁裁决的抗辩,但仍规定承认和执行ICSID仲裁裁决受到缔约国自身豁免和外国国家豁免法律的制约。[②]

就国际豁免,我国目前仍持绝对豁免的立场。坚持这一立场并不一定能使我国国家财产免于被第三国强制执行。如有外国投资者取得了针对我国的胜诉仲裁裁决,到第三国申请强制执行我国位于该第三国的财产,如该第三国就国家豁免持相对豁免的立场,在认定我国在该第三国的财产是用于商事目的情况下,就可能会对该财产进行强制执行。相反,坚持这一立场反而有可能使我国投资者处于不利境地。这包括两种情况:第一种情况是我国投资者取得了针对外国的胜诉仲裁裁决,到我国申请强制执行该国位于我国的财产,我国基于绝对豁免的立场,拒绝对该国位于我国的财产进行

---

① Gerlich O.,"State Immunity from Execution in the Collection of Awards Rendered in International Investment Arbitration: The Achilles' Heel of the Investor – State Arbitration", *American Review of International Arbitration*, 2015, p. 48.

② 《ICSID公约》第55条。

强制执行，这就直接损害了我国投资者的利益。第二种情况是，外国投资者取得了针对第三国的胜诉仲裁裁决，到我国申请强制执行第三国位于我国的财产，我国基于绝对豁免的立场，拒绝对第三国位于我国的财产进行强制执行。这有可能间接损害我国投资者的利益，其原因在于，如我国投资者根据相关仲裁裁决到前述外国投资者所属国家申请执行相关国家的财产，该国有可能基于对等原则，以我国拒绝执行该国投资者申请执行的仲裁裁决为由，而拒绝执行我国投资者申请执行的相关仲裁裁决。

我国国家豁免立法尚未出台。我国于 2005 年 9 月 14 日签署了《联合国国家及其财产豁免公约》，但尚未批准。该公约也尚未生效。[①] 该公约的内容可作为我国国家豁免立法的参考。[②] 该公约就国家豁免采用了相对豁免主义。该公约确立的基本原则是一国及其财产在另一国法院享有管辖豁免。国家豁免一般包括三项内容：司法管辖豁免、诉讼程序豁免和强制执行豁免。该公约也包含了这三项内容。该公约第 6 条对司法管辖豁免作出了规定，包括不得受理以外国为被告，以及虽未将外国作为被告，但意图影响该外国的财产、权利、利益或活动的诉讼。该公约第 18 条规定了诉讼程序豁免，要求不得在诉讼中针对外国财产采取判决前的强制措施，如查封或扣押。公约第 19 条规定了强制执行豁免，要求不得在诉讼中针对外国财产采取判决后的强制措施，如查封、扣押和执行。该公约第 10 ~ 16 条规定了不得主张国家豁免的情形，包括商业交易等七项内容。[③] 具体到投资者与东道国争端仲裁，《联合国国家及其财产豁免公约》第 17 条规定，如一国与外

---

① 载 https://treaties.un.org/Pages/ViewDetails.aspx?src=IND&mtdsg_no=III-13&chapter=3&lang=en。

② 载 https://treaties.un.org/doc/source/RecentTexts/English_3_13.pdf。

③ 《联合国国家及财产豁免公约》第 10 ~ 16 条规定了不得主张国家豁免的情形，包括：(1)商业交易，即一国与外国自然人或法人进行商业交易，就该商业交易引起的由另一国法院管辖的诉讼，该国不得主张国家豁免；(2)雇用合同；(3)人身伤害及财产损失；(4)拥有、占有和使用财产；(5)知识和工业产权；(6)加入公司或其他组织；(7)国家所有或经营的船舶。

国自然人或法人订立书面协议,将有关商业交易的争议提交仲裁,则该国不得在另一国原应管辖的法院涉及仲裁协议效力、解释或适用,仲裁程序以及仲裁裁决的承认和撤销的诉讼中主张国家豁免。公约附件就公约条款进行了澄清,专门指出商业交易包括投资事宜。

就投资者与东道国争端仲裁而言,我国如采用相对豁免主义可能更有利于保护我国国家利益和我国投资者利益。[①] 如前所述,就我国位于第三国的财产是否会基于外国投资者的申请被强制执行,取决于该第三国就国家豁免持何种立场,以及如果持相对豁免的立场是否会认定我国前述财产用于商事目的,这与我国就国家豁免持何种立场无关。就我国应我国或外国投资者申请强制执行第三国位于我国的财产,如果我国就国家豁免持相对豁免主义的立场,则在我国认定该第三国的财产是用于商事目的情况下,就可能对该第三国的财产予以强制执行,这样就保护了我国投资者的利益。同时也消除了其他国家因我国拒绝执行该国投资者申请执行的仲裁裁决,基于对等原则,拒绝执行我国投资者申请执行相关仲裁裁决,间接损害我国投资者利益的风险。

3.《仲裁法》的修改

(1)可仲裁的事项范围

我国《仲裁法》对可仲裁事项的范围作出了限定,规定平等主体间的合同纠纷和其他财产权益纠纷方可仲裁。在投资者与东道国争端中,投资者为私法主体,东道国为公法主体,不属于平等主体间的商事纠纷。因此,根据我国《仲裁法》投资者与东道国争端不属于可仲裁的事项。虽然我国签订的部分 BIT 和自由贸易协定允许将投资者与东道国争端提交仲裁,但这仅限于双边投资协定和自由贸易协定缔约国之间,我国并未普遍承认投资者与东道国争端的可仲裁性。这在两个方面产生影响:一是导致非 ICSID

---

① 何志鹏:《主权豁免的中国立场》,载《政法论坛》2015 年第 3 期;黄世席:《国际投资仲裁裁决执行中的国家豁免问题》,载《清华法学》2012 年第 6 期。

仲裁裁决被撤销或不予承认和执行的风险；二是给我国仲裁机构受理投资者与东道国争端造成障碍。

非 ICSID 仲裁受到内国法院的监督。在我国作为仲裁地的情况下，法院将依据中国法对撤销非 ICSID 仲裁裁决申请进行审查。根据我国《仲裁法》和《民事诉讼法》的规定，撤销涉外仲裁裁决的情形包括仲裁事项不具有可仲裁性。根据《纽约公约》，不予承认和执行仲裁裁决的情形也包括仲裁事项不具有可仲裁性。仲裁事项是否具有可仲裁性是根据仲裁地法或执行地法来判断的。如前所述，我国《仲裁法》明确规定平等主体间的合同纠纷和其他财产权益纠纷方可仲裁。因此根据我国法律，投资者与东道国争端不具有可仲裁性。争端当事方有可能以此为理由要求撤销非 ICSID 仲裁裁决或不予承认和执行非 ICSID 仲裁裁决。

投资者与东道国争端可以诉诸国际投资争端解决中心，专设仲裁庭或其他仲裁机构。因此，我国仲裁机构也有机会成为解决投资者与东道国争端的仲裁机构。但我国《仲裁法》却为我国仲裁机构设置了障碍。[①] 如前所述，根据我国《仲裁法》，我国仲裁机构无权受理非平等主体的投资者与东道国争端。我国仲裁机构要受理投资者与东道国争端只能基于 BIT 和自由贸易协定等的规定。如无相关条约依据，仅是投资者与东道国的投资合同中选择我国仲裁机构作为解决投资者与东道国争端的仲裁机构，其效力存疑。随着投资者与东道国争端仲裁案件日益增多，这种立法上的自我束缚显然不利于我国仲裁机构拓展业务与国际知名仲裁机构展开竞争。

为此有必要拓宽我国《仲裁法》可仲裁事项的范围，将投资者与东道国争端纳入可仲裁事项，以确保非 ICSID 仲裁裁决的效力及其在我国的承认和执行，并为我国仲裁机构受理投资者与东道国争端扫清障碍。

---

① 中国国际经济贸易仲裁委员会颁布了《国际投资争端仲裁规则(试行)》，于 2017 年 10 月 1 日实施。

（2）临时仲裁

投资者与东道国争端除诉国际投资争端解决中心仲裁外，还有很多诉诸专设仲裁庭进行仲裁，如采用《联合国国际贸易法委员会仲裁规则》，专设仲裁庭进行仲裁，这属于临时仲裁。

我国《仲裁法》规定，仲裁协议必须包括选定的仲裁机构，不承认临时仲裁。这使我国无法成为投资者与东道国争端临时仲裁的仲裁地，我国仲裁机构也丧失了为投资者与东道国争端临时仲裁提供服务的机会。①

我国法院在相关司法解释中对仲裁地为外国或我国香港、澳门特别行政区，我国台湾地区的临时仲裁裁决都明确表明了予以承认或认可的态度。② 近期，法院对境内临时仲裁的态度也有松动，在一些案例中认可当事人约定由中国的常设仲裁机构，依据《联合国国际贸易法委员会仲裁规则》管理仲裁程序的条款效力。③《联合国国际贸易法委员会仲裁规则》是典型的为临时仲裁设计的仲裁规则，法院为使仲裁协议有效，将其解释为中国常设仲裁机构，依据《联合国国际贸易法委员会仲裁规则》管理仲裁程序，为

---

① 仲裁机构可为临时仲裁提供的服务包括作为临时仲裁庭仲裁员的指定机构，提供仲裁庭审场地，提供办案秘书等。

② 2015 年 2 月 4 日施行的最高人民法院《关于适用〈中华人民共和国民事诉讼法〉的解释》第 545 条规定：“对临时仲裁庭在中华人民共和国领域外作出的仲裁裁决，一方当事人向人民法院申请承认和执行的，人民法院应当依照民事诉讼法第二百八十三条规定处理。”最高人民法院《关于香港仲裁裁决在内地执行的有关问题的通知》规定：“当事人向人民法院申请执行在香港特别行政区作出的临时仲裁裁决、国际商会仲裁院等国外仲裁机构在香港特别行政区作出的仲裁裁决的，人民法院应当按照《安排》的规定进行审查。不存在《安排》第七条规定的情形的，该仲裁裁决可以在内地得到执行。”最高人民法院《关于内地与澳门特别行政区相互认可和执行仲裁裁决的安排》规定：“内地人民法院认可和执行澳门特别行政区仲裁员按照澳门特别行政区仲裁法规在澳门作出的民商事仲裁裁决。”最高人民法院《关于认可和执行台湾地区仲裁裁决的规定》规定认可和执行的我国台湾地区仲裁裁决包括临时仲裁庭在我国台湾地区按照我国台湾地区仲裁规定就有关民商事争议作出的仲裁裁决。

③ 例如，浙江逸盛石化有限公司与卢森堡英威达技术有限公司申请确认仲裁条款效力案［（2012）浙甬仲字确字第 4 号］。

机构仲裁而非临时仲裁，尝试为临时仲裁在中国仲裁法现有框架内提供空间。最高人民法院《关于为自由贸易试验区建设提供司法保障的意见》，允许自由贸易试验区内注册的企业之间订立临时仲裁协议，以临时仲裁的方式解决纠纷。

但是法院司法解释或法律适用能为临时仲裁提供的空间非常有限，并且是碎片化的，还是需要通过《仲裁法》的修改，为临时仲裁在我国的发展提供体系性的制度安排。

(3)在我国自由贸易试验区的试点

给投资者与东道国争端仲裁提供良好的环境，最佳选择是修改我国《仲裁法》，使我国的仲裁法律制度与《示范法》靠拢。《示范法》对"商事"的界定非常宽泛，可以将投资者与东道国争端纳入其中，这就消除了投资者与东道国争端不具有可仲裁性的法律风险；对仲裁模式采取开放态度，在对仲裁的界定上既包括机构仲裁，也包括临时仲裁；确立了仲裁庭的自裁管辖权。

但《仲裁法》的修改尚未提上日程，短期内难以实现，司法解释也无法突破现有仲裁法律制度的框架。为此，可考虑以我国自由贸易试验区(自贸试验区)作为仲裁改革的试点。由全国人民代表大会常务委员会授权在自由贸易试验区中止实施《仲裁法》的涉外仲裁部分，引入《示范法》。自由贸易试验区引入《示范法》的重要意义在于，在我国仲裁法律制度整体滞后的情况下，在自由贸易试验区形成示范法区域，投资者可以通过选择自由贸易试验区作为仲裁地，享有示范法国家的仲裁服务和司法支持。从国家仲裁法律制度层面来看，将《示范法》引入自由贸易试验区正是充分发挥了自由贸易试验区的试验作用。在自由贸易试验区测试我国法律制度纳入投资者与东道国争端仲裁机制是否存在障碍，司法机构是否能适应和回应该机制的要求，以此来积累制度磨合的经验，获得法律实施效果的数据，在适当时机推进全国性的深层次仲裁改革，促成《仲裁法》的修改。

(撰稿人：薛源)

(四)涉外仲裁中第三方资助的意义

涉外仲裁是指有中国当事人参与的国际商事仲裁案件,不是严格按照法律对“涉外”的定义,在实际使用中也没有严格界定,以下用到这两个词时说的是一回事。大体上有三个方面的内容:一是国际商事仲裁在我国法律服务体系中是一块“短板”;二是中国当事人参加国际商事仲裁的痛点和第三方资助能提供的支持;三是第三方资助参与仲裁的几点误解和应注意的问题。

1. 国际商事仲裁在我国法律服务体系中是一块“短板”

在武汉举办的“中国仲裁论坛”年会上,笔者也发表了同样的意见。为什么这么说?也许有人会问,这些年我国的仲裁界在国际化方面作出了很多改进,法院系统特别是最高人民法院对涉外仲裁也积极支持,律师界的涉外法律服务水平也有很大提升,难道进步还不够吗?的确是有很多努力和进步,但与我国经济全球化的迅速发展和企业“走出去”的迅猛潮流的现状相比,差距还很大。

先看两组数据。第一组是关于我国涉外经济发展情况的数据。2016年,我国GDP总额为74.4万亿元,世界排名第二(世界银行计算中国为11万亿美元,美国为18万亿美元)。根据商务部公布的数据,我国2016年进出口货物总额为人民币243,386亿元,服务进出口总额为53,484亿元,两者相加为296,870亿元;全年实际使用外商投资(不含银行、证券、保险)为8132亿元;全年对外投资(不含银行、证券、保险)11,299亿元;全年对外承包工程业务完成额10,589亿元(其中将近一半属于“一带一路”沿线国家的工程)。几项相加达到326,890亿元。从以上数据可以看到,我国的涉外经济的比重已经相当大。

另外一组在2017年4月28日在全国仲裁工作座谈会上由国务院法制办公布的,全国仲裁机构受理案件情况的数据。该数据显示,2016年全年,全国251家仲裁机构共受理各类仲裁案件共计208,545件,首次突破20万件,年增长率为52%;案件标的总额4695亿元,年增长率为14%;从1995年《仲裁法》实施以来,保持了连续增长,年均增长率超过30%。但是,在20多万件案件中,涉外和涉港澳台的案件共计3141件,占总量的1.5%,比2015年增长了1056件;如果减去涉港澳台的案件,受理涉外案件共计1546件,占总受案数量的0.7%。而这些涉外及涉港澳台仲裁案件是由62家仲裁机构受理的,还有191家仲裁机构一件涉外或涉港澳台案件也没有。

再比较一下上下两组数据,我国仲裁机构受理涉外仲裁案件的数量与我国涉外经济与GDP比重的反差巨大。如何解释这种情况?一种可能是涉外经济纠纷大都没订立仲裁条款,所以去了法院诉讼。

再看一下最高人民法院的司法数据统计:2015年全国法院审结民商事一审案件9,575,152件,同比上升19.5%;其中审结各类涉外民商事一审案件15,348件,比上年下降2.7%;审结涉港澳台案件17,123件;审结涉外民商事及涉港澳台案件一审案件占全部一审民商事审结案件的3.4%,其中审结涉外案件占1.6%,虽然略高于涉外仲裁的0.7%,但考虑到涉外仲裁基本上是商事纠纷,而法院的案件包括了相当比例的民事纠纷,所以实际商事案件的比例应该接近。

涉外经济的发展,必然带来纠纷的增长。随着中国企业越来越多地走出国门,与中国企业相关的投资与贸易等纠纷也不可避免地增长。根据《法制日报》中国公司法务研究院与律商联讯联合发布的《2015~2016中国企业走出去调研报告》,超过50%的中国企业在走出去的过程中,都牵涉过仲裁或诉讼。

国际商事交易的当事人在合同订立时,一般都不希望由对方所在国家的法院管辖争议解决,所以倾向于订立仲裁条款。比较可靠的推理就是,相当数量的涉外商事合同都约定了选择在中国境外仲裁解决纠纷的条款,或者约定了境外的仲裁机构仲裁,或者约定了采用临时仲裁的条款。据《法制日报》记者在2016年举行的“上海国际仲裁周”上的采访报道,一些国际著名仲裁机构,如国际商会仲裁院、斯德哥尔摩社会仲裁院、新加坡国际仲裁中心都表示,来自中国当事人案件的数量,在其机构受案中近年来占据前列,而且成为数量上升最大的国家。而据记者了解,中国香港国际仲裁中心受理的案件中约有一半的当事人都是中国内地企业。近年来,由于中国企业在中东和非洲地区的工程建设增长迅速,有一些工程纠纷也选择在迪拜就近进行仲裁解决。目前,国际商会仲裁院、新加坡国际仲裁中心、香港国际仲裁中心、瑞典斯德哥尔摩商会仲裁院都在上海设立了办事处。这说明,越来越多的中国企业成为境外仲裁机构的当事人。而按照目前进一步开放的政策格局,境外仲裁机构甚至临时仲裁在中国自由贸易试验区(包括即将设立的自由港)进行仲裁的可能性很大。

回顾历史,中国涉外仲裁案件曾在20世纪90年代中期有过一个快速上升的时期,但在中国加入WTO更加开放之后,反而下降并发展缓慢。可能是因为中国企业参与全球经济的方式从“引进来”为主,以变成“走出去”为主。中国企业解决涉外经济仲裁纠纷也逐渐由“主场”转移到“客场”。由于是“客场”仲裁为主,中国律师和仲裁员的参与度较低,也是中国当事人在仲裁中比较被动的重要因素。实践证明,中国涉外仲裁短板情况不利于保护中国企业的合法权益。但仲裁“短板”局面的根本改变,有待于仲裁界、律师界、企业界和司法界的长期共同努力。

那么,中国企业参加国际仲裁的实际效果如何呢?由于仲裁的不公开性,我们无法获得准确的统计数据。从个别的报道中,有中国律师事务所提供了他们帮助中国企业在境外获得若干仲裁案件胜诉的信息。但根据国人“报喜不报忧”的习惯,估计情况并不乐观。而有一个现象可以确定,就是在一些境外仲裁中,一些中国当事人始终处于被动状态。笔者1995年第一次访问国际商会仲裁院,在交流中,我们了解到国际商会上一年度已经结案的涉及中国当事人的11宗仲裁案件中,有10宗案件中国当事人是被诉人,其中9个当事人没有应诉,有1宗达成庭外和解。但这是约30年前的情况。随着中国企业的发展壮大,近年来的情况应该有很大变化。我们看另一个权威的信息渠道,就是由最高人民法院第四民事审判庭编辑的《涉外商事海事审判指导》。其中有一个专栏"请示与答复",专门刊登各地高级人民法院有关国际商事仲裁裁决司法审查的请示和最高人民法院的答复,其中就会列举一些对外国商事仲裁裁决承认和执行的案件。在不少案件中我们发现,有的中方当事人接到仲裁通知没有应诉,有的仅进行了管辖权抗辩或书面答辩后没有参加仲裁程序,或者参加了一半就退出了。当然,这些都是中方当事人仲裁败诉的案件,不能概括全部情况。那么,中国当事人为什么要约定境外国际仲裁?仲裁中处于被动的情况又是如何发生的,第三方资助能够提供哪些支持?第一个问题法律界同仁都很清楚,在此不赘述。这里主要讲一下第二个问题。

2. 中国当事人参加国际商事仲裁的痛点和第三方资助能提供的支持

相当数量的中国企业参加国际仲裁不利的状况,可以用两句话来描述:财薄气不壮,进退皆失据(财务承受能力导致);盲人骑瞎马,夜半临深池(信息严重不对称导致)。

(1)国际仲裁,钱真是个问题

与一般法律教科书中关于商事仲裁相对于法院诉讼"便宜、快捷"优点的说法相反,现在的国际商事仲裁既不便宜又不快捷,而其高昂的成本,一直为仲裁当事人所诟病。近年来一些著名的国际仲裁行业组织和研究机构对仲裁费用问题进行了专题调查研究,包括英国皇家特许仲裁员协会关于仲裁费用的考察报告(CIArb Costs ofInternational Arbitration Survey 2011)、国际商会仲裁院的报告(ICC Report:Controling Time & Cost in Arbitration 2012)、伦敦国际仲裁院仲裁费用和时间分析报告(Analysis ofduration of LCIA arbitrations 2015)、伦敦大学玛丽女皇学院的国际仲裁调查报告(InternationalArbitration Survey 2015),都对国际商事仲裁费用和时间成本做了调查研究并提出改进的措施。如果发达国家的当事人都认为国际仲裁的成本过高,则中国企业更为甚之(因为中国当事人的成本链条往往长过外国当事人)。

仲裁费用问题为何重要?因为它涉及当事人为何选择仲裁的价值判

断。仲裁虽然属于法律范畴,但从企业的角度看,它在本质上还是经济交易活动的延续,不过是以一种对抗性的博弈方式进行。既然还是交易,那么企业就必须考虑一个基本的经济原则,即成本和收益比较原则。在仲裁纠纷中,如果你是原告一方,假定的预期收益目标就是仲裁请求的标的,或者是索赔或者是权益确定或实现,都有一定金额;如果是被告,预期收益目标就是否定或抵销或减少对方请求标的。而为达到收益目标的成本就是参与仲裁的费用和时间,费用包括律师费、仲裁员和机构费用、举证费用、专家费用以及各项杂费,仲裁所耗用时间本身就是决定费用变化的要素,也同时体现为机会成本。

比较一般交易的商业风险,仲裁的预期收益目标不确定性更大,但成本的支出则是刚性的。当事人首先必须面对的是其费用的支付能力和承受能力。从实践情况看,中国企业在境外仲裁中的对手主要是发达国家或地区的企业,与对手相比,中国企业还是发展中国家的企业,普遍家底还不够厚;中国企业国内法律环境下形成的法律服务消费习惯,不适应国际商事法律服务的消费水平,而国际商事仲裁恰恰就是高端的法律消费。

那么,国际商事仲裁消费水平的具体情况如何呢?先看一下英国皇家特许仲裁员协会的调查数据。其调查的空间、时间和类型的覆盖面对比较大。时间从1991年至2010年;范围包括欧洲、北美、亚洲、非洲、中东和大洋洲190多个国家的仲裁当事人;类型包括机构仲裁和临时仲裁,20家以上国际著名仲裁机构参与调查;调查样本案件254宗。仅从其大量的各类数据分析中,挑选几个总括性的数据看看:

1) Party costs averaged around £ 1,348,000 in common lawcountries and £ 1,521,000 in civil law countries. 50% of claimants with claims under £ 1m spentless than £ 250,000 on their own costs, the other 50% spent more. Some spent an amount equal to such a claim.

2) Whatever the nature of the dispute, at least 50% of claims were between £ 1,000,000 and £ 50,000,000, while at least 75% of arbitral

awards were for £ 10,000,000 or less. For instance, in general commercial disputes, 76% of claims were for £ 1,000,000 or more, but 48% of awards were for less than £ 1,000,000.

3) Party's expenditure is mostly on its legal team, Arbitrators and institutions account for less than 20%.

4) The average length of an arbitration is between 17 and 20 months-this must also be of concern, especially where litigation can be quicker.

5) 62% of arbitral proceedings were administered by an institution; It was not possible to make statistical observationsas to whether institutional arbitration is more or less expensive than adhoc arbitration.

为回应仲裁当事人对仲裁费用高企难以承受的抱怨,各主要仲裁机构都采取了对应措施,如在其机构规则中规定了指定仲裁员的最高报酬限制。但其所能产生的作用的范围非常有限。在一些中国企业参加国际仲裁的具体案例中,可以看到,一些中方当事人由于对仲裁费用的高昂,以及费用和时间成本预期不确定的担心,本来是对方违约在先,但没有及时提起仲裁程序,反被恶人先告状,对方先申请仲裁;有的中方当事人由于担心费用继续增多,无力支撑,在胜诉概率较大的情况下却停止仲裁程序,与对方达成不公平的和解。

中国仲裁中的第三方资助(Third Party Funding,TPF)加入国际仲裁,一可以给中国当事人提供"弹药",鼓舞其斗志,使其在仲裁中攻守有序;二可以分担其商业风险,减小仲裁对其正常经营的影响。中国当事人在国际仲裁中财务承受能力不足而被动的痛点,正体现了对第三方资助的需求。这方面的进一步分析在这里可以省略。只需指出一点,就是我国香港特别行政区和新加坡这相互竞争的两个亚洲国际贸易和金融中心城市,都赶在2017年年初制定了在仲裁中允许当事人使用第三方资助的专项立法,其目的就是都试图通过开放第三方资助进入仲裁,以增强其作为区域国际仲裁中心的竞争地位。

也许有人会说,现在不少中国企业都“雄起”了,都是“土豪”了,不存在财力不足、底气不壮的问题。对这些“土豪”当事人,如果忽略下一个问题,就会面临“盲人骑瞎马,夜半临深池”的危险。

(2)“客场”作战为主,信息严重不对称

这里所说的仲裁“客场”,不是自然地理概念而是法律文化概念,是指在国际仲裁中双方当事人所处的获取、使用和传递有效信息资源的不同地位,包括如下要素:仲裁(实际上)适用的法律、仲裁语言、仲裁员和代理律师的来源和法律文化背景、仲裁审理方式,等等。从这个角度看,一个相对于对方距离自己更近的仲裁地点,可能也是对方的“主场”而是自己的“客场”。

充分和有效的信息在国际仲裁中是与财力同等重要的资源,对国际商事仲裁当事人来说,即便自身经济实力雄厚、财大气粗,如果与对手相比属于信息不对称的低端一方,同样在仲裁中会处于盲目花钱、效益低下、成本大于收益的不利处境。

应该认识到,中国当事人在国际仲裁中信息博弈的对手可能会来自两方面:一是仲裁对方当事人;二是委托代理仲裁的律师。

首先看仲裁对方当事人的情况。一般来说,中国当事人参加国际仲裁时在信息资源上往往处于不利地位,一是因为对手主要是发达国家或地区的当事人,其在法律制度环境、获取优质仲裁法律服务的渠道、语言文化等各方面,具有相对天然的优势;二是绝大多数的中国企业“走出去”的时间并不长,国际化的程度也不高,对如何适应英美—欧洲法律文化主导的国际仲裁存在天然障碍。如何跨越这个天然的障碍,就是通过委托并驾驭胜任的仲裁代理律师。也就是说,委托胜任的国际仲裁的律师,并管理好委托代理关系,就相当于搭建了跨越信息资源障碍的桥梁。天然存在的信息资源不对等状况,中国当事人短期内改变不了,可以通过委托合适的律师来解决这个问题。

如何选择并“驾驭”胜任国际仲裁的律师,对不少当事人是个难题。这里的问题也有两个方面:一是一般中国当事人对国际律师行业的信息获取或辨别能力有限;二是被委托律师与委托方本身就是交易对手,也存在利益博弈的问题。解决不好这个问题,就会出现:其一找错了律师,花了钱输了不该输的案子;其二案子赢了,但律师费超支,成本大于收益。

前面介绍的英国皇家特许仲裁员协会的调查数据可以看到,国际商事仲裁中,当事人近80%的费用用于律师费用,而在相当数量的胜诉案件中,全部仲裁费用的支出额已经等于或大于裁决所获金额,就是所谓赢了官司亏了钱。所以如何选择合适的律师事务所代理仲裁,而不一定选择最大的律师事务所,是一个学问。先看一下在国际仲裁中相同案件不同律师事务所收费的差别。

国际仲裁律师网(International Arbitration Attorney Network)提供了一般仲裁费用的预估测算表(Full Arbitration Cost Calculator)。下面仅介绍一下对国际商会仲裁院费用的预估测算:

表1　国际商会仲裁院费用预估测算

争议金额(美元)	10,000,000.00
仲裁员人数	3
程序(1 = 普通,2 = 加急)	1
争议复杂性(1 = 基本复杂,2 = 中等复杂,3 = 高难度复杂)	2
律师(1 = 仲裁案律师,2 = 合作中等规模公司律师,3 = 合作大公司律师)	2
案件申请受理费(美元)	5,000.00
国际商会最高行政开支(双方)(美元)	57,515.00
仲裁员的最低费用(美元)	39,167.00
仲裁员的最高费用(美元)	187,400.00
仲裁员平均费用(美元)	113,283.50
国际商会仲裁的行政费用和双方仲裁总支出(美元)	397,365.50
预计单方律师费用(美元)	1,120,001.39

续表

预计单方专家费用(美元)	151.351.54
预计单方证人费用,管理费和其他外部费用(美元)	242,162.46
(美元)	1,712,198.14

在表1中采取中档选项,得出每个当事人的预估费用。选项中如果把律师事务所选项换成精品仲裁小所,整个费用就会降为1,258,143美元;如果律师事务所选项换成大型律师事务所,费用就会升到2,166,252美元。但这仅仅是简单的各类要素组合预估,实际的情况会千差万别。

接下来就是对仲裁委托律师在仲裁程序中的代理行为适当管理的问题。毋庸讳言,与国内的习惯做法不同,由于国际仲裁律师都是按小时收费的,在律师服务耗时是否合理的问题上,当事人与律师存在利益博弈关系。仲裁实践的经验表明,有些律师在仲裁中倾向于采取一些没有实质意义或者对当事人获取优势没有帮助的程序行动,如提出不合理的管辖权异议、仲裁员回避申请、仲裁语言异议,等等。客观上仅能起到拖延时间的作用,同时增加了律师工作小时,负面的影响可能造成仲裁庭对其产生不诚信的印象。再就是有的律师在仲裁中“生产”大量无效书面证据或提出无益的证人作证,其结果除了增加律师和仲裁员工作小时及证据成本外,对仲裁结果没有正面帮助,反而会给仲裁庭造成不良印象。一些国际上著名的仲裁员曾发表文章,对此种情形提出批评。这些都是当事人在委托国际仲裁律师中应力求避免或减少的情形。

TPF在此方面恰好可以提供有益的支持,也就是说,TPF对当事人除了提供资助还可以提供“智助”。也就是利用TPF专家团队的优势,或者与有国际仲裁经验的中国律师团队合作,或者帮助当事人选择合适而非最贵的律师;帮助当事人管理仲裁进程中的费用开支。因为仲裁当事人与TPF在仲裁中的利益一致性,在信息资源博弈方面会大大增强当事人的力量。

3. 第三方资助参与仲裁的几点误解和应注意的问题

(1) 对 TPF 的一些误解

①TPF 容易导致“无意义、夸大的请求”的增加，增加不必要的仲裁争议，制造商业矛盾

这一看法与英国传统普通法中“帮讼”(maintenance and champerty)可导致“揽讼滥诉”出于同样的理由，而“帮讼”原则已经被改变或抛弃。实际上，TPF 作为一种法律服务业的风险投资模式，其具有“以盈利为目的”的理性思维。TPF 对可资助诉讼或仲裁项目的评估，首先要考虑其法律上的合理性和经济上的可行性。诸如当事人为与对方赌气，或者出于非常规商业竞争手段提起的诉讼或仲裁，TPF 是不会资助的。TPF 只会资助那些具有足够价值的案件令其投资成功的机会最大化。

②TPF 的加入可能导致仲裁中申请方采取“打了就跑的仲裁策略”的案件会相应增长

和前一个问题相似，其不符合 TPF 的投资逻辑，即便申请方当事人倾向于“打了就跑”，TPF 为什么要这样做?

③TPF 以营利为目的，会阻碍当事人达成和解

实际上，公平合理的和解方案，有利于 TPF 提前收回投资，或降低投资风险，因而在和解立场上 TPF 应与被资助方利益一致。

④TPF 与当事人胜诉分成的利润比例须控制其在投入本金利息的 36% 之内，否则有高利贷的嫌疑

这一看法似乎对把 TPF 混同于民间借贷。

⑤TPF 只能资助提出仲裁赔偿请求方当事人，会造成仲裁不平衡

TPF 资助的对象不仅限于提出赔偿金额的当事人一方，也可以包括仅作出答辩的一方当事人，如答辩成功，仲裁驳回申请方的仲裁请求，TPF 可按照其与被资助方当事人的协议，按照约定胜诉目标比例获得报酬。TPF 可凭答辩方当事人提供的担保或保险手段，规避风险。

(2)TPF参加国际商事仲裁应注意的问题

①利益冲突排除

除了相对于当事人、仲裁员的利益冲突排除之外,还应注意仲裁地法律禁止律师采用风险代理的仲裁案件,TPF应避免与仲裁代理律师协议实行“隐形风险代理”。

②披露义务

披露是指被资助当事人特定条件下的义务。TPF应特别注意仲裁地法律、仲裁程序适用法律和仲裁机构规则此方面的要求或限制。

③被资助当事方败诉后可能承受的赔偿胜诉方费用连带责任的风险

关注TPF动向的人一般都知道,2016年英国高等法院在Essar Oilfields Services Ltd. v. Norscot Rig Management PVT Ltd. 一案中确认了国际商会仲裁院的一项裁决,该裁决允许原告人获得被告赔偿包括其第三者资助在内的仲裁费用。有文章称其为TPF进入仲裁具有里程碑意义的案件。但是,不得不注意,如果事情反过来,被资助的原告当事人仲裁败诉,作为被告的胜诉方如果要求资助人与被资助人对其仲裁费用损失承担连带责任,这种请求是否会获得仲裁庭的支持?仲裁庭如果作出这样的裁决,其对非仲裁当事人的资助方是否具有约束力?虽然目前尚未得知有否这样的仲裁案例,但同样是发生在2016年英国上诉法院判决的Excalibur Ventures LLC v. Texas Keystone Inc. and others 一案,要求资助方对被资助当事人赔偿胜诉方费用,承担连带责任。该案应作为对TPF的警示。该案虽然是针对诉讼中的TPF,但上诉法院在判决中所表达的观点和立场值得关注。在该案中,由于被资助的原告当事人全面败诉,而且法官认为其起诉无论在事实上还是在法律上均无理由。法院判决原告须承担被告全部费用,而原告所支付的费用赔偿不足的480万英镑差额,须由第三方资助人负责赔偿。

本部分主要是介绍TPF的市场需求和经济合理性,基本上没有涉及对TPF进入仲裁领域法律规范方面的讨论,这主要是因为TPF在我国还刚刚起步,法律规范方面处于空白状态,无论是成功的经验还是问题暴露都需要时间的积累,而任何有益而有效的法律规范都应是对实践经验的总结,所以笔者不主张过早进行此方面的立法和行政规制,莫如"让子弹飞一会",就知道实际发生什么事了。当然,笔者相信 TPF 对我国涉外仲裁事业发展是有益的推进剂,希望它健康成长。

(撰稿人:郭晓文)

(五)仲裁在建设工程争议解决中的优势与展望

建设工程行业历来是各国国民经济的重要组成部分,对于国民经济发展、提高经济与生活水平、创造就业机会都具有基础性意义。在我国,几十年来建设工程行业创造了大量的经济增长与就业,为我国国民经济的发展作出了重要贡献。然而,建设工程行业历来也是争议容易发生的领域之一,仲裁在这一专业领域中正在发挥着越来越重要的作用。

1. 建设工程争议的特点

建设工程作为一个行业与专业,其特点是非常明显的,其争议相比一般的民事与商事争议具有自己的特点,争议解决也出现了行业的特殊性。

(1)法律关系复杂

建设工程的法律关系比较复杂,一个大型的工程项目中需要很多参与单位,包括工程总承包、转包、分包、联营、融资、监理等,当事人的法律关系一层套一层,很容易出现权利与义务关系模糊不清的情况,在争议解决中往往也不是黑白分明、一目了然,因此依据法律与合同厘清法律关系非常重要。例如,建设工程中最为基本的法律关系是发包人与承包人,二者之间属于合同关系;但是,二者之间又会加上设计人与监理人,因此主合同受到其他合同的制约。另外,一旦发生工程转包与分包,则发包人与承包人的总合同中又会出现转包合同或分包合同。各种合同会组成一个合同群,从而使法律关系错综复杂。

(2)专业性强

建设工程由于其标的复杂,因此具有很强的专业技术性,包括工程勘察、工程设计、工程施工、工程监理、工程质量鉴定等内容。长期以来,这一领域的技术性问题层出不穷,解决的难度很大,争议解决的难度也很大。例如,建设工程主体资格认定往往存在难度。由于这一行业的重要性,我国政府历来对这一行业进行大量的管制,其中的重要部分就是企业的资质认定,即勘察、设计、施工、监理等企业必须具有相应的资质证书与营业执照,这就导致国家规定的企业资质等级种类繁多。而这种情况又产生了非法分包与转包情况的大量存在,一旦发生争议,主体资格本身就是一个重大法律问题。另外,建设工程合同履行的专业性强。各种工程合同中承包人的主要义务是勘察、设计、施工、监理等,这些合同义务随着工程的类型与内容各有不同,适用的技术标准也各有特色,各种规范的等级也不同,导致争议解决涉及大量的专业性问题,无论是法官还是仲裁员或是调解员,必要的专业知识是不可缺少的。

(3)争议解决难点问题多

由于法律关系复杂、专业性强、争议金额往往巨大,因此建设工程争议解决中的难点问题众多。

从实体问题而言,目前我国建设工程行业争议解决中的难点问题包括以下几个方面:

第一,合同的成立与效力问题。由于法律、法规中对合同成立与效力的相关规定比较严格,而实践中各种违规操作长期、大量存在,因此合同成立与效力问题在建设工程争议解决中是一个难点问题。对此问题控制过严会造成大量合同无效从而增大争议解决难度,而从宽控制又会有损法律的严肃性,因此很难形成比较清晰而明确的系统性规定。主要问题包括:当事人未订立书面合同但发生事实施工关系所引发的确定权利义务关系困难;当事人的资质存在问题但发生实际履行致使确定合同效力困难;当事人借用资质与内部承包问题导致效力问题突出;合同转包、分包与非法转包与分包的区别等。第二，工程价款的计算问题。难点问题包括：开口价格与固定价格的认定，按实结算的标准，管理费、税费、利润的扣除。第三，工期计算问题。难点问题包括开工日的认定，竣工日期的认定，发包方设计变更，分包人之间的协调衔接，工程量增减对工期的影响，发包人逾期付款对工期的影响等。第四，工程质量问题。难点问题包括质量保修期的认定，发包人未经验收擅自使用所产生的质量担保责任，质量缺陷的原因，质量缺陷的责任主体。第五，违约责任问题。上述所有问题都会造成违约责任问题。

在程序方面，下述问题值得注意。第一，管辖问题突出，这在司法程序中尤其突出，这也是仲裁很多方面优于诉讼的原因之一。第二，诉讼参加人的确定。这一问题在工程联营、项目转让、总承包、转包、分包、借用资质等情况出现时会造成审理的困难，经常出现诉讼参加人不清楚的尴尬情况。第三，举证、质证与认证。主要问题是很多当事人保存证据意识淡薄，造成举证困难；恶意诉讼不少，造成认定证据存在困难。

(4)争议的社会影响力广泛

建设工程中参与方众多，而且会牵连到业主、劳务工作者等社会群体，社会对此类争议的注意力较大，经常出现激烈维权的情况，处置不当会激化矛盾从而影响社会稳定。因此，建设工程争议不仅仅是当事人的争议，更是社会问题。

2. 仲裁在建设工程争议解决中的积极作用

对于这些问题，传统的诉讼或非诉讼争议解决方式存在不少弊端而难以适应行业的需要。强制力强的诉讼属于事后救济，复杂的程序和证据要求容易导致争议解决耗时长而确定性低，导致法律费用高昂而效率低下，尤其是对小额争议更是如此。相比之下，调解和谈判虽然灵活性强，但其固有的任意性强、强制力不足、专业性差的特点往往使其难以适应建设工程争议解决的需求。因此，仲裁具有很多优势，具体包括以下几点：

第一，仲裁可以发挥当事人的意思自治。《仲裁法》规定："仲裁委员会应当由当事人协议选定。"也就是说，仲裁不实行级别管辖或者地域管辖，当事人双方可以发挥意思自治来选择仲裁机构。这在仲裁机构中就形成了天然的竞争与压力,有利于仲裁机构保持独立性、中立性与专业性,名誉良好的仲裁机构具有很高的社会公信力。这就既有利于当事人自觉履行仲裁裁决结果,也可以最大限度地减少地方保护主义发生的概率,同时又能够促进仲裁机构公正、廉洁、高效的办案。这对于争议金额大、工期长、程序复杂、变更多的建设工程而言是巨大的优点。另外,仲裁允许当事人选择仲裁员,这对于当事人而言具有重大意义,对于处理复杂的合同争议案件非常有益。当事人可以根据所了解到的仲裁员的专业水平、办案能力、道德品行等情况,选择自己信任的仲裁员组成仲裁庭来审理案件。当事人公开选择仲裁庭组成,既有利于保证仲裁庭具有较高的专业水平,也有利于仲裁员之间的监督,更有利于当事人对仲裁庭的信任与监督,确保了当事人对仲裁裁决的尊重与信任。

第二,仲裁中立性强,受行政干预少。仲裁委员会依法独立于行政机关,因此仲裁机构具有民间性。这与国家权力治理下的法院相比具有明显优势。仲裁机构的仲裁裁决书由仲裁庭依据事实和法律独立作出,其他行政机构无权改变,这为其公正、廉洁、高效地办案创造了有利条件。虽然我国不少仲裁机构的行政色彩仍然很强,但在若干发达地区的仲裁机构在这方面已经取得长足进步,中立性与独立性已经大为增强。

第三,仲裁的保密性较好。仲裁开庭审理案件不对外公开进行,这可以保证当事人之间的合同纠纷不会在仲裁过程中过度扩散,造成不必要的不良影响,既保护了当事人的商业秘密,也维护了各方商业形象。建设工程工期较长,法律关系繁杂,导致争议多发,一旦这些争议公布于众,有可能对当事人在融资投资、银行贷款、合同订立、材料供应、房屋销售等方面造成不必要的麻烦。仲裁采取不公开审理案件的形式可以最大限度地防止或减少这种负面效应的影响。

第四,仲裁程序更为灵活,审理期限短。我国《仲裁法》中没有规定仲裁案件审理期限,各仲裁机构在各自的仲裁规则中均有规定,仲裁裁决自作出之日起产生法律效力。相比法院审理民事诉讼案件，程序的自治性更大，审理期限更短。另外，仲裁是一裁终局制，而法院是两审终审制，相比之下就更加显现出仲裁审理和结案期限短的优点。在实践中，仲裁审理的高效率是有目共睹的，超审限的案件很少。对于建设工程合同纠纷而言，尽快结案有利于减少工期拖延、资金长期占压等不利情形。

第五，仲裁员的专业性更强。《仲裁法》对于仲裁员有若干要求，强调仲裁员的专业素质。目前，许多审理建设工程合同案件的仲裁员，其本身就是来自建筑、房地产开发等企业或者建设行政主管部门的专家，或者专业院校的教授，既熟悉本行业（专业），又懂相关法律，在处理建设工程合同案件方面更为得心应手，办理案件质量较高，公信力更强。

第六，仲裁裁决执行具有较好的保障。目前，仲裁裁决的执行相对较好，仲裁裁决的执行由中级人民法院管辖，一定程度上保障仲裁裁决的权威性，增强了其强制执行力。相较于诉讼案件生效判决的执行往往由基层法院管辖，不同程度受制各方面因素影响存在执行难的问题。这对工程企业而言是非常重要的。

总而言之，相比诉讼，仲裁在建设工程争议解决中具有自己的独特优势，应当与诉讼及调解等发挥有区别而重要的作用。

3. 仲裁在建设工程争议解决中的现状与展望

由于上述仲裁的独特优势，因此仲裁在建设工程争议解决中已经从起步阶段进入发展阶段。在若干仲裁机构，建设工程争议已经成为一种类型化的争议类型，并已经培养了一批与之相关的法律专业人员。例如，中国国际经济贸易仲裁委员会 2015 年在建筑、房地产案件方面有 129 件，北京仲裁委员会 2015 年建设工程方面的案件有 315 件，不少仲裁委员会每年的案源中已经有很大一部分是来自建设工程行业。为此，若干仲裁委员会对这一行业非常重视，在工作中对其进行了专门研究。例如，天津仲裁委员会出台了《建设工程施工合同纠纷案件仲裁指引》来引导仲裁员在建设工程仲裁中审理案件；广州仲裁委员会则出版了两辑《建设工程仲裁案例选编》，还有不少仲裁委员会设立了专门的专业委员会来研究这方面的法律发展。因此,可以这样说,仲裁受到了越来越多的重视,仲裁已经成为诉讼外争议解决机制的重要组成部分。

但在另一方面,需要注意的是,当前我国建设工程领域争议高发,但当事人由于各种原因往往选择诉讼解决但效果不佳的情况仍比较突出。这表明,仲裁作为一种争议解决方式仍没有得到足够的重视。问题在于:第一,仲裁的宣传仍不够,行业对其的认识仍然不足,不少当事人缺乏法律意识,不认真对待仲裁在争议解决中的作用。第二,仲裁机构对工程行业本身的认识也有落后之处,除了少部分仲裁机构之外,不少仲裁机构对这一领域的拓展不足,仍然套用一般商事仲裁的模式来解决争议,缺乏与行业相配套的机构设置。特别需要注意的是,建设工程仲裁的人员素质有别于一般商事仲裁,需要的是既精通法律也了解工程行业技术问题同时对经济问题也有所认识的人才,只有少数仲裁机构在这方面实现了一定程度的专业优势。人才的缺乏会直接造成仲裁质量不够,公信力因而受损。第三,理论研究相对落后。建设工程专业性强的特点要求仲裁理论研究不能泛泛而谈,必须针对行业性问题设计专业性规则。目前,仲裁的理论研究还偏向于一般的宏观性研究,行业性问题的探讨不足。

鉴于此,建设工程争议解决机制中需要强调仲裁的作用,加强仲裁制度对这一行业的适应性与针对性。以下方面值得推进:第一,加大宣传力度,提高当事人对建设工程仲裁制度的认知和认同,在行业内普及相关知识,说明仲裁的优势,引导行业进一步加强管理,使争议解决成为工程施工中的关键问题。已经出现的大量案例是特别值得研究与宣传的一个方面。第二,各仲裁机构有必要加强工程行业方向的制度建设。能够建设一个行业与法律相结合的人才库,使仲裁员能够具有相应的水平与能力。这方面,合同管理专家、造价管理专家、工程技术专家具有相应的法律水平是重要的方面,复合型的专家库是仲裁质量的根本保证。第三,仲裁制度需要与时俱进。1994 年《仲裁法》实施已经 20 多年,其在很多方面已经不适应新的历史条件，仲裁制度有必要与时俱进，积极改革，尽早修订，以更好地服务于建设工程争议解决。这方面的问题中，临时措施、紧急仲裁员、司法审查等问题都有必要通过修法来加强。

总而言之，仲裁制度在建设工程争议解决机制中具有重要地位，需要我们共同努力，加强工程仲裁制度的理论和实践研究，针对实际问题进行仲裁制度的实践和创新，促进我国建设工程行业领域中仲裁制度的积极发展，为这一重要的国民经济领域提供基础性服务。

（撰稿人：王秉乾）

（六）仲裁员的释明权

现有实践中，仲裁裁决不被执行或被申请撤销的案例不在少数，其理由之一的仲裁员释明权越来越成为仲裁界关注的问题。仲裁员的不当释明或释明不足都有可能构成程序上的瑕疵，从而成为仲裁裁决不被执行或被申请撤销的理由，而现有立法中对于释明权的规定仍然不明确，这使广大仲裁员在很多情况下很难判断是否应该释明。因此，探讨一下仲裁员释明权的界限和制约机制就十分必要。

1. 关于释明权的现状与争论

目前我国法律界对法官释明权的讨论较多，对仲裁员释明权的讨论较少。仲裁员释明权的内容大抵来自我国最高人民法院司法解释中关于法官释明权的内容与仲裁实践。而对于规范法官释明权的适用范围等具体法律条文仍处于起步阶段，结合具体仲裁实践界定仲裁员释明权亦缺乏统一的制度规则，释明权究竟是一项权利还是义务在程序法学界争论不休。从概念上看，释明权是指在诉讼或者仲裁的过程当中，当事人的声明、请求、主张、举证不清楚或者不明确不充分，可能影响实质性审理的时候，法官或者仲裁员是否可以通过提问、询问、提醒、启发的方式对当事人进行声明、请求、主张、举证。认为释明权是一项权利或义务在仲裁实践中都会引发相应的问题,比如说实践中每个仲裁员都会遇到的一个现实问题——违约金的释明。2003年最高人民法院出台的《关于适用〈中华人民共和国合同法〉若干问题的解释(二)》规定允许当事人在认为违约金过高的情况下申请调整违约金,但是并未对法官或仲裁员在当事人没有提出调整违约金的情况下是否可以进行释明或应当进行释明作出具体的规定。到2009年最高人民法院《关于当前形势下审理民商事合同纠纷案件若干问题的指导意见》规定人民法院可以根据实际情况就当事人是否需要调整违约金进行释明,这里的措辞"可以"是否意味着释明权是法官或仲裁员的一项权利。到2012年最高人民法院《关于审理买卖合同纠纷案件适用法律问题的解释》,规定人民法院应当就法院若不支持被告的免责抗辩对当事人是否可以主张违约金进行释明,同时还规定如果一审法院认为免责抗辩成立而未进行释明而二审法院认为不成立的情况下进行直接释明并直接改判,这里的措辞"应当"将释明权从权利变成了义务,而且不释明有可能上升为一个程序问题,从仲裁的角度来说,没有上诉程序,仲裁员在开庭时候没有释明的话,是否构成不予执行或撤销的理由,需要广大仲裁员注意。

另一个问题,关于释明权是否应该扩张适用,学界亦观点不一。支持者认为应当发挥法官的审判指挥权,引导当事人作出充分的陈述并提供完整的证据,在双方法律知识及辩论能力存在差距时救济弱势当事人从而保证实体公正。同时,公开法官在庭审中形成的临时心证及法律见解,可以给予当事人防御的机会,保障当事人的诉讼程序参与权,进而避免突袭判决实现程序公正。以违约金问题为例,一种情况是法官或仲裁员认为违约金过高与实际损失不符直接裁判调整违约金而未进行释明,这实际上剥夺了申请方对违约金是合理的抗辩机会,导致最终裁判与当事人的预期冲突。再比如说合同纠纷中,如果当事人只是主张合同无效,没有进行其他抗辩,而法官或仲裁员认为合同无效的主张不能成立,是不是要进一步讨论有没有违约行为以及损害赔偿是否成立?如果法官或仲裁员对当事人主张合同无效的免责抗辩不予支持且未对此进行释明而是直接裁判存在违约行为、违约方负担相应的损害赔偿责任，这就对当事人造成了一个突袭裁判，因为当事人并没有对这个问题进行主张，这样的程序实际上使当事人没有对违约行为是否存在以及损害赔偿是否成立进行抗辩的机会。

而反对者认为法官释明权的行使是对当事人自由处分诉讼权利的干预，与法官或者仲裁员的中立地位不符，释明意味着对一方当事人的援助，如果扩大释明适用的范围，将在实践中极易招致对一方当事人的偏袒倾向，引起公众对程序公正性的怀疑，且在如今立法尚未完善的背景下，释明权的尺度难以把握，如果不对释明范围加以约束，法官或仲裁员很可能陷入是否应该释明的两难境地，引起不必要的担心。

从学理上讲，释明权是在当事人主义的情况下对于实现相关程序和实体公正的一种补充存在，但因为仲裁程序中更多地适用当事人主义，当事人应该有充分的机会来把握自己的权利和主张，而仲裁员应该保持中立的地位。广大仲裁员应多有体会，之前很多年没有人讨论过仲裁员的释明权问题，是因为以前商事仲裁一直是一个比较小众的领域，参加仲裁的公司大多是外国公司或者国内大型公司，参加的律师也是仲裁经验丰富、水平较高的律师，所以仲裁员不需要进行释明，当事人对其权利和法律主张都能有相当充分的理解和陈述。而近两三年来仲裁逐渐被广大群众所接受，越来越多的小公司甚至自然人都选择仲裁的方式解决私权纠纷，出现了很多在开庭时当事人没有把主张陈述充分完整清楚的情况，这时候是否应该释明，这就让仲裁员有些为难，什么情况下应该或不应该释明，释明不足或者释明过度的判断标准是什么，这是我们需要讨论的问题。

2. 释明权的必要性

(1) 当事人主义的修正

当事人主义要求法官处于消极中立的地位，诉讼则是一场当事人之间的竞技比赛，谁更能利用其法律知识、诉讼技巧而提出对自己有利的证据和辩护意见，谁就应当赢得诉讼，法官不能依据其职权主动收集证据或自行确定审理的对象和争议点。而在现实情况中，由于我国没有律师强制代理制，当事人之间的法律知识背景、诉讼经验以及辩论能力常常差距悬殊,如果一方当事人不能充分地表述自己的主张,这将使法官和另一方当事人不能准确知晓其意图,进而法官难以判断其证据是否充分具有证明力,另一方当事人也难以进行针对性的抗辩。这很可能影响审判的正常进行,因为当事人仅仅因为语言表述的问题使其真实的意图不能够明确地为他人所知,给法官和另一方当事人造成了困扰。这就需要通过释明权的行使发挥法官在审判中协助当事人的作用,协助缺乏诉讼经验的一方澄清其所要主张的事实和权利,使其按照自己真实的意图与另一方展开公平的法庭辩论,进而保证审判程序的正常进行。

(2)仲裁程序的特点需要仲裁员行使释明权

仲裁裁决是终局裁决,没有上诉程序,这就要求仲裁员在开庭过程中更加注重实体和程序的公正,保障当事人的参与权,如前所述,如果仲裁员不行使释明权很有可能造成一个突袭裁决,违背当事人的预期,且关键在于剥夺了当事人合理表达意见的机会,有违仲裁公正原则的核心,事后当事人很可能因申请撤销仲裁裁决,重新提起新的仲裁,而承担过重的负担。

(3)国外主流观点

德国 1877 年制定民事诉讼法时,已经意识到法官干预诉讼程序对修正绝对的当事人主义十分必要,故引入释明权的概念,但关于法官释明权究竟是一项权利还是义务存在争议,学界倾向认为其是一种权利。但随着实践不断发展,古典辩论主义的弊端日益扩大,这给法官和诉讼当事人带来困扰,完全依靠当事人之间法律的竞技辩论,不仅有可能使审理偏离案件真实情况,当事人之间无止境的辩论导致法院案件积压影响司法效率,还有可能因当事人能力悬殊审判难以继续进行,因此德国在之后的修法中将法官的释明权规定为法官应尽的义务(阐明义务),目的在于保护弱势当事人平等参与诉讼的权利以及避免诉讼延滞。① 释明义务要求法官对当事人进行必

---

① 《德国民事诉讼法》第 139 条。

要的发问，促使当事人就一切重要的事实作出充分的说明和提出证据，并且与当事人共同从事实上和法律上进行阐明和提问，法官违背阐明义务构成当事人上诉的理由。这意味着德国在程序的运行方面已经由当事人主义向法官职权主义发生倾斜，为促进诉讼而强化法官对诉讼的指导权和协助当事人辩论的责任已经普遍被德国法学界所承认。①

(4)释明的发展趋势

我们看到仲裁法学界提出的关于释明的发展趋势，各国都认为应该有一个扩大释明的范围，这是各国的一个共同的发展趋势。实际上在德国把释明明确地解释为是一种义务，如果不释明的话是一个严重的程序问题。法律观点、事实观点这些都是可以释明的，这是一个发展趋势。我国最高人民法院的观点也有一个逐渐扩大释明发展的趋势。

具体到仲裁中的释明问题，关于仲裁的优势，其实可以看到所有的这些仲裁的优势实际上都是跟仲裁员的释明权有关的，为了更大地发挥优势应该充分地给仲裁员一个充分的释明权和一个宽松的环境。

①一裁终局。由于没有上诉机会，更多地需要考虑仲裁的实质性的公正和程序上的公正，如果没有给当事人发表意见的机会，构成了仲裁突袭，显然无法实现仲裁的优势。

②仲裁效率。如果当事人没有充分发表意见，或者举证不充分，仲裁员未能查明事实，都无法实现仲裁的高效性。

③专家裁判。这是经常说仲裁的一个优势，但仲裁员当中只有1/3有法律专业背景的，有 2/3 的人其实不是学法律的，是来自各个行业的专家，非法律专业的专家很难完全了解释明权的边界，所以不能对释明权进行太多的限制或者直接认为释明或者不释明是一个程序问题。

④有利于双方充分沟通。因为仲裁区别于诉讼的一个显著的特点是给

---

① 田平安、刘春梅：《试论协同型民事诉讼模式的建立》，载《现代法学》2003 年第 1 期。

予当事人充分的发表意见的机会。

综上所述,因为仲裁的基本理念是以仲裁员为中心的,应该相信仲裁员的公正性、专业性,因此仲裁员应该有更大的自由裁量权,根据当时的情况和自己的判断来决定究竟要释明还是不释明,而且应该给予仲裁员一个宽松的环境,不应简单地完全套用法院的规定来限制仲裁员。所以仲裁员应当享有更广泛的释明权和更宽松的环境。

(撰稿人:刘彤)

(七)仲裁中的调解

仲裁中调解是指启动仲裁程序后在仲裁进行的过程中,仲裁员为了解决争议而对当事人进行适时调解,如果调解成功则由仲裁员根据调解协议作出同样内容的仲裁裁决,如果未能调解成功则仲裁程序继续进行。调解与仲裁是当代社会最为基本的两种非诉讼纠纷解决方式,具有各自的程序规则和运行轨迹,但在社会纠纷大量滋生的现实压力下,其弱点也显露无遗,并成为制度发展的"瓶颈"和障碍。尤其是仲裁在现代社会的日益复杂化、法律化和制度化的情况下,其纠纷解决功能受到了较大的束缚,而仲裁与调解的结合则成为解决该问题的突破口。

1. 仲裁中调解存在的问题

(1)《仲裁法》中对仲裁中调解的规定过于笼统简单,缺乏一定的可操作性

我国《仲裁法》第51条规定:"仲裁庭在作出裁决前,可以先行调解。当事人自愿调解的,仲裁庭应当调解。调解不成的,应当及时作出裁决。调解达成协议的,仲裁庭应当制作调解书或者根据协议的结果制作裁决书。调解书与裁决书具有同等法律效力。"第52条规定:"调解书应当写明仲裁请求和当事人协议的结果。调解书由仲裁员签名,加盖仲裁委员会印章,送达双方当事人。调解书经双方当事人签收后,即发生法律效力。在调解书

签收前当事人反悔的,仲裁庭应当及时作出裁决。”这一规定与民事诉讼法中关于调解的规定基本一致,并没有体现出仲裁中调解的特色。且对仲裁中调解制度的规定过于简陋,且缺乏可操作性。

(2)仲裁中调解缺乏监督

没有对仲裁员、当事人、律师、书记员等人的行为进行规范,对仲裁中的调解也缺乏有效的监督,如此一来在实践应用中就可能出现仲裁员权力过大或仲裁中调解不公平的弊端,容易损害当事人的利益。

(3)调解介入的阶段局限性

无论从立法还是从实践上看,目前仲裁调解的起点只能在仲裁员或者仲裁庭确定之后。在案件立案受理后至仲裁员或仲裁庭确定的期间,仲裁调解基本无用武之地。实践中,仲裁调解往往是在仲裁开庭程序完成后。而且,由于仲裁机构与法院的角色具有本质的区别,仲裁开庭之后仲裁员对调解的介入程度明显弱于法官。故实际上仲裁调解适用的期间较为狭窄,并未能充分贯彻于仲裁程序的始终。

(4)调解者资源利用的低效性

这主要包括两个层面:一是在采用仲裁庭仲裁的案件中,案件的调解并不具有由三名仲裁员主持的实际需要,一般来说,其中一个仲裁员主持即可达到此种调解效果,而由仲裁庭主持调解显然浪费了调解资源;二是调解者在调解时需要客观地了解案情,而从现行《仲裁法》的规定来看,仲裁员或仲裁庭往往是在开庭时才能真正了解案情,故其调解资源在整个仲裁程序中投入过低。

(5)调解书反悔制的负面效应

《仲裁法》关于仲裁调解效力的规定直接脱胎于法院调解,当事人在调解书送达前可以反悔。此种制度存在两大弊端:一是反悔制抵消了调解协议的效力,使调解协议无论在立法上还是在实践中均不再具有任何对当事人的约束意义;二是当事人容易滥用此项反悔权。实践中存在当事人一方在签收调解书之前无故反悔,有意以此拖延仲裁的情况,严重影响了仲裁调解的效率,浪费了仲裁资源,违背了诚信原则。

(6)调解程序及规则的机械性

我国仲裁调解程序的设置基本与法院调解相同,但在仲裁与诉讼这两个权力(利)背景截然不同的制度中,调解的运作方式仍然具有同一性。而在仲裁这种非诉讼解决纠纷的条件下,仲裁调解程序远未发挥出其灵活性和当事人意思自治的特点,而是遵循着诉讼中调解的模式。

此外,仲裁调解所遇到的一种现实挑战,是当事人对多纷争一次性解决的要求,但在仲裁权由当事人合意授予的制度前提下,仲裁调解实难达到此种目标。虽有仲裁机构在实务中进行了变通性改良,如对超越仲裁事项的调解在当事人合意的形式要件上作出了某些补救,但总的来说仍缺乏制度的支撑。

2. 仲裁调解制度的现实基础

(1)社会冲突解决的内在要求

民事纠纷属于社会冲突的一种。有学者从纠纷解决的过程入手,以纠纷的解决是否基于冲突各方的自由合意为依据,而将其过程分为"合意性"解决和"决定性"解决。前者指冲突各方在"合意"的基础上使纠纷得到解决;后者指冲突各方通过第三方有约束力的"决定"加以解决。同时,这种观点还根据解决纠纷的内容是否受规范的规制,将纠纷的解决过程分类为"规范性"解决和"状况性"解决。前者指依据事前形成的规范解决纠纷;后者指根据冲突双方的力量对比状态解决纠纷。而民事诉讼就是合"决定性"与"规范性"为一体的纠纷解决方式。其基点在于冲突主体以及他们之间缺乏自觉认同基础的情况下,运用社会强制力消除冲突。虽然运用这种方式并不能完全消除主体在情感上的对抗,但至少可以使冲突所产生的现实障碍得到排除,社会既定秩序得到恢复。这种冲突的救济方式并不是纠纷主体自己而是国家设立的,故纠纷主体并不能随意地加以使用,而需事先获得一种国家许可的相应的权能,即民事诉权。在获得这种权能的基础上,才有根据自己意愿运用的可能。各国对仲裁纷纷立法的结果,虽未使其成为公力救济的形式之一，但至少在程序运作上及法律效力上贴近诉讼，故从实际效果来说，仲裁也可算是"规范性"和"决定性"的纠纷解决方式。而"合意性"与"状况性"的纠纷解决方式由于不具备"规范性"和"决定性"纠纷解决方式的效力特征，故难以受到纠纷当事人的偏爱。人们在构建社会纠纷解决系统的过程中，必然力图维持其中各子系统功能在一定程度上的平衡，以达到该系统效益的最大化。因此，上述两类纠纷解决方式之间的相互渗透甚至相互融合，已势所必然。

(2)调解在纠纷解决中的先天优势

调解是一种根据合意的纠纷解决方式，即由双方当事人就以何种方式和内容来解决纠纷等主要之点达成合意，从而使纠纷得以解决。它以当事人的自愿为前提，目的是促成合意的形成。调解是非强制性纠纷解决程序，无论在启动还是在协议达成环节上，都应当以当事人自愿为基本原则。同时，调解又是在中立第三方的参与下进行的纠纷解决活动。故调解在社会纠纷解决机制中具有先天的优势：首先，调解可以减少仲裁程序的对抗性，有利于在解决民事纠纷时维护当事人长远的利益和友好关系。现代市场经济社会仍然需要人际关系的和谐、社会的和睦以及社会秩序的稳定有序，调解制度在这一方面仍然有重要的作用。其次，调解可以最大限度地优化纠纷解决的效益，快速、简便、经济地解决纠纷，减少当事人讼累以及所付出的经济成本和道德成本。在法律规范的具体内容尚不十分清晰，特别是面对新的利益冲突和权利义务关系时，由于结果的可预测性相对暧昧，诉讼及仲裁对争议的双方同样具有一定的风险，双方当事人为了避免风险、以较小的成本获得较合理的结果，就有相当大的协商解决纠纷的可能性。此时，纠纷解决的成本和收益的权衡就成为当事人双方考虑的主要因素。再次，有利于当事人充分行使处分权和调解协议的实际履行。最后，在实体法律规范尚不完善的情况下，通过协商和妥协，可以探索双赢的结果。

(3)当事人利益博弈的结果

调解与仲裁的差别之一，在于许多场合下，前者并不需要对冲突是非作出严格而明确的判定,其所追求的主要是冲突权益的处置及补偿结果。在解决冲突的若干不同效果中,调解所追求的仅是冲突和对抗的消弭。为了实现这一效果,甚至常常以损害法律原则为代价。而此种作用的发挥,正符合了纠纷当事人的利益驱动心态。现代社会纠纷当事人的权利意识固然较强,但对权利维护成本的考虑亦成为其实现权利的重要因素。如果权利的实现以重大的成本支出(甚至超过权利正常运行所能产生的效益)作为代价,则势必为权利人所不取。这使纠纷解决方式的选择成为当事人必然关注的问题。如果纠纷当事人即博弈双方,在调解中讨价还价的成本即让与对方的利益,属于自己可以承受的范围;或者因此种让利而使自己承担的费用支出可能小于仲裁和执行后自己承担的费用支出,那么该当事人达成调解协议的可能性就由小变大,从而讨价还价的对策成本就由大变小。当然,如果纠纷当事人的上述博弈成本超过了其承受的范围或可以预期的仲裁和执行成本,则其可能采取非合作博弈即不调解的对策。虽然仲裁已比诉讼更简便、高效,但其在利益衡量的场景下,仍难以与调解相比。纠纷当事人在仲裁过程中寻求比仲裁更具效果的调解,也就成为当然的选择。可见,仲裁调解方式的出现,实际上也是纠纷当事人利益博弈的结果。

3. 仲裁调解制度的实践及其难题

(1)仲裁与调解相结合的形式及其评价

实践中,对仲裁与调解相结合的探索历经多年,形成了多种模式,但仲裁与调解结合方式的不同,亦使其实际效果差异较大,利弊明显。总的来说,主要有以下几种实践模式:①先调解后仲裁,此种方式中调解程序先行,调解不成后或调解成功后再进行仲裁程序。一般调解者和仲裁者并不合一。②影子调解,即仲裁与调解平行。在时间上,先启动仲裁程序,在仲裁过程中启动调解程序。此种方式中,如果调解成功,则纠纷解决;如果调解不成,则平行进行的仲裁程序可以确保争议最终解决。在程序运行过程中,调解者与仲裁者亦不合一。③仲裁中调解,其属于狭义上的"仲裁与调解相结合",此种方式是应用最早也是最为广泛的一种。调解发生在仲裁过程中，调解时仲裁停止，调解不成后再行仲裁。仲裁者和调解者为同一主体。④调解仲裁共存。此种方式中，调解者与仲裁者虽然分离，但其共同参加事实审查的听证程序。仲裁员不参加调解员的私下会晤，调解员向仲裁员披露在调解中所获悉的秘密。⑤先仲裁后调解。此种方式实际是将调解程序后置，解决的是仲裁程序终结后的仲裁裁决执行中的问题。

上述实践模式中，任何一种均有其无法克服的缺陷：第一种结合方式中，如果争议双方对彼此的地位和利益维护态势缺乏正确的估计，心理预期差距较大时，达成调解协议的可能性就不大，而且调解程序前置有可能挤占仲裁程序的期限资源；第二种结合方式的成本过于高昂。调解者与仲裁者分立，意味着当事人必须为此支付两笔费用，且调解者与仲裁者在了解案件事实方面均需耗费时间成本；第三种结合方式虽然在实践中使用频率最高，但也是在理论上和实践中最具争议的方法；第四种方式仍然具有成本较高的缺陷；第五种已不属于严格意义上的仲裁与调解结合的方式，仅仅是解决仲裁裁决执行中问题的方式。其实，在探索仲裁与调解结合方式的进程中，两难选择始终存在，如仲裁者与调解者是否需要合一？调解程序与仲裁程序是分立还是相融合？是调解先行还是同步进行？

（2）仲裁与调解的冲突协调

仲裁与调解相结合的各种实践，显示出两种纠纷解决方式之间的制度差异和运行方式的不同。这些差异和不同并不是能够完全融合在一起的，有时甚至是相互排斥的。具体有：①制度目的和价值的差异。仲裁虽然以当事人协议为根据，但由此引发的仲裁程序在法律判断要求以及判断程序上均与诉讼相差无几。仲裁的一裁终局制与诉讼相比固然是效率的提升，但仲裁制度依据法律进行事实判断和法律判断的性质仍使其与调解大相径庭。从某种意义上说，调解的某些以牺牲法律原则为代价的特性与仲裁追求程序的正当性、法律判断和事实判断的正当性是不相容的。而且，在追求纠纷解决的效率上，调解的价值追求无疑比仲裁更倾向于此。②制度功能实现方式的冲突。仲裁的运作虽然受到当事人仲裁协议的限制，但从本质上说,其运作对程序正当性的关注,是世界各国仲裁立法和仲裁机构仲裁规则的重要内容。进入仲裁程序后,当事人除和解以及调解以外的合意均受到程序的严格限制。而调解虽亦有程序设置,但其注意力显然集中在如何减少当事人的对抗性,调和当事人的矛盾,从而在自愿的基础上达成调解协议。③程序运行上的非协调性问题。仲裁者对事实的判断建立在严格的对抗性程序之上,而此种程序与诉讼较为相似,当事人在此种程序中各尽所能地举证、质证,以求仲裁者的裁决对其有利。而调解过程中,当事人的对抗性体现在讨价还价上,而非对事实问题和法律问题的是非性争论,故他们在调解中的行为与仲裁程序中的行为,性质上显然不同。

仲裁与调解的上述差异既有质的方面,亦有形式的方面,有的根本无法调和。但这并不妨碍仲裁与调解的结合。这两种纠纷解决方式各有其生存的基础和环境,虽然我们在制度上力求将两者有机地统一起来,但不可能达到完美融合的境地。从纠纷解决的角度来说,仲裁与调解的结合只是在仲裁程序中吸取调解方式的精华,以扩展仲裁解决纠纷的范围和能量,提升其解决纠纷的功能和社会认同度,而非将调解制度纳入仲裁程序。正如有学者所言,仲裁调解是一种复合式的纠纷解决方式,调解以仲裁为依托和根本,使当事人既可以通过仲裁的方式解决争议,也可以调解解决争议,还可以通过两种方式的共同综合作用解决争议。因此,两者之间某些质的区别并不影响仲裁调解的生存与发展。更何况多元化纠纷解决机制的宗旨之一就是为当事人提供替代性的、多元化的纠纷解决方式,以迎合不同当事人的需求,调解与仲裁相结合的种种方式的创设同样体现了这一宗旨。故从一定意义上说,仲裁与调解冲突的协调更关注制度运行的实效,而非理论上和规范意义上的冲突争论。

4. 仲裁与调解制度融合的考量因素

仲裁与调解制度的融合是一个复杂的课题,应当在社会纠纷解决机制这个大系统中去考虑仲裁与调解的融合,并从法律文化的社会背景、制度运作的现实环境、纠纷当事人的心理期盼和社会公众可能的认同等方面加以综合考虑,才能确立适合我国国情的、高效的仲裁调解制度。

(1)仲裁与调解的融合尺度

纠纷的多元化要求纠纷解决方式的多元化,即使在仲裁制度这个子系统内,仍然存在纠纷解决多元化的要求。因此,仲裁调解的融合并不是一个单一的尺度就能解决的问题,这是一个系统工程。笔者认为,融合的关键在于掌握三个要素:一是仲裁调解毕竟是仲裁中的调解,而非独立的调解制度,故应受到仲裁私权性的制约,即仲裁以仲裁协议为基础,仲裁调解亦应遵循该项当事人合意的原则,否则必然突破仲裁制度的现有框架,造成调解与仲裁之间不可调和的矛盾。二是仲裁调解不应当损害仲裁程序的安定性和正当性。仲裁的运作有其自身规律,此种规律与调解在性质上并不完全相容,后者更注意纠纷的实际解决,有时甚至以牺牲某些法律原则或者法律权利为代价。因此,调解中的行为不应及于作为仲裁程序终结的仲裁裁决,亦不应影响仲裁者对仲裁事项的事实判断和法律判断,反之亦然。三是仲裁调解的融合应当更多地考虑纠纷当事人的承受能力和对调解及其程序运作的心理预期。仲裁调解的制度宗旨无疑是解决纠纷,而且是在仲裁制度结构内开创多元化解决纠纷的一片天地。对当事人来说,根据个案需要,应当存在不同层级的、不同形式的调解程序和调解方法,这虽然给仲裁调解程序设计带来了诸多难度,但亦是其实现功能的主要源泉。

(2)程序设置的效率要求

用调解方式解决纠纷,具有相当的灵活性,但这并不意味着可以不按程序办事,也不意味着可以无视程序的内在要求,即对恣意的制约。即使是合意性的纠纷解决方式,也不能缺少规范性的控制,这是现代纠纷解决机制的必然趋势。仲裁调解的程序设置亦应体现此种要求。但在强调其程序性要求时,不能忽视程序所包含的效益因素。迅速、及时地处理民事纠纷,以较少的投入进行定分止争固然是效益实现的一个方面,但不是主要方面。效益的实现有赖于纠纷解决实效评价的证实,其主要标志是基于该项仲裁调解而致法律资源(权力、权利、程序)的配置和使用使较多的人改善境况,而且没有人因此项制度而使其境况变坏。可见,效益的实现是通过寻找最科学的途径,以最少的人、财、物力,在最短的时间界域内,最大限度地满足人们对公平、正义、自由和秩序的需求。因此,在仲裁与调解融合的制度设计中,对效益的关注是其根本所在。例如,如果有一部分案件确需在仲裁程序启动前先行调解,则没有必要为了追求程序的统一性而置此种有效方式于不顾;如果有些案件矛盾冲突较为激烈,一般适宜于在仲裁庭开庭后才有可能调解,则没有必要在仲裁庭开庭前即投入调解资源;等等。笔者认为,完全可以对相关案件进行合理的分类,为各类案件设置相应的解决程序,以提高调解解决纠纷的实效。

(3)仲裁调解与仲裁和解的共存与协调

仲裁调解制度的创设,并不意味着对仲裁和解制度的吞并和蚕食。毕竟这是两种不同的纠纷解决方式。和解更注重当事人自身的合意性,一般不需要第三者的调和,而调解侧重于第三者积极干预。而且,现代的调解已在调解者的消极中立上有所突破,在促成合意时可以采用多种方法,从截然不同的方向对当事人发生影响或者是纯粹中立的冷静的观察和监督者;或者是积极的对立平息者;有时仅仅是对话的中介;有时则可以作为专家或权威,对结果提供评价性信息。因此,在对待仲裁调解和仲裁和解的问题上,笔者认为应当以当事人的实际需要作为衡量标准。对当事人而言,纠纷解决方式的多元化意味着其选择权的多元化,也意味着可以实现其不同的纠纷利益。此时他们并不在乎程序设置的烦琐程度,因为当其选择某种纠纷解决方式时,一般并不需要同时参与其他的纠纷解决程序,故即使程序设置因多元化而烦琐,亦不会影响纠纷的解决和当事人的利益。

(撰稿人:张虎)

第三篇　经典案例评析

一、中国贸仲、上海贸仲、华南贸仲仲裁案件管辖权争议系列案

（一）意义

因中国国际经济贸易仲裁委员会（本系列案中简称中国贸仲）于2012年5月1日施行修订后的仲裁规则以及原中国国际经济贸易仲裁委员会上海分会（本系列案中简称上海贸仲）①、原中国国际经济贸易仲裁委员会华南分会（本系列案中简称华南贸仲）②变更名称并施行新的仲裁规则，致使有的案件当事人对仲裁规则的适用以及上述各仲裁机构受理仲裁案件的权限等问题产生争议。各地人民法院陆续受理了因上述争议而引发的仲裁司法审查案件。本部分首先选取的苏州阿特斯诉江西赛维LDK不予执行中国贸仲上海分会裁决案③和雅鹿公司与南京宝色申请确认仲裁协议效力案两个案例，因两个地方法院对同一事由作出了截然相反的法院裁定，增加了原中国贸仲分会独立后仲裁管辖权以及相关仲裁条款效力的不确定性，特别是原中国贸仲分会宣布独立之前当事人约定了由原中国贸仲分会仲裁，独立后的上海贸仲和华南贸仲是否依然对此类案件享有管辖权的问题，实践中不断出现一方当事人以此为由向地方法院申请确认仲裁协议效力、撤销或不予执行仲裁裁决的情形。

为统一裁判尺度，保证人民法院正确审理案件，2013年9月4日最高人民法院发出《关于正确审理仲裁司法审查案件有关问题的通知》（法

① 本案中提到未更名前的中国国际经济贸易仲裁委员会上海分会时，简称中国贸仲上海分会。

② 本案中提到未更名前的中国国际经济贸易仲裁委员会华南分会时，简称中国贸仲华南分会。

③ 该案例入选2013年《国际商事仲裁委员会商事仲裁年刊》第38卷，第354~356页。

〔2013〕194号),对于因上述争议产生的仲裁司法审查案件,要求人民法院在作出裁定之前,须经审判委员会讨论提出意见后,逐级上报至最高人民法院,待最高人民法院答复后,方可作出裁定。最高人民法院最终于2015年6月23日通过、7月17日实施了《关于对上海市高级人民法院等就涉及中国国际经济贸易仲裁委员会及其原分会等仲裁机构所作仲裁裁决司法审查案件请示问题的批复》(法释〔2015〕15号),对三年间中国贸仲、上海贸仲、华南贸仲之间受理仲裁案件的管辖权争议做一个结论性说明。具体分为以下两种情形:

第一,华南贸仲更名为华南国际经济贸易仲裁委员会、上海贸仲更名为上海国际经济贸易仲裁委员会之后(含更名之日)该批复施行之前。

当事人签订仲裁协议约定将争议提交"中国国际经济贸易仲裁委员会华南分会"或者"中国国际经济贸易仲裁委员会上海分会"仲裁的,中国贸仲对案件享有管辖权。但申请人向华南贸仲或者上海贸仲申请仲裁,被申请人对华南贸仲或者上海贸仲的管辖权没有提出异议的,当事人在仲裁裁决作出后以华南贸仲或者上海贸仲无权仲裁为由申请撤销或者不予执行仲裁裁决的,人民法院不予支持。

该批复施行之前,中国贸仲或者华南贸仲、上海贸仲已经受理的根据该批复第1条规定不应由其受理的案件,当事人在仲裁裁决作出后以仲裁机构无权仲裁为由申请撤销或者不予执行仲裁裁决的,人民法院不予支持。

该批复施行之前,中国贸仲或者华南贸仲、上海贸仲受理了同一仲裁案件,当事人并未在仲裁庭首次开庭前向人民法院申请确认仲裁协议效力的,先受理的仲裁机构对案件享有管辖权。

第二,该批复施行之后(含施行起始之日)。

当事人签订仲裁协议约定将争议提交"中国国际经济贸易仲裁委员会华南分会"或者"中国国际经济贸易仲裁委员会上海分会"仲裁的,中国贸仲对案件享有管辖权。

自此批复施行之后,中国贸仲、上海贸仲、华南贸仲之间受理仲裁案件的管辖权争议的解决有了一个最终定论。

同时，为避免三家仲裁机构自身作出违反该批复规定的管辖权异议裁定，该批复规定人民法院对此类仲裁协议效力案件或仲裁管辖权案件的优先管辖权，即仲裁案件的申请人向仲裁机构申请仲裁的同时请求仲裁机构对案件的管辖权作出决定，仲裁机构作出确认仲裁协议有效、其对案件享有管辖权的决定后，被申请人在仲裁庭首次开庭前向人民法院提起申请确认仲裁协议效力之诉的，人民法院应予受理并作出裁定。申请人或者仲裁机构根据最高人民法院《关于确认仲裁协议效力几个问题的批复》（法释〔1998〕27 号）第 3 条规定，[①]或者《最高人民法院关于适用〈中华人民共和国仲裁法〉若干问题的解释》（法释〔2006〕7 号）第 13 条第 2 款的规定[②]主张人民法院对被申请人的起诉应当不予受理的，人民法院不予支持。

（二）案例一：苏州阿特斯诉江西赛维 LDK 不予执行中国贸仲上海分会裁决案[③]

1. 裁判要点

因中国贸仲上海分会在登记之前与中国贸仲为一个整体，故双方当事人于 2010 年提请仲裁时，中国贸仲上海分会可以取得该案的管辖权。但该权限在中国贸仲上海分会于 2011 年登记成为一个独立的仲裁机构后发生了变化。双方当事人属意于中国贸仲。而中国贸仲上海分会在审理过程中改变了性质，成为独立的仲裁机构，不再是中国贸仲的组成部分，自然

---

① 最高人民法院《关于确认仲裁协议效力几个问题的批复》（法释〔1998〕27 号）第 3 条规定："当事人对仲裁协议的效力有异议，一方当事人申请仲裁机构确认仲裁协议效力，另一方当事人请求人民法院确认仲裁协议无效，如果仲裁机构先于人民法院接受申请并已作出决定，人民法院不予受理；如果仲裁机构接受申请后尚未作出决定，人民法院应予受理，同时通知仲裁机构终止仲裁。"

② 最高人民法院《关于适用〈中华人民共和国仲裁法〉若干问题的解释》（法释〔2006〕7 号）第 13 条第 2 款规定："仲裁机构对仲裁协议的效力作出决定后，当事人向人民法院申请确认仲裁协议效力或者申请撤销仲裁机构的决定的，人民法院不予受理。"

③ 江苏省苏州市中级人民法院 2013 年 5 月 7 日裁定，（2013）苏中商仲审字第 0004 号。

不再是当事人双方原先合意的仲裁机构,因而也就不具有对该案的管辖权。因此,裁定不予执行申请执行人江西赛维LDK太阳能高科技有限公司申请执行的(2012)中国贸仲沪字第452号裁决书。

2. 关键词

仲裁裁决　不予执行　仲裁机构独立　仲裁管辖权

3. 案件基本情况

(1)案件当事方

不予执行申请人(原案被执行人):苏州阿特斯阳光电力科技有限公司(以下简称阿特斯公司),住所地苏州市高新区鹿山路199号。

不予执行被申请人(原案申请执行人):江西赛维LDK太阳能高科技有限公司(以下简称赛维公司),住所地江西省新余市高新技术开发区梅园小区。

涉及裁决:(2012)贸仲沪字452号

(2)仲裁条款

如有争议"协商不能解决的,则双方一致同意提交中国国际经济贸易仲裁委员会(仲裁地点:中国,上海)按申请仲裁时该仲裁委员会有效的仲裁规则进行仲裁"。

(3)基本案情

江西赛维LDK太阳能高科技有限公司与苏州阿特斯阳光电力科技有限公司于2007年10月签订了编号为CSI-LDK071012的《太阳能电池用硅片供应协议书》(以下简称《三年合同》),该合同约定有争议"协商不能解决,任何一方均可向中国国际经济贸易仲裁委员会(上海分会)提请仲裁"。

2008年6月27日,双方又签订编号为CSIC-LDK2008-6-3的《多晶硅片长期(10年)供应合同》(以下简称第一份《十年合同》)和编号为CSIC-LDK2008-6-6的《多晶硅片长期(10年)供应合同》(以下简称第二份《十年合同》)的两份合同。该两份合同约定有争议"协商不能解决的,则双方一致同意提交中国国际经济贸易仲裁委员会(仲裁地点:中国,上海)按申请仲裁时该仲裁委员会有效的仲裁规则进行仲裁”。

2009年2月14日,双方签订了编号为CSI04-09-P0018的《有关CSI-LDK071012的补充协议》。该协议约定:“CSI-LDK071012合同项下2010年供货与双方签订的CSIC-LDK2008-6-3合同合并。”2009年12月7日,双方又签订编号CSI-LDK091207的《有关CSI-LDK071012合同及其补充协议的终止协议》。该协议约定:“CSI-LDK071012合同项下2010年供货与双方签订的CSIC-LDK2008-6-3和CSIC-LDK2008-6-6合同合并……除本条前述内容外,协议终止,双方不再承担CSI-LDK071012合同项下其他义务。”

2010年7月23日,双方因6000万元定金的归属以及两份《十年合同》的解除产生争议,提交中国贸仲上海分会仲裁。2010年7月28日,中国贸仲上海分会适用2005年5月1日起施行的《中国国际经济贸易仲裁委员会仲裁规则》(本案中简称2005年版《仲裁规则》)向当事人发出了受理仲裁通知、2005年版《仲裁规则》和《仲裁员名册》,并两次开庭审理了该案。

2012年12月7日,中国贸仲上海分会作出了(2012)中国贸仲沪字第452号裁决书。因阿特斯公司未履行生效的仲裁裁决书,权利人赛维公司于2013年2月21日根据《民事诉讼法》第237条之规定向江苏省苏州市中级人民法院(以下简称苏州中院)申请强制执行。

2013年3月12日,阿特斯公司以中国贸仲上海分会无仲裁管辖权,仲裁程序违法以及事实认定和法律适用上存在错误为由向苏州中院提起不予执行抗辩。苏州中院立案后,依法组成合议庭,于2013年4月9日公开听证进行行审查。

苏州中院审理查明,中国贸仲上海分会于2011年12月6日向上海市司法局提出登记申请,并于2011年12月8日登记取得了《中国人民共和国仲裁委员会登记证》。2012年3月31日,中国贸仲上海分会公布了其自行制定的《中国国际经济贸易仲裁委员会上海分会仲裁规则》。该规则确定了中国贸仲上海分会自2012年5月1日起适用该规则仲裁。同时确定中国贸仲上海分会有权设立自己的仲裁员名册,有权对仲裁协议的存在、效力以及仲裁案件的管辖权作出决定。2013年4月8日,中国贸仲上海分会更名为"上海国际经济贸易仲裁委员会(上海国际仲裁中心)"。

(4)裁判结果

苏州中院认为,双方当事人有关中国国际经济贸易仲裁委员会上海分会对本案有无仲裁管辖权的争议涉及以下三个问题:

①双方当事人合意选择了哪家仲裁机构。

苏州中院认为,本案中双方当事人订立了三份供货合同,但《三年合同》在部分履行后终止。剩余部分被后面两份《十年合同》合并吸收,两份《十年合同》也因增加了该剩余部分而产生了变更。从双方争议的6000万元定金归属及《十年合同》的解除与否来看,其争议内容均为变更后的两份《十年合同》之内容,故应由两份《十年合同》确定的仲裁机构进行仲裁。而两份《十年合同》均约定提交"中国国际经济贸易仲裁委员"仲裁,因此,双方当事人选择仲裁机构的真实意思为交由"中国国际经济贸易仲裁委员会"进行仲裁,仲裁地点选择在上海。

②中国贸仲上海分会在办理登记并取得《中华人民共和国仲裁委员会登记证》前与中国贸仲的关系问题。

苏州中院认为,中国贸仲在2010年之前制定的《中国国际经济贸易仲裁委员会仲裁规则》(本案中简称《仲裁规则》)已经对两者关系做了明确的表述。截至2010年,中国国际经济贸易仲裁委员会共制定了七部《仲裁规则》,其中1956年版《仲裁规则》未有涉及分会事宜。1988年版《仲裁规则》则规定"仲裁委员会可以在中国境内其他地方设立仲裁委员会分会"。自中国贸仲上海分会成立后,1994年版《仲裁规则》规定:"仲裁委员会设在北京。仲裁委员会……在上海设有仲裁委员会上海分会。仲裁委员会及其分会是一个整体。"而之后的1995年版《仲裁规则》、1998年版

《仲裁规则》、2000 年版《仲裁规则》以及 2005 年版《仲裁规则》则规定:“仲裁委员分会是仲裁委员会的组成部分。”这些《仲裁规则》同时确定《仲裁规则》《仲裁员名册》统一适用于仲裁委员会及其分会。另外,中国贸仲上海分会在原仲裁案件中也确实根据 2005 年版《仲裁规则》的要求向双方当事人送达了受理通知、2005 年版《仲裁规则》以及中国贸仲设定的《仲裁员名册》,并依规则进行了开庭审理。因此,中国贸仲上海分会在其登记并取得《中华人民共和国仲裁委员会登记证》之前,与中国贸仲应为同一整体,是中国贸仲的组成部分。

③中国贸仲上海分会在办理登记并取得《中华人民共和国仲裁委员会登记证》后与中国贸仲的关系问题。

苏州中院认为,中国贸仲上海分会于 2011 年 12 月 8 日登记并取得《中华人民共和国仲裁委员会登记证》,根据《仲裁法》《仲裁委员会登记暂行办法》的规定,其已具备了成为一个独立仲裁机构的形式要件。而其自行制定《中国国际经济贸易仲裁委员会上海分会仲裁规则》和《仲裁员名册》并予以适用等行为,则在实质要件上也确定了中国贸仲上海分会的独立地位。因此,中国贸仲上海分会自 2011 年 12 月 8 日起依法成为一个独立的仲裁机构。故中国贸仲上海分会在登记并取得《中华人民共和国仲裁委员会登记证》之后,其与中国贸仲不再具有一个整体或组成部分的关系。

综上所述,苏州中院认为,仲裁机构管辖案件的权限源于当事人的合意选择。本案当事人选定“中国国际经济贸易仲裁委员会”为解决争议的仲裁机构,因中国贸仲上海分会在登记之前与中国贸仲为一个整体,故双方当事人于 2010 年提请仲裁时,中国贸仲上海分会可以取得该案的管辖权。但该权限在中国贸仲上海分会于 2011 年登记成为一个独立的仲裁机构后发生了变化。双方当事人属意于中国贸仲。而中国贸仲上海分会在审理过程中改变了性质,成为独立的仲裁机构,不再是中国贸仲的组成部分,自然不再是当事人双方原先合意的仲裁机构,因而也就不具有对该案的管辖权限。中国贸仲上海分会在办理登记后,理应向当事人双方说明机构性质变化情况,并告知双方当事人是否要重新选择仲裁机构。但中国贸仲上海分会并未履行上述告知义务,侵犯了当事人的知情权,违背了当事人选择仲裁机构的真实意思表示。因此,中国贸仲上海分会在其办理登记后,无权对该案继续审理并作出裁决。不予执行申请人的抗辩理由成立,苏州中院予以支持。

至于不予执行申请人提出的涉及“审核报告”的抗辩理由系对仲裁实体问题的审查,不属于不予执行审查的范围,故苏州中院对此不予理涉。据此,依据《民事诉讼法》第237条第2款第2项之规定,裁定如下:

申请执行人江西赛维LDK太阳能高科技有限公司申请执行的(2012)中国贸仲沪字第452号裁决书,苏州中院不予执行。

本裁定书送达后立即生效。

(三)案例二:海南亿兴城与SWA申请确认仲裁协议效力案①

1. 裁判要点

合同中各方当事人签订的仲裁协议有请求仲裁的意思表示,约定了仲裁事项和明确的仲裁机构。该仲裁协议选定的仲裁委员会即“中国国际经济贸易仲裁委员会上海分会”,现已更名为上海贸仲,系依法设立的仲裁机构,其有权根据当事人签订的仲裁协议受理仲裁案件并作出裁决。因此,涉案仲裁协议当属有效的仲裁协议。本案纠纷应由仲裁协议明确约定的上海贸仲受理。

2. 关键词

民事诉讼　仲裁协议　效力确认仲裁机构更名

---

① 上海市第二中级人民法院2015年9月14日裁定,(2015)沪二中民认(仲协)字第12号。

3.案件基本情况

(1)案件当事方

申请人:海南亿兴城建投资有限公司。

被申请人:SWA GROUP。

(2)仲裁条款

“如分歧、争端或权利请求在协商请求发出之日起30天内仍未解决,则任何一方可将分歧、争端或权利请求提交中国国际经济贸易仲裁委员会上海分会,根据该委员会在仲裁申请提起当时有效的仲裁规则,在上海进行仲裁。提起仲裁一方应在仲裁申请提交之日起五天内向另一方发出启动仲裁程序的通知。”

(3)基本案情

2010年9月19日,申请人与被申请人签订《海南铜鼓岭生态旅游区总体景观设计和一期石头公园景观方案设计咨询合同》一份,该合同第19.2条约定:“如分歧、争端或权利请求在协商请求发出之日起30天内仍未解决,则任何一方可将分歧、争端或权利请求提交中国国际经济贸易仲裁委员会上海分会,根据该委员会在仲裁申请提起当时有效的仲裁规则,在上海进行仲裁。提起仲裁一方应在仲裁申请提交之日起五天内向另一方发出启动仲裁程序的通知。”

2014年11月27日,被申请人SWA GROUP依据前述合同中的仲裁协议,向中国贸仲提请仲裁,中国贸仲于2015年3月19日受理了该案(案件编号为SH×××××××××)。2015年3月23日,中国贸仲依据仲裁申请人SWA GROUP的申请作出《管辖权及案件受理决定》,确认涉案仲裁协议合法有效、中国贸仲对案件享有管辖权。

2015年4月7日,申请人海南亿兴城建投资有限公司向上海市第二中级人民法院(以下简称上海二中院)申请确认涉案仲裁协议效力,上海二中院于同日立案受理。2015年4月29日,上海二中院向中国国际经济贸易仲裁委员会发出公函,通知其中止对SH×××××××××号仲裁案件的仲裁程序。

申请人海南亿兴城建投资有限公司称:本案双方于2010年9月19日签订的《海南铜鼓岭生态旅游区总体景观设计和一期石头公园景观方案设计咨询合同》明确约定,如发生争议,任何一方可将争议提交中国贸仲上海分会,根据该会在仲裁时有效的仲裁规则,在上海进行仲裁。该仲裁条款系双方真实意思表示,约定明确且合法有效,双方纠纷应由中国贸仲上海分会即更名后的上海贸仲受理。因此,被申请人无权单方更改协议约定的仲裁机构,中国贸仲无权管辖双方的合同纠纷。据此,申请人依据《仲裁法》相关规定提出申请,请求确认《海南铜鼓岭生态旅游区总体景观设计和一期石头公园景观方案设计咨询合同》中约定的仲裁协议合法有效。

被申请人SWA GROUP向上海二中院提交书面意见称:①根据《仲裁法》相关司法解释规定,申请确认仲裁协议效力案件应由仲裁协议约定的仲裁机构所在地的中级人民法院管辖,而本案中双方协议约定的仲裁机构所在地并不在该院辖区,上海二中院对本案没有管辖权。②双方之间签订的仲裁协议不仅约定了仲裁机构为中国贸仲的分会机构,还约定了适用中国贸仲的仲裁规则,故申请人认为协议约定仲裁机构应为中国贸仲而非上海贸仲,涉案纠纷应由中国贸仲受理和管辖。

经上海二中院审理查明:中国贸仲上海分会是经上海市人民政府于1988年批准设立的隶属于中国国际贸易促进委员会上海市分会管理的仲裁机构,经上海市机构编制管理机关依法登记为事业单位法人,并由上海市司法局依法进行了仲裁机构司法登记,取得《中华人民共和国仲裁委员会登记证》。

2013年4月17日,中国国际经济贸易仲裁委员会上海分会发布公告,宣布经上海市人民政府批准,上海市机构编制委员会批复同意,中国贸仲上海分会更名为“上海国际经济贸易仲裁委员会”,并同时启用“上海国际仲裁中心”的名称。自2013年5月1日起启用新版《仲裁规则》和《仲裁员名册》。该公告同时明确上海贸仲(上海国际仲裁中心)受理当事人约定由上海贸仲或上海国际仲裁中心仲裁的案件,并继续受理按照当事人的约定应当由中国贸仲上海分会仲裁的案件。

(4)裁判结果

上海二中院认为:首先,本案仲裁协议约定的仲裁机构"中国国际经济贸易仲裁委员会上海分会"的住所地在该院辖区,依据最高人民法院《关于适用〈中华人民共和国仲裁法〉若干问题的解释》第12条的规定,该院对本案具有管辖权。

其次,本案系申请确认涉外仲裁协议效力案件,当事人未约定确认仲裁协议效力所适用的法律,依据《涉外民事关系法律适用法》第18条之规定,本案应根据仲裁机构所在地即中华人民共和国法律来确定涉案仲裁协议的效力。

关于涉案仲裁协议的效力问题,根据《仲裁法》第16条第2款的规定,仲裁协议应当具备下列内容:(1)请求仲裁的意思表示;(2)仲裁事项;(3)选定的仲裁委员会。本案中,合同各方当事人签订的仲裁协议有请求仲裁的意思表示,约定了仲裁事项和明确的仲裁机构。该仲裁协议选定的仲裁委员会即"中国国际经济贸易仲裁委员会上海分会"(现已更名为上海贸仲)系依法设立的仲裁机构,其有权根据当事人签订的仲裁协议受理仲裁案件并作出裁决。因此,涉案仲裁协议当属有效的仲裁协议。本案纠纷应由仲裁协议明确约定的上海贸仲受理。

(四)案例三:宜兴银茂荧光材料有限公司申请不予执行仲裁裁决案

1. 意义

本案是在最高人民法院法释〔2015〕15号批复对相关各方仲裁管辖权争议经作出明确划分的基础上,对中国贸仲争议项下的仲裁规则适用存在争议的案件。江苏省高级人民法院(以下简称江苏高院)遵循了同一处理原则及精神，从尽快平息争议，及早恢复仲裁秩序，保护当事人合理预期和合法利益出发，认定上海国际仲裁中心适用其自身仲裁规则的合理性，撤销了无锡市中级人民法院（以下简称无锡中院）不予执行裁定书，要求无锡中院继续执行该仲裁裁决。

2. 裁判要点

江苏高院认为应以法释〔2015〕15 号批复作为解决案涉仲裁规则适用争议的重要指引，而通过具体分析当事人仲裁条款的真实意思表示，本案仲裁规则的适用，并不能当然解释为当事人的约定仅指向适用中国贸仲规则；此外，上海国际仲裁中心在中国贸仲争议未决背景下选择适用其自身仲裁规则具有合理性，且适用该规则并未影响案件的正确裁决和/或对当事人的程序权利产生实质性影响，故上海国际仲裁中心适用自身仲裁规则并不违反法释〔2015〕15 号批复的精神，不构成仲裁程序违法。

3. 关键词

民事诉讼　仲裁协议　仲裁机构更名　仲裁规则

4. 案件基本情况

（1）案件当事方

申请人：宜兴银茂荧光材料有限公司（以下简称银茂公司）。

被申请人：美施威尔（上海）有限公司（以下简称美施威尔公司）。

（2）仲裁条款

英文部分约定："... such dispute shall be submitted to China International Economic and Trade Arbitration Commission (CIETAC) Shanghai Sub-Commission for arbitration which shall be conducted in accordance with the arbitration rules of the CIETAC in effect at the time of applying for arbitration..."

中文部分约定："……则应将争议提交中国国际经济贸易仲裁委员会上海分会按照届时的仲裁规则通过仲裁解决……"

(3)基本案情

银茂公司与美施威尔公司于 2010 年 9 月 1 日签署了一份《OCFM 项目协议》,其中仲裁协议的英文部分约定:"... such dispute shall be submitted to China International Economic and Trade Arbitration Commission (CIETAC) Shanghai Sub – Commission for arbitration which shall be conducted in accordance with the arbitration rules of the CIETAC in effect at the time of applying for arbitration..."中文部分约定:"……则应将争议提交中国国际经济贸易仲裁委员会上海分会按照届时的仲裁规则通过仲裁解决……"此后,美施威尔公司以《OCFM 项目协议》项下争议,以银茂公司为被申请人向上海贸仲(上海国际仲裁中心)提起仲裁。上海国际仲裁中心适用其仲裁规则进行仲裁,并于 2013 年 1 月 31 日作出〔2013〕沪贸仲裁字第 049 号仲裁书,支持了美施威尔公司的仲裁请求。

此后,美施威尔公司向无锡中院申请执行该仲裁裁决。无锡中院受理申请后,银茂公司以上海国际仲裁中心在无权仲裁案涉争议的情况下,错误适用仲裁规则,违反法定程序进行仲裁为由,申请不予执行该仲裁裁决。

(4)裁判结果

①无锡中院的意见

无锡中院审查后认为,根据最高人民法院《关于对上海市高级人民法院等就涉及中国国际经济贸易仲裁委员会及其原分会等仲裁机构所作仲裁裁决司法审查案件请示问题的批复》(法释〔2015〕15 号)的规定,上海国际仲裁中心对本案有管辖权,但上海国际仲裁中心未按照仲裁协议约定适用中国贸仲的仲裁规则,违反了法定程序,符合《民事诉讼法》第 237 条第 2 款第 3 项规定的情形,裁定不予执行。

②江苏高院的意见

美施威尔公司不服无锡中院上述裁定,向江苏高院申请执行监督。

江苏高院于 2016 年 11 月 16 日作出(2016)苏执监 467 号《执行裁定书》,认为应以法释〔2015〕15 号批复作为解决案涉仲裁规则适用争议的重要指引,而通过具体分析当事人仲裁条款的真实意思表示,本案仲裁规则的适用,并不能当然解释为当事人的约定仅指向适用中国贸仲规则;此外,上海国际仲裁中心在中国贸仲争议未决背景下选择适用其自身仲裁规则具有合理性,且适用该规则并未影响案件的正确裁决和/或对当事人的程序权利产生实质性影响,故上海国际仲裁中心适用自身仲裁规则并不违反法释〔2015〕15 号批复的精神,不构成仲裁程序违法。

基于上述考虑,江苏高院最终裁定撤销无锡中院不予执行裁定书、驳回银茂公司不予执行上海国际仲裁中心案涉裁决书的请求,并要求无锡中院继续执行该仲裁裁决。

二、厦门豪嘉利与洋马公司管辖权异议上诉案[①]

(一)意义

关于广泛仲裁条款范围的判定标准问题,目前许多合同中的标准仲裁条款均是广泛条款,约定一切争议提交仲裁,问题在于如何判断广泛仲裁条款的范围。本案中,虽然所诉行为与洋马公司的解除合同行为有一定的事实关联,但上述行为不是基于协议权利义务而产生,也与协议项下的权利行使或义务履行无关。最高人民法院以是否为一项独立的民事行为作为判断标准,认为并不是任何与合同有关的争议事项都可认定为与仲裁有关的“一切争议”。

关于违约侵权竞合时的处理原则,最高人民法院本着支持仲裁的角度出发,认为在违约责任和侵权责任竞合时,“不应允许当事人通过事后选择诉因而逃避仲裁条款的适用”,从而通过仲裁途径解决争议。最高人民法院的解释实际上排除了事实上可能或裁或诉情形,这样的解释具有明确

① 最高人民法院 2015 年 5 月 26 日裁定,(2015)民四终字第 15 号。

性，利于当事人对案件作出预期判断。

关于仲裁协议的放弃问题。本案中，双方存在仲裁协议，并在此前的诉讼中放弃了仲裁协议，进行了起诉和反诉，而且在仲裁条款中没有做特殊的分割规定的情况中。最高人民法院对洋马公司提出的“其仅在特定诉讼中放弃仲裁管辖，并非对仲裁约定的完全放弃”理由不予采纳。认为该种解释方法将使当事人无法合理预见仲裁协议的效力及范围，并且会产生同一协议项下纠纷分别由仲裁与诉讼解决的问题，不利于纠纷的解决。最高人民法院认为未在诉讼中提出管辖权异议或者做特殊的分割规定，在诉讼程序后，概括性仲裁条款失效。最高人民法院的裁判思路，对类似情形下的当事人具有指导意义。

（二）案件介绍

1. 裁判要旨

本案涉及的名誉权侵权争议不属于“因协议或协议项下进行交易而产生的任何或所有争议”，是一项独立的民事行为，不属于因履行合同引发的侵权责任与违约责任竞合的情形，不受双方订立仲裁条款的约束，人民法院对本案享有管辖权。

2. 关键词

民事诉讼　侵权　竞合　管辖权异议　仲裁协议效力

3. 案件基本情况

（1）仲裁条款

“本协议的解释和法律效力均受新加坡法律管辖。因本协议或本协议项下进行交易而产生的任何或所有争议，均在新加坡仲裁。仲裁根据新加坡商事仲裁委员会的商事仲裁规则作出。”

（2）案件当事方

上诉人（一审被告）：洋马发动机（上海）有限公司（以下简称洋马公司）。住所地：中华人民共和国中国（上海）自由贸易试验区法赛路52号二幢。

被上诉人(一审原告):厦门豪嘉利商贸发展有限公司(以下简称豪嘉利公司)。住所地:中华人民共和国福建省厦门市思明区厦禾路189号银行中心2302B。

(3)基本案情

洋马公司是日本国企业法人洋马株式会社在中国上海投资设立的外商独资公司。2008年3月1日,洋马公司和豪嘉利公司签订英文文本的《出口和分销协议》(Export and Distribution Agreement)。该协议第19条约定:"本协议的解释和法律效力均受新加坡法律管辖。因本协议或本协议项下进行交易而产生的任何或所有争议,均在新加坡仲裁。仲裁根据新加坡商事仲裁委员会的商事仲裁规则作出。"["Article19 (Settlement of Dispute) The construction and legal validity of this Agreement shall be governed by the laws of Singapore. Any and all disputes arising from this Agreement or transactions under this Agreement shall be settled by arbitration to be held in Singapore, under the rules of Commercial Arbitration of the Singapore Commercial Arbitration Association."]各方当事人对中文译本的内容均无异议。

2010年6月4日,豪嘉利公司以上述仲裁条款约定的新加坡商事仲裁委员会及其商事仲裁规则客观上并不存在为由,向上海市第一中级人民法院申请确认该仲裁条款无效。上海市第一中级人民法院于2010年8月17日作出(2010)沪一中民认(仲协)字第7号民事裁定,认定:仲裁条款约定的仲裁地点为新加坡,应当适用新加坡的法律确定其效力。依据在新加坡施行的《新加坡国际仲裁法》和《国际商事仲裁示范法》的规定,仲裁协议应当有明确的仲裁意愿,并采用书面形式,而并不要求约定明确具体的仲裁机构或者仲裁规则,因此,依照新加坡法律,仲裁机构、仲裁规则约定不正确、不明确的,并不能导致仲裁协议无效。当事人双方在书面合同中的仲裁条款所约定的仲裁意愿明确,应当认定为有效。据此,裁定驳回豪嘉利公司申请确认仲裁协议无效的请求。

豪嘉利公司又以洋马公司2009年5月单方解除《出口和分销协议》构成严重违约为由，向上海市第一中级人民法院对洋马公司提起联营合同纠纷之诉。洋马公司在该案中提起反诉，主张其基于豪嘉利公司拖欠货款而解除协议的行为系合法解除，请求判令豪嘉利公司支付货款及利息。该案由上海市高级人民法院于2013年5月20日作出(2013)沪高民二(商)终字第9号终审民事判决。

豪嘉利公司于2014年10月向福建省高级人民法院起诉称：洋马公司及洋马株式会社在与豪嘉利公司发生经销权争议期间，向豪嘉利公司业务的网络成员及国内外各关联方长期不断传递因豪嘉利公司过错才被解除洋马产品分销权等不实信息，导致豪嘉利公司在中国机械行业长期积累的良好口碑和声誉受到侵害。请求判决：①认定洋马公司、洋马株式会社共同侵犯豪嘉利公司的名誉权，并共同赔偿豪嘉利公司因此而遭受的部分损失计人民币7500万元；②洋马公司、洋马株式会社就诉争的侵权行为消除影响、恢复名誉；③洋马公司、洋马株式会社共同赔偿豪嘉利公司评估费支出人民币21万元；④洋马公司、洋马株式会社共同承担本案全部诉讼费和保全费。洋马公司在提交答辩状期间提出管辖权异议，认为：①本案应由新加坡商事仲裁委员会管辖。②即使本案应由人民法院管辖，也应由洋马公司住所地有一审管辖权的人民法院管辖。

洋马公司不服福建省高级人民法院(2014)闽民初字第114号民事裁定，向最高人民法院提起上诉，主张：①福建省高级人民法院在认定本案不适用《出口和分销协议》仲裁条款的理由中，未充分考虑本案与洋马公司和豪嘉利公司围绕《出口和分销协议》产生的系列合同纠纷之间内在、实质性的关联关系。②即使本案应由人民法院管辖，考虑到已经判决和正在审理中的相关案件，本案应由洋马公司住所地法院管辖为宜，有助于厘清事实并作出正确判决。豪嘉利公司答辩称：①本案是名誉权侵权案件，不适用《出口和分销协议》仲裁条款的约定。②本案系名誉权纠纷，福建省高级人民法院作为侵权结果发生地即豪嘉利公司住所地的法院,对本案具有管辖权。

(4)裁判结果

①福建省高级人民法院的意见

本案豪嘉利公司提起的系名誉侵权之诉,而非因履行《出口和分销协议》产生的合同纠纷。洋马公司以《出口和分销协议》约定仲裁为由,主张本案应由新加坡商事仲裁委员会管辖,理由不能成立,该院不予支持。

依照《民事诉讼法》第28条、第35条、第127条第1款、第145条,最高人民法院《关于审理名誉权案件若干问题的解答》第4条,最高人民法院《关于审理名誉权案件若干问题的解释》第1条之规定,裁定驳回洋马公司对本案管辖权提出的异议。

②最高人民法院的意见

最高人民法院认为:福建省高级人民法院对本案纠纷享有管辖权。洋马公司上诉理由不能成立,故予以驳回,维持一审判决。

关于本案纠纷是否属于仲裁条款范围的问题。最高人民法院认为上述诉称行为虽然与洋马公司的解除合同行为有一定的事实关联,但上述行为本身并不属于《出口和分销协议》合同权利义务的调整范畴,也不是因该协议项下权利的行使或义务的履行而产生的,而是一项独立的民事行为。因上述行为所产生的名誉权侵权责任,与《出口和分销协议》项下的违约责任并无竞合关系,不存在重复审理的问题。因此,福建省高级人民法院认定本案纠纷不属于涉案仲裁条款约定的仲裁事项,并无不当,故予以维持。

关于洋马公司的诉讼行为是否构成放弃仲裁协议的问题。最高人民法院认为在上海市高级人民法院审理的联营合同纠纷案中,豪嘉利公司基于《出口和分销协议》提起合同之诉后,洋马公司清楚意识到双方之间有仲裁条款,但未提出仲裁协议效力异议,并同样也基于《出口和分销协议》提出反诉,且本诉和反诉请求均已在该案中审理完毕。洋马公司在诉讼程序中的行为表明其对因《出口和分销协议》而产生的纠纷，已与豪嘉利公司共同达成了放弃仲裁协议的合意，且双方亦未达成仍然保留部分争议事项提交仲裁的协议，《出口和分销协议》仲裁条款据此已经失效。

关于福建省高级人民法院对本案纠纷是否享有管辖权的问题。由于本案纠纷不属于仲裁条款约定的仲裁事项，根据《民事诉讼法》第28条的规定，因侵权行为提起的诉讼，由侵权行为地或者被告住所地人民法院管辖。根据最高人民法院《关于审理名誉权案件若干问题的解释》第1条的规定，受侵权的法人住所地，可以认定为侵权结果发生地。故福建省高级人民法院作为诉称受侵权的豪嘉利公司住所地法院，对本案纠纷依法享有管辖权。

三、美国艾仑宝公司诉宁波雅戈尔申请承认与执行外国仲裁裁决案[①]

（一）意义

《纽约公约》第5条第1款（a）项的规定，“裁决唯有于受裁决援用之一造向声请承认与执行地之主管机关提具证据证明有下列情形之一时，始得依该造之请求，拒予承认及执行：（甲）第二条所称协定之当事人依对其适用之法律有某种无行为能力情形者，或该项协定依当事人作为协定准据之法律系属无效，或未指明以何法律为准时，依裁决地所在国法律系属无效者”。《纽约公约》中并未明确提及仲裁协议不存在的问题，但从内涵上说“仲裁协议无效包括了没有仲裁协议的情况”。[②]本案的争议在于当事双

① 浙江省宁波市中级人民法院2014年9月17日裁定，（2013）浙甬仲确字第2号。

② 杨宏磊：《中国内地司法实践视角下的〈纽约公约〉问题研究》，法律出版社2006年版，第208页。

方是否达成了书面的仲裁协议。《纽约公约》第2条对书面仲裁协议的达成作出了统一的国际实体性规定。本案宁波市中级人民法院倾向于适用法院地法即中国法来审查仲裁协议存在与否,宁波市中级人民法院还特别提及《纽约公约》第4条第1款的规定,认为人民法院应根据中国法独立审查仲裁协议是否存在,这一裁判倾向有助于帮助理解我国法院对《纽约公约》第4条第1款和第5条第1款(a)项规定的适用。但该司法适用与《纽约公约》精神是否一致,值得我们继续思考。

(二)案件介绍

1. 裁判要旨

在承认与执行外国仲裁裁决时,中国法院对当事人双方是否存在仲裁协议的认定拥有管辖权,根据《纽约公约》第2条第1、2款以及第4条第1款的规定,为了使仲裁裁决获得承认和执行,请求承认和执行裁决的当事人应当在请求时提供:①经正式承认的裁决正本或经正式证明的副本;②双方当事人约定提交仲裁的书面协议的正本或经正式证明的副本。既然《纽约公约》要求艾仑宝公司提供仲裁协议文本,就是要求艾伦宝公司在仲裁裁决后申请法院承认和执行时再次举证仲裁协议,法院应根据我国的程序法(包括证据规则)独立审查当事人之间的仲裁协议,不受外国仲裁裁决的影响。

2. 关键词

民事诉讼　涉外仲裁　纽约公约　仲裁协议效力

3. 案件基本情况

(1)仲裁条款

任何与棉花购销协议有关的争议,应根据国际棉花协会章程,在英国利物浦进行仲裁,适用英国法。

(2)案件当事方

申请人:美国艾仑宝棉花公司(以下简称艾仑宝公司)。

被申请人：宁波雅戈尔国际贸易运输有限公司（以下简称雅戈尔公司）。

（3）基本案情

2008年8月15日，艾仑宝公司与雅戈尔公司签订了编号为347450、347460的两份棉花购销协议，并于2008年9月9日签订了编号为348990的一份棉花购销协议，棉花购销协议约定雅戈尔公司作为买方向艾仑宝公司购买棉花合计2000吨，并约定任何与棉花购销协议有关的争议，应根据国际棉花协会章程，在英国利物浦进行仲裁，适用英国法。上述购销协议签订后，因雅戈尔公司未实际履行，未根据协议约定开立信用证，致使双方发生纠纷，艾仑宝公司于2009年12月14日向国际棉花协会提起仲裁。2009年12月30日，国际棉花协会将艾仑宝的仲裁请求通知了雅戈尔公司，雅戈尔公司收到仲裁通知后，数次向国际棉花协会提交书面答辩意见和证据，参与仲裁。

2011年9月9日，国际棉花协会作出裁决，裁定：①雅戈尔公司向艾仑宝公司支付金额为1,098,344.47美元的赔偿金以及自2011年9月30日起至实际支付之日止的利息（利率按年利率3.5%加纽约市场基准利率或平均利率）；②雅戈尔公司承担全部仲裁费用21,820.25英镑（未含增值税），艾仑宝公司已支付的仲裁费用，有权要求雅戈尔公司补偿。

根据中华人民共和国与美利坚合众国均为缔约国的《纽约公约》的规定，艾仑宝公司向中国浙江省宁波市中级人民法院申请承认及执行由国际棉花协会作出的上述裁决。

雅戈尔公司辩称，其从未与艾仑宝公司签订过三份棉花购销协议，也未授权任何人与之签订这些协议，艾仑宝公司提交仲裁所依据的该三份棉花购销协议，上面雅戈尔公司的签章系伪造，国际棉花协会据此受理仲裁缺乏事实和法律依据，对雅戈尔公司不具有约束力。

艾仑宝公司反驳称，双方签订的购销协议中的仲裁条款在英国法下合法有效，且也已经仲裁庭在仲裁裁决中予以确认。国际棉花协会依据该仲裁条款对案涉纠纷依法享有管辖权，仲裁过程中已经充分保障了双方当事人的合法权利，仲裁程序公正合法，其作出的仲裁裁决，不具有《纽约公约》第5条所列不应承认与执行仲裁裁决的情形，应得到承认和执行。至于本案棉花购销协议是否成立(抑或仲裁协议是否存在)，不应属于法院审查范围，因为依据《纽约公约》的规定，法院对于承认及执行外国仲裁裁决的审查，应限定于程序性问题，而不涉及实体问题。

艾仑宝公司进一步指出，该三份棉花购销协议最初是通过口头方式订立，并与雅戈尔公司的高级代表吴倚恩进行了确认，随后立即通过传真方式送交了书面确认书。

对此，雅戈尔公司反驳称，根据中国电信股份有限公司宁波分公司海曙分局出具的证明，艾仑宝公司提供的传真号码0574－83033900、0574－83033910均由宁波能泰进出口有限公司注册，后改由宁波畅想国际贸易有限公司所有，经雅戈尔公司调查，这两个公司均由吴倚恩个人设立，与雅戈尔公司没有任何关系；雅戈尔公司也没有授权任何第三方与艾仑宝公司签订上述棉花购销协议，艾仑宝公司主张吴倚恩为雅戈尔公司的代表应当提供相应的授权证明。在仲裁过程中，雅戈尔公司向仲裁庭提供了吴倚恩的证词，其明确陈述本案与雅戈尔公司无关。

(4)裁判结果

①宁波中级人民法院的意见

宁波市中级人民法院经审查，关于如何处理本案，形成两种处理意见。

一种意见认为，艾仑宝公司向法院提交的仲裁裁决书、双方签订的三份棉花购销协议文本等经过法定的公证、认证和翻译，其申请在文件的提交方面符合《纽约公约》第4条的规定，国际棉花协会在裁决后已向双方送达了仲裁裁决书。雅戈尔公司虽对上述棉花购销协议的真实性提出异议，认为协议上印章不是雅戈尔公司印章，其也没有委托所谓的高级代表吴倚恩对协议进行确认，但其没有提供相关的证据证明，不予采信。因此，应当裁定承认并执行国际棉花协会作出的案涉裁决。

另一种意见认为，本案的争议焦点在于双方当事人是否存在仲裁协议。因艾仑宝公司主张的仲裁协议记载于涉案的三份棉花购销协议，故本案应审查雅戈尔公司是否签订过该等棉花购销协议。根据《纽约公约》第2条第1、2款以及第4条第1款的规定，为了使仲裁裁决获得承认和执行，请求承认和执行裁决的当事人应当在请求时提供：①经正式承认的裁决正本或经正式证明的副本；②双方当事人约定提交仲裁的书面协议的正本或经正式证明的副本。既然《纽约公约》要求艾仑宝公司提供仲裁协议文本，就是要求艾伦宝公司在仲裁裁决后申请法院承认和执行时再次举证仲裁协议，法院应根据我国的程序法（包括证据规则）独立审查当事人之间的仲裁协议，不受外国仲裁裁决的影响。本案中，根据艾仑宝公司的陈述，三份棉花购销协议最初是通过口头方式订立，并与雅戈尔公司的高级代表吴倚恩对协议进行了确认，后立即送交了书面确认书。所谓书面确认书，艾仑宝公司主张就是其提交的三份棉花购销协议，系通过传真签订，但艾仑宝公司既不能明确是通过哪个传真号码签订，也不能说明该传真号码与雅戈尔公司之间的关联性；艾仑宝公司陈述三份购销协议经过雅戈尔公司高级代表吴倚恩确认，但未能提供雅戈尔公司与吴倚恩关系的证据或吴倚恩有权签订协议的证据。因而对艾仑宝公司的上述主张不予采信，应裁定不予承认和执行国际棉花协会作出的涉案裁决。

宁波市中级人民法院倾向于第一种处理意见，拟裁定承认国际棉花协会作出的涉案仲裁裁决。

②浙江省高级人民法院的意见

浙江省高级人民法院认为，三份棉花购销协议上的雅戈尔公司的印章与雅戈尔公司向仲裁庭提交的文件上的印章有明显差别，从该案证据来看，尚不足以证明雅戈尔公司与艾仑宝公司之间达成协议，而该仲裁条款是案涉棉花购销协议的一部分，故现有证据亦不足以证明双方就由上述棉花购销协议产生的纠纷提交仲裁达成了合意。因此，拟不予承认国际棉花协会作出的案涉裁决。

③最高人民法院的意见

最高人民法院的答复意见基本与浙江省高级人民法院的审查意见相同,认为本案中艾仑宝公司既无法证明三份棉花购销协议中雅戈尔公司的印章的真实性,也无法证明吴倚恩有权代表雅戈尔公司,因此没有有效证据证明雅戈尔公司与艾仑宝公司之间就案涉棉花购销协议产生的纠纷交付仲裁达成合意,故国际棉花协会受理本案缺乏事实和法律依据。因此,同意浙江省高级人民法院不予承认国际棉花协会作出的涉案仲裁裁决的审查意见。

2014年9月15日,艾仑宝公司向宁波市中级人民法院申请撤回申请承认与执行国际棉花协会所作出的案涉仲裁裁决。据此,宁波市中级人民法院于2014年9月17日作出《民事裁定书》[(2013)浙甬仲确字第2号],裁定准许艾仑宝公司的撤回申请。

四、西门子公司诉上海黄金置地申请承认与执行外国仲裁裁决案①

(一)意义

目前,国内法律关于涉外因素的认定标准主要由最高人民法院《关于适用〈中华人民共和国涉外民事关系法律适用法〉若干问题的解释(一)》,以及最高人民法院《关于适用〈中华人民共和国民事诉讼法〉的解释》来进行规制。上述两份司法解释对涉外因素的判断没有根本上的区别,都是从主体、客体、经常居所地、法律事实发生地等几个方面来判断。本案中,上

① 上海市第一中级人民法院2015年11月27日裁定,(2013)沪一中民认(外仲)字第2号。

海第一中级人民法院对涉外因素的认定采取更加灵活和开放的态度，基于合同主体、合同的履行特征的特殊性，认定本案合同具有涉外因素。这种解释在法律既定的框架下，充分考虑了案件的特殊性，在考量法律限制性条件与意思自治价值权重后，法院选择尊重契约自由。突破了长期以来司法实践对涉外因素识别的固有限制，具有极其重大的积极意义。本案围绕“涉外因素”的分析为未来在更高层面——无论是立法还是司法层面——改进现行“涉外因素”标准积累了实证经验。

本案中，黄金置地公司作为仲裁案件的申请人，仲裁程序系由其提起，双方当事人均实际参与了全部仲裁程序，主张仲裁条款有效，并在仲裁裁决作出后部分履行了裁决确定的义务。在此情况下，黄金置地公司以仲裁条款无效为由拒绝执行仲裁裁决不符合禁止反言、诚实信用等法律原则。禁止反言作为仲裁中的一项重要制度，是依托衡平法上的公平正义理念发展起来的法律原则。在仲裁领域，我国并没有完全吸纳禁止反言原则，只是在某些立法领域有禁止反言原则的适用。本案的判决有助于推动禁止反言原则的具体适用规定在我国制定法中。

（二）案件介绍

1. 裁判要旨

本案合同所涉的主体、履行特征等方面的实际情况，该合同存在与普通国内合同有明显差异的独特性，可以认定为涉外民事法律关系：第一，本案合同的主体均具有一定涉外因素。西门子公司与黄金置地公司虽然都是中国法人，但注册地均在上海自由贸易试验区区域内，且其性质均为外商独资企业，由于此类公司的资本来源、最终利益归属、公司的经营决策一般均与其境外投资者关联密切，故此类主体与普通内资公司相比具有较为明显的涉外因素。第二，本案合同的履行特征具有涉外因素。合同项下的标的物设备虽最终在境内工地完成交货义务，但从合同的签订和履行过程看，该设备系先从我国境外运至自由贸易试验区（原上海外高桥保税区）

内进行保税监管,再根据合同履行需要适时办理清关完税手续、从区内流转到区外,至此货物进口手续方才完成,故合同标的物的流转过程也具有一定的国际货物买卖特征。本案合同关系符合最高人民法院《关于适用〈中华人民共和国涉外民事关系法律适用法〉若干问题的解释(一)》第1条第5项规定的“可以认定为涉外民事关系的其他情形”,故系争合同关系具有涉外因素,双方当事人约定将合同争议提交新加坡国际仲裁中心进行仲裁解决的条款有效。

2. 关键词

外国仲裁裁决　承认与执行　涉外因素　禁止反言　公共政策

3. 案件基本情况

(1)仲裁条款

《货物供应合同》中约定:西门子公司应于2006年2月15日之前将设备运至工地;合同争议须提交新加坡国际仲裁中心进行仲裁解决;实体争议应适用中华人民共和国法律。

(2)案件当事方

申请人:西门子国际贸易(上海)有限公司(以下简称西门子公司)。住所地:中国(上海)自由贸易试验区。

被申请人:上海黄金置地有限公司(以下简称黄金置地公司)。住所地:上海市浦东新区陆家嘴金融贸易区。

涉及裁决:新加坡国际仲裁中心2011年第73号裁决。

(3)基本案情

2005年9月23日,黄金置地公司作为业主与西门子公司作为承包方,通过招标方式签订了“中国上海市浦东新区陆家嘴贸易区B2-5地块黄金置地大厦高(低)压配电系统供应工程”的合同文件。整个工程的合同分为《货物供应合同》和《安装合同》,其中《货物供应合同》由黄金置地公司与西门子公司签订,西门子公司负责提供相应设备;《安装合同》涉及的设备安装工程则由A公司负责。《货物供应合同》中约定:西门子公司应于2006年2月15日之前将设备运至工地;合同争议须提交新加坡国际仲裁中心进行仲裁解决;实体争议应适用中华人民共和国法律。根据西门子公司提供的专用缴款书、提货单、装箱单等资料显示,为履行《货物供应合同》,西门子公司从境外购买了合同项下的设备,货到中国(上海)自由贸易试验区(原上海外高桥保税区,本案中简称自贸试验区)后,西门子公司办理了报关备案手续。之后,西门子公司又向自贸试验区海关办理二次报关完税手续,货物遂从区内流转到区外,最终由西门子公司在黄金置地大厦工地履行了交货义务。

双方当事人在合同履行中发生争议,黄金置地公司遂于2007年9月21日依据《货物供应合同》中的仲裁条款向新加坡国际仲裁中心申请仲裁,黄金置地公司以西门子公司提供的设备严重损坏、不符合合同及技术规范的要求等为由,主张西门子公司构成根本违约,其已发出了《解除合同通知》,据此黄金置地公司请求裁决西门子公司支付违约赔偿金110万元人民币、赔偿各项损失共计约2000余万元人民币等。西门子公司以本案不具有涉外因素,新加坡国际仲裁中心无权受理为由,对仲裁管辖权提出异议,仲裁庭审查后于2009年3月30日作出管辖权决定,驳回了西门子公司的管辖异议;同时确定仲裁语言为中文。

西门子公司在仲裁中答辩认为,黄金置地公司主张的违约行为均不存在,西门子公司据此提出仲裁反请求,要求黄金置地公司支付尚欠的合同款4,340,460元人民币、赔偿相关仓储费损失、返还履约保函项下黄金置地公司错误索赔而取得的金额计1,720,480元人民币、支付相应利息并承担律师费、仲裁费等。

仲裁案件于2010年7月8日至10日在新加坡第一次开庭,于2010年10月25日至26日在上海第二次开庭,于2010年11月21日在我国香港特别行政区第三次开庭。仲裁庭对黄金置地公司主张的各项违约行为进行了逐项分析,最终认定,黄金置地公司主张的西门子公司的多项违约行为中,除一项微小的履约瑕疵外,其余均不成立,而该项微小的履约瑕疵并不构成西门子公司的根本违约,黄金置地公司解除合同的行为非正当合法。据此,仲裁庭于2011年8月16日作出裁决:①黄金置地公司解除合同的行为非正当合法。②黄金置地公司向西门子公司支付尚未支付的全部合同款项共计4,340,460元人民币。③黄金置地公司应按8%的年利率(不计复利)支付自2009年8月17日至仲裁裁决日,金额为4,340,460元人民币的款项的利息。④黄金置地公司应返还西门子公司从履约保函索赔所得款项,共计1,720,480元人民币。⑤黄金置地公司应按8%的年利率(不计复利)支付自2009年8月17日至仲裁裁决日,金额为1,720,480元人民币的款项的利息。⑥黄金置地公司应向西门子公司支付双方确认的全部仓储费的50%,共计57,020元人民币。⑦黄金置地公司应当赔偿西门子公司四台变压器的仓储费,从2007年4月1日至实际收取变压器之日止,仓储费按照每天58.18元人民币计算。⑧黄金置地公司应向西门子公司支付金额为2,074,057.47元人民币的律师费和其他费用。⑨黄金置地公司应自行承担其律师费和其他费用。⑩黄金置地公司应向西门子公司支付金额为172,292.63新加坡元的仲裁费用。⑪本裁决中未另行涉及的所有其他主张或事项予以驳回。

上述仲裁裁决作出后,黄金置地公司分别于2012年6月、11月履行了裁决项下的部分支付义务,但未支付裁决②项和③项的义务,即合同欠款4,340,460元人民币及利息。

据此,西门子国际贸易(上海)有限公司向上海市第一中级人民法院提出请求:①承认并执行新加坡国际仲裁中心在编号为ARB062/07的仲裁案件中作出的《最终裁决》(2011年第73号裁决);②强制执行被申请人黄金置地公司在《最终裁决》下应当向西门子公司支付但尚未支付的款项,即本金4,340,460元人民币及其利息;③强制执行被申请人黄金置地公司按照《民事诉讼法》第253条的规定应当加倍支付延迟履行期间上述款项的利息;④由黄金置地公司承担本案诉讼费用。被申请人黄金置地公司答辩称:西门子公司的申请应予驳回,涉案仲裁裁决应不予承认与执行。

理由如下:①根据《纽约公约》第5条的规定,如果仲裁所依据的仲裁协议无效,或者承认与执行仲裁裁决有违我国公共政策的,相应的仲裁裁决就不应被承认与执行。本案双方当事人均为中国法人,合同履行地也在国内,故本案民事法律关系并不具有涉外因素,双方约定将争议提交外国仲裁机构进行仲裁的仲裁协议应为无效,承认与执行该仲裁裁决也将有违我国公共政策。②涉案仲裁裁决的实体有误,若予以承认与执行将导致不公正的结果。③关于西门子公司在本案中请求的双倍利息,其所依据的民事诉讼法的相关规定只适用于我国法院作出的生效判决,并不能适用于外国仲裁裁决。

(4)裁判结果

上海市第一中级人民法院认为:本案是当事人申请承认与执行外国仲裁裁决纠纷,所涉仲裁裁决由新加坡国际仲裁中心在新加坡境内作出。鉴于中国和新加坡均为《纽约公约》成员国,根据《纽约公约》第1条的规定,申请人西门子公司申请承认与执行新加坡国际仲裁中心作出的仲裁裁决,应当适用《纽约公约》进行审查。

第一,关于系争仲裁条款的效力问题。上海市第一中级人民法院认为,双方当事人在《货物供应合同》中约定:合同争议须提交新加坡国际仲裁中心进行仲裁解决。上述仲裁条款是双方当事人的真实意思表示,且文字约定明确,将争议提交仲裁机构解决的意思表示清楚。影响该条款效力的判断关键在于系争合同关系是否具有涉外因素,如果本案纠纷系涉外合同纠纷,则当事人协商将合同争议提交外国仲裁机构的约定应为有效,反之则应认定仲裁条款无效。

根据最高人民法院《关于适用〈中华人民共和国涉外民事关系法律适用法〉若干问题的解释(一)》第1条规定:“民事关系具有下列情形之一的,人民法院可以认定为涉外民事关系:(一)当事人一方或双方是外国公民、外国法人或者其他组织、无国籍人;(二)当事人一方或双方的经常居所地在中华人民共和国领域外;(三)标的物在中华人民共和国领域外;

(四)产生、变更或者消灭民事关系的法律事实发生在中华人民共和国领域外;(五)可以认定为涉外民事关系的其他情形。”

本案中,申请人西门子公司与被申请人黄金置地公司均为在中国注册的公司法人,合同约定的交货地、作为合同标的物的设备目前所在地均在我国境内,该合同表面上看并不具有典型的涉外因素。然而,综观本案合同所涉的主体、履行特征等方面的实际情况,该合同当前存在与普通国内合同有明显差异的独特性,可以认定为涉外民事法律关系,主要理由有:其一,本案合同的主体均具有一定涉外因素。西门子公司与黄金置地公司虽然都是中国法人,但注册地均在上海自贸试验区区域内,且其性质均为外商独资企业,由于此类公司的资本来源、最终利益归属、公司的经营决策一般均与其境外投资者关联密切,故此类主体与普通内资公司相比具有较为明显的涉外因素。在自贸试验区推进投资贸易便利的改革背景下,上述涉外因素更应给予必要重视。其二,本案合同的履行特征具有涉外因素。合同项下的标的物设备虽最终在境内工地完成交货义务,但从合同的签订和履行过程来看,该设备系先从我国境外运至自贸试验区(原上海外高桥保税区)内进行保税监管,再根据合同履行需要适时办理清关完税手续、从区内流转到区外,至此货物进口手续方才完成,故合同标的物的流转过程也具有一定的国际货物买卖特征。因此,本案合同的履行因涉及自贸试验区的特殊海关监管措施的运用,与一般的国内买卖合同纠纷具有较为明显的区别。综合以上情况,上海市第一中级人民法院认为,本案合同关系符合最高人民法院《关于适用〈中华人民共和国涉外民事关系法律适用法〉若干问题的解释(一)》第1条第5项规定的“可以认定为涉外民事关系的其他情形”,故系争合同关系具有涉外因素,双方当事人约定将合同争议提交新加坡国际仲裁中心进行仲裁解决的条款有效。

第二,关于承认与执行该仲裁裁决是否有违我国公共政策的问题。法院认为,仲裁庭审理的是双方当事人间的合同争议,最终裁决黄金置地公司应向西门子公司支付相应款项,该裁决内容没有与我国公共政策有相抵触之处，黄金置地公司的上述主张不能成立，法院不予采纳。

黄金置地公司作为仲裁案件的申请人，仲裁程序系由其提起，双方当事人均实际参与了全部仲裁程序，在整个仲裁过程中，黄金置地公司始终是主张仲裁条款为有效的；黄金置地公司在仲裁裁决作出后部分履行了裁决确定的义务，其尚未履行裁决第②、③两项义务的原因系认为该两项裁决内容存在实体错误，这说明黄金置地公司对仲裁条款的效力及仲裁管辖权仍是认可的。

综上所述，本案系争合同关系具有涉外因素，合同中的仲裁条款依法有效，且仲裁裁决亦不存在有违我国公共政策之处。在充分尊重当事人意思自治的原则下，结合禁止反言、诚实信用和公平合理等公认的法律原则，经法院审查，所涉仲裁裁决不存在《纽约公约》第 5 条规定的拒绝承认与执行的情形，故法院对仲裁裁决的效力予以承认，并予以执行。据此，依照《民事诉讼法》第 283 条及《纽约公约》第 3 条之规定，裁定如下：

对新加坡国际仲裁中心在编号为 ARB062/07 的仲裁案件中作出的《最终裁决》(2011 年第 73 号裁决）的法律效力予以承认，并对该仲裁裁决予以执行。

五、Wicor Holding AG 与泰州浩普投资有限公司申请执行仲裁裁决案

（一）意义

2009 年 12 月 30 日最高人民法院《关于香港仲裁裁决在内地执行的有关问题的通知》(法〔2009〕415 号)，指出："当事人向人民法院申请执行在香港特别行政区作出的临时仲裁裁决、国际商会仲裁院等国外仲裁机构在香港特别行政区作出的仲裁裁决的，人民法院应当按照《安排》的规定进行审查。不存在《安排》第 7 条规定的情形的，该仲裁裁决可以在内地

得到执行。”该通知明确以仲裁地，而非仲裁机构所在地作为确认仲裁裁决籍属的标准，被认为符合国际商事仲裁的潮流。本案遵循了最高人民法院上述通知的精神，首先认定“香港为仲裁地”，所涉裁决为香港仲裁裁决，依据最高人民法院《关于内地与香港特别行政区相互执行仲裁裁决的安排》进行审查，尽管全部仲裁活动均在新加坡完成。

其次，本案裁决系因违反内地社会公共利益的原因被不予执行，具体体现为仲裁裁决违反内地法院管辖权裁定。最高人民法院在2008年对济南——海慕法姆制药有限公司之间的租赁合同纠纷仲裁裁决执行案的复函，即最高人民法院《关于不予承认和执行国际商会仲裁院仲裁裁决的请示的复函》[2008年6月2日，(2008)民四他字第11号]之中曾有类似的分析，“国际商会仲裁院再对济南永宁制药股份有限公司与合资公司济南——海慕法姆制药有限公司之间的租赁合同纠纷进行审理并裁决，侵犯了中国的司法主权和中国法院的司法管辖权”。

(二)案件介绍

1. 裁判要旨

涉案的国际商会仲裁院18295/CYK仲裁裁决载明的仲裁地为我国香港特别行政区，应认定系由国际商会仲裁院指定的独任仲裁员在我国香港特别行政区作出的仲裁裁决。关于我国香港特别行政区仲裁裁决的在内地执行审查问题，人民法院应当依照最高人民法院《关于内地与香港特别行政区相互执行仲裁裁决的安排》的规定进行审查。

涉案仲裁裁决是仲裁员在认定涉案仲裁条款有效的前提下作出的，在内地执行该仲裁裁决将与生效的中国法院作出的仲裁协议无效的裁定相冲突，违反内地社会公共利益。故裁定不予执行涉案仲裁裁决。

2. 关键词

民事诉讼　仲裁地　公共利益　不予执行

3. 案件基本情况

(1)仲裁条款

《中外合资泰州华威绝缘材料有限公司合资合同》约定,双方争议提交国际商会仲裁院按照其仲裁规则仲裁。

(2)案件当事方

申请人:Wicor Holding AG,国籍:瑞士。

被申请人:泰州浩普投资有限公司,国籍:中国。

(3)基本案情

2011 年 11 月 4 日,申请人依据双方签订的《中外合资泰州华威绝缘材料有限公司合资合同》约定的仲裁协议,向国际商会仲裁院提出了仲裁申请,在被申请人泰州浩普投资有限公司放弃选择仲裁地权利的情形下,国际商会仲裁院依据当时有效的《国际商会规则》,于 2012 年 1 月 12 日的庭审中确定我国香港特区为仲裁地,并于 2014 年 7 月 18 日和 11 月 27 日作出 18295/CYK 仲裁裁决和补充裁决。

2012 年 3 月 30 日,在泰州浩普投资有限公司与 Wicor Holding AG 终止合资合同案中,江苏省泰州市中级人民法院(以下简称泰州中院)作出了认定合资合同中仲裁条款无效的裁定。

江苏省高级人民法院在审理 Wicor Holding AG 与泰州浩普投资有限公司就同一《中外合资泰州华威绝缘材料有限公司合资合同》项下的另一纠纷时,已于 2012 年 12 月 11 日作出(2012)苏商外辖终字第 0012 号民事裁定,认定涉案仲裁条款无效。

2014 年 12 月 9 日申请人 Wicor Holding AG 向泰州中院邮寄了申请执行相关申请国际商会仲裁院 18295/CYK 仲裁裁决和补充裁决及相关文件。江苏省泰州中院于 2015 年 1 月 27 日立案审查,并依法组成合议庭,并告知了双方当事人。

2015 年 2 月 15 日申请人 Wicor Holding AG 向泰州中院提出回避申请,以在先前涉 Wicor Holding AG 的诉讼中一直是合议庭成员为名申请合议庭成员吴翔审判员回避,泰州中院于2015年2月16日经院长决定,同意其回避申请,并另行组成合议庭。

因Wicor Holding AG委托代理人无参加诉讼的授权,泰州中院于2015年3月18日询问了被申请人泰州浩普投资有限公司,被申请人泰州浩普投资有限公司提出了不予承认和执行该仲裁裁决的申请。

2016年5月5日,泰州中院举行听证,申请人Wicor Holding AG的委托代理人王任芝、杨伟根,被申请人泰州浩普投资有限公司法定代表人王建宁到庭参加听证。

申请人Wicor Holding AG申请称:在被申请人泰州浩普投资有限公司放弃选择仲裁地权利的情形下,国际商会仲裁院依据当时有效的《国际商会规则》,于2012年1月12日的庭审中确定我国香港特别行政区为仲裁地,并于2014年7月18日和11月27日作出18295/CYK仲裁裁决和补充裁决。依据最高人民法院《关于香港仲裁裁决在内地执行的有关问题的通知》,仲裁裁决执行的审查应当依据最高人民法院《关于内地与香港特别行政区相互执行仲裁裁决的安排》进行审查,且本案商业纠纷仅涉及两私有公司,不涉及公共利益,而根据最高人民法院《关于内地与香港特别行政区相互执行仲裁裁决的安排》第7条规定情形来看,不存在任何一种情形,且最高人民法院《关于内地与香港特别行政区相互执行仲裁裁决的安排》的规定与《纽约公约》的第5条规定一致;泰州中院在2012年3月30日作出的认定仲裁条款无效的裁定是在泰州浩普投资有限公司与我公司终止合资合同案中,与国际商会仲裁院裁决的执行并不相关。被申请人泰州浩普投资有限公司的住所地在江苏省泰州市,因此,泰州中院有受理本案执行请求的管辖权。据此,申请人民法院:①判令对国际商会仲裁院于2014年7月18日和11月27日作出18295/CYK仲裁裁决和补充裁决予以承认;②因被申请人泰州浩普投资有限公司拒不履行仲裁裁决确定的义务,请求强制执行。

被申请人泰州浩普投资有限公司提出不予承认和执行的抗辩,其理由是:①本案所涉的仲裁协议早已被法院依法确认为无效,但国际商会仲裁院仍然于2012年11月2日作出仲裁协议有效的仲裁裁决,损害了中国司法主权;②国际商会仲裁院将我公司与合资公司之间的纠纷纳入《审理范围》,并作出与中国法院终审判决相反的裁决,不但超出了约定的仲裁范围,而且侵害了中国的司法管辖权;③本案非内国裁决,应适用《纽约公约》,本案独任仲裁员的全部仲裁活动均在国际商会仲裁院的管理下适用国际商会的《仲裁规则》在新加坡完成,不适用最高人民法院《关于内地与香港特别行政区相互执行仲裁裁决的安排》的规定进行审查,本案并非按照我国香港特别行政区的《仲裁条例》所作出的裁决;④根据中国法律和《纽约公约》,应当拒绝承认和执行本案仲裁裁决,根据《纽约公约》第5条第1、2项之规定精神,在《合资合同》约定的仲裁协议被法院终审裁定无效的情况下,国际商会仲裁院基于无效仲裁协议所作出的裁决不能被承认和执行,且国际商会仲裁院超出仲裁协议约定的仲裁范围进行裁决,裁决的内容与生效的中国法院的判决冲突,承认和执行该仲裁裁决将损害中国的公共政策;⑤即使适用最高人民法院《关于内地与香港特别行政区相互执行仲裁裁决的安排》,但是根据该规定第7条第1、3、5项的规定,法院可裁定不予执行。

(4)裁判结果

泰州中院经审查认为,涉案的国际商会仲裁院18295/CYK仲裁裁决载明的仲裁地为我国香港特别行政区,应认定系由国际商会仲裁院指定的独任仲裁员在我国香港特别行政区作出的仲裁裁决。因被申请人泰州浩普投资有限公司住所地在江苏省泰州市,故法院对于申请人Wicor Holding AG提出的执行申请具有管辖权。

关于我国香港特别行政区仲裁裁决的在内地执行审查问题,根据最高人民法院《关于香港仲裁裁决在内地执行的有关问题的通知》(法〔2009〕415号),人民法院应当依照最高人民法院《关于内地与香港特别行政区相互执行仲裁裁决的安排》的规定进行审查。江苏省高级人民法院在审理

Wicor Holding AG 与泰州浩普投资有限公司就同一《中外合资泰州华威绝缘材料有限公司合资合同》项下的另一纠纷时,已于 2012 年 12 月 11 日作出(2012)苏商外辖终字第 0012 号民事裁定,认定涉案仲裁条款无效,该裁定已经发生法律效力。

而涉案仲裁裁决是仲裁员在认定涉案仲裁条款有效的前提下作出的,在内地执行该仲裁裁决将与人民法院的上述生效裁定相冲突,违反内地社会公共利益。故此,泰州中院认为涉案仲裁裁决应当不予执行。依照最高人民法院《关于内地与香港特别行政区相互执行仲裁裁决的安排》第 7 条第 3 款和《民事诉讼法》第 154 条第 1 款第 11 项之规定,裁定如下:

不予执行国际商会仲裁院于 2014 年 7 月 18 日和 11 月 27 日作出 18295/CYK 仲裁裁决和补充裁决。

六、康芝药业申请撤销仲裁裁决案[①]

(一)意义

2014 年 8 月 31 日全国人民代表大会常务委员会通过了《关于在北京、上海、广州设立知识产权法院的决定》,决定在北京、上海、广州设立知识产权法院。根据 2014 年 10 月 31 日最高人民法院通过的《关于北京、上海、广州知识产权法院案件管辖的规定》,北京、上海、广州知识产权法院审级与当地中级人民法院等同。我国《仲裁法》第 58 条规定:“当事人提出证据证明裁决有下列情形之一的,可以向仲裁委员会所在地的中级人民法院申请撤销裁决……”那么,知识产权仲裁案件的撤销是由仲裁机构所在地的中级人民法院管辖还是由仲裁机构所在地的知识产权法院管辖,这

① 广东省高级人民法院裁定,(2015)粤高法立民终字第 326 号;广州知识产权法院裁定,(2015)粤知法专民仲字第 1 号。

是知识产权法院设立后需要面临的问题。

在康芝药业申请撤销仲裁裁决一案中，广东清远仲裁委员会作出仲裁裁决后，康芝药业向广州知识产权法院提起撤销申请。广州知识产权法院认为康芝药业应向清远市中级人民法院提出申请，裁定驳回申请。康芝药业向广东省高级人民法院提起上诉。广东省高级人民法院裁定认为，申请撤销的（2014）清仲字第203号《裁决书》是对专利实施许可合同纠纷的裁决，清远仲裁委员会的所在地位于广东省，且不在深圳市两级法院管辖知识产权案件的辖区之内，根据《仲裁法》第58条的规定，康芝药业可以向广州知识产权法院申请撤销裁决。原审法院认为康芝药业应向清远市中级人民法院提出申请，属于适用法律不当。

这是第一例就知识产权仲裁案件的撤销法院进行裁定的案件。对于今后知识产权仲裁撤销案件的管辖具有重要的指引意义。

（二）案件介绍

1. 裁判要旨

本案康芝药业申请广州知识产权法院撤销的（2014）清仲字第203号《裁决书》是对专利实施许可合同纠纷的裁决，清远仲裁委员会的所在地位于广东省，且不在深圳市两级法院管辖知识产权案件的辖区之内，根据《仲裁法》第58条的规定，康芝药业可以向广州知识产权法院申请撤销裁决。原审法院认为康芝药业应向清远市中级人民法院提出申请，适用法律不当，广东省高级人民法院依法予以纠正。

广州知识产权法院裁定认为，仲裁过程中，仲裁机构向当事人送达的仲裁员名册并非清远仲裁委员会仲裁员名册的正式文本，违反法定程序，可能影响案件正确裁决。根据《仲裁法》第58条第1款第3项、第2款，裁定撤销（2014）清仲字第203号仲裁裁决。

2. 关键词

民事诉讼　知识产权仲裁　撤销　知识产权法院

3. 案件基本情况

(1)仲裁条款

“本合同履行若产生纠纷,首先应当友好协商解决,协商不成的,则由广东清远仲裁委员会仲裁解决”。

(2)案件当事方

申请人:海南康芝药业股份有限公司(以下简称康芝药业)。

被申请人:湘北威尔曼制药股份有限公司(以下简称湘北公司)。

涉及裁决:(2014)清仲字第203号裁决书。

(3)基本案情

2010年10月10日海南国瑞堂制药有限公司(以下简称国瑞堂)与湘北公司签署《专利实施许可合同》,合同约定由湘北公司将其ZL98113282.0号发明专利以普通实施许可的方式许可给国瑞堂使用;授权使用范围为“制造、使用、销售、许诺销售本专利中复方制剂【注射用头孢他啶他唑巴坦钠(3:1)】,每支分别为1.2克(3:1)、2.4克(3:1)两个规格”。上述合同履行过程中,由于国瑞堂决定将涉案品种转让给康芝药业并由康芝药业生产经营,经协商,湘北公司、康芝药业与国瑞堂于2011年9月30日达成共识并据此签署了《〈专利实施许可合同〉之合同主体变更暨补充协议》,并且,湘北公司与康芝药业于2011年9月27日就ZL98113282.0号发明专利的实施许可签订了《专利实施许可合同》。此后,在上述合同履行过程中,康芝药业发现上述专利的稳定性存在较大问题,上述专利属于无效专利的可能性较大;为维护康芝药业及股东权益,康芝药业遂于2013年12月25日向国家知识产权局专利复审委员会(以下简称专利复审委员会)正式提出专利无效宣告请求,专利复审委员会于2014年1月29日发出《无效宣告请求受理通知书》称准予受理前述无效宣告请求。为慎重起见,康芝药业于2013年12月27日向湘北公司及其董事长发出《关于专利实施许可合同履行问题的函》,建议:在专利复审委员会作出有效的审查决定之前,双方应互相理解和支持,可友好协商以合法且妥善的方式解决相关的事宜,并建议以不损害任何一方利益的合法方式妥善处理上述《专利实施许可合同》及其补充协议的履行问题。因此,还建议双方到公证处共同办理上述《专利实施许可合同》到期应付专利使用费等款项的公证提存手续,待专利复审委员会作出有效的审查决定之后,再友好协商处理提存款项和合同履行事宜。2014 年 1 月 3 日湘北公司派员来到康芝药业洽谈关于专利实施许可合同履行事宜,但至湘北公司提起仲裁申请前,双方协商未能达成一致意见。申请人湘北公司因与被申请人康芝药业专利实施许可合同纠纷,向清远仲裁委员会广州分会(以下简称清仲委)提起仲裁,仲裁请求如下:①裁令被申请人立即支付合同款人民币 250 万元;②裁令被申请人立即支付违约金人民币 1000 万元;③裁令被申请人(在付清全部应付款项前)立即停止生产、销售(含许诺销售)“注射用头孢他啶他唑巴坦钠(3:1)”药品(包括 1.2g 和 2.4g 两个规格);④裁令被申请人提供其(包括国瑞堂)2012 年度和 2013 年度实际生产销售“注射用头孢他啶他唑巴坦钠(3:1)”药品的数量(包括 1.2g 和 2.4g 两个规格);⑤本案申请人律师费人民币 50 万元以及仲裁费用(含财产保全费用)由被申请人承担;⑥被申请人在仲裁裁决后未履行付款义务的,应当按照《民事诉讼法》第 253 条之规定加倍支付迟延履行期间的债务利息。

2014 年 11 月 14 日,清仲委作出裁决(2014)清仲字第 203 号,裁决结果如下:

①被申请人向申请人支付专利使用费人民币 250 万元;

②被申请人向申请人支付违约金人民币 250 万元;

③被申请人在本裁决送达之日至实际付清本裁决第 1 项、第 2 项应付专利使 用费和违约金之前停止生产、销售(含许诺销售)“注射用头孢他啶他唑巴坦钠(3:1)”药品(包括 1.2g 和 2.4g 两个规格);

④被申请人在本裁决送达之日向申请人提供其(包括国瑞堂)2012 年度和 2013 年度实际生产销售“注射用头孢他啶他唑巴坦钠(3:1)”药品的数量(包括 1.2g 和 2.4g 两个规格);

⑤被申请人向申请人支付律师费人民币50万元;

⑥本案仲裁费79,000元,由申请人承担50%,即39,500元;被申请人承担50%,即39,500元。本案仲裁反请求费用31,557.5元由被申请人承担。

2014年12月16日,康芝药业向广州知识产权法院申请撤销(2014)清仲字第203号仲裁裁决。广州知识产权法院于2015年3月11日作出(2015)粤知法立民初字第11号民事裁定,裁定不予受理。康芝药业因不服广州知识产权法院作出的该民事裁定,向广东省高级人民法院提起上诉。

(4)裁判结果

①广东省高级人民法院的意见

广东省高级人民法院依法组成合议庭,并作出(2015)粤高法立民终字第326号民事裁定。裁定内容如下:

根据全国人民代表大会常务委员会《关于在北京、上海、广州设立知识产权法院的决定》第2条、最高人民法院《关于北京、上海、广州知识产权法院案件管辖的规定》第1条、第2条和第3条以及最高人民法院《关于同意广东省深圳市两级法院继续管辖专利等知识产权案件的批复》的规定,广州知识产权法院对广东省内除深圳两级法院管辖辖区以外的专利、植物新品种、集成电路布图设计、技术秘密、计算机软件的民事和行政案件以及涉及驰名商标认定的民事案件实行跨区域管辖。本案康芝药业申请广州知识产权法院撤销的(2014)清仲字第203号《裁决书》是对专利实施许可合同纠纷的裁决,清仲委的所在地位于广东省,且不在深圳市两级法院管辖知识产权案件的辖区之内,根据《仲裁法》第58条的规定,康芝药业可以向广州知识产权法院申请撤销裁决。原审法院认为康芝药业应向清远市中级人民法院提出申请,适用法律不当,广东省高级人民法院依法予以纠正。康芝药业上诉请求撤销原审裁定,符合《仲裁法》第58条的规定,广东省高级人民法院予以支持。依照《民事诉讼法》第169条第1款、第170条第1款第2项和第171条的规定,裁定如下:第一,撤销广州知识产权法院(2015)粤知法立民初字第 11 号民事裁定；第二，指令广州知识产权法院对本案进行审理。

广州知识产权法院于 2015 年 7 月 17 日向康芝药业发出（2015）粤知法专民仲字第 1 号《受理案件通知书》，决定受理康芝药业申请撤销（2014）清仲字第 203 号仲裁裁决一案。

②广州知识产权法院的意见

2015 年 9 月 30 日，广州知识产权法院作出的（2015）粤知法专民仲字第 1 号《民事裁定书》。

广州知识产权法院认为：康芝药业在仲裁期间先后收到标有“清远仲裁委员会广州分会”的《仲裁员名册》和标有“清远仲裁委员会广州联络处”的《仲裁员名册》各一本，上述两本仲裁员名册与清仲委仲裁员名册在人员构成、数量上存在不同，且均不是清仲委仲裁员名册的正式文本。《仲裁法》第 25 条第 1 款规定，仲裁委员会受理仲裁申请后，应当在仲裁规则规定的期限内将仲裁规则和仲裁员名册送达申请人，并将仲裁申请书副本和仲裁规则、仲裁员名册送达被申请人。《清远仲裁委员会仲裁规则》第 5 条第 4 款规定，当事人应从本会的仲裁员名册中选定仲裁员。基于此，清仲委应当向当事人送达该委仲裁员名册。在仲裁期间，仲裁机构向当事人送达的仲裁员名册并非清仲委仲裁员名册的正式文本，违反法定程序，可能影响案件正确裁决。

根据《仲裁法》第 58 条第 1 款第 3 项、第 2 款规定，“当事人提出证据证明裁决有下列情形之一的，可以向仲裁委员会所在地的中级人民法院申请撤销裁决：……（三）仲裁庭的组成或者仲裁的程序违反法定程序的；……人民法院经组成合议庭审查核实裁决有前款规定情形之一的，应当裁定撤销”，广州知识产权法院院对（2014）清仲字第 203 号仲裁裁决予以撤销。对康芝药业提出的其他申请主张，广州知识产权法院不再审查。

综上所述，申请人康芝药业申请撤销仲裁裁决的理由成立，依据〈民事诉讼法》第 154 条第 1 款第 9 项，《仲裁法》第 25、58 条，最高人民法院《关于适用〈中华人民共和国仲裁法〉若干问题的解释》第20条,《诉讼费用交纳办法》第14条第5项的规定,裁定撤销清远仲裁委员会(2014)清仲字第203号仲裁裁决。

七、庆阳市驰昊房地产开发有限公司申请撤销仲裁裁决案①

(一)意义

我国《仲裁法》规定,“仲裁依法独立进行,不受行政机关、社会团体和个人的干涉”。本案项下的仲裁委员会工作人员曾以会议的形式要求系列案件仲裁员统一思想及审理观点,这种做法显然不符合《仲裁法》的规定,有损仲裁机构和仲裁员的独立和公正性。实践中,当一类新型案件出现时,即使是从保持仲裁机构裁决的一致性角度出发,也不能要求仲裁员统一思想和审理观点。但可以通过座谈会、讨论会等形式,充分分析和讨论此类案件的性质、特点、事实基础和法律适用,以达到《仲裁法》规定的公平合理地解决纠纷的目的。

(二)案件介绍

1.裁判要旨

仲裁委员会在仲裁该案过程中仲裁庭组庭程序不规范,仲裁委员会工作人员曾以会议的形式要求系列案件仲裁员统一思想及审理观点,作出的仲裁裁决违反根据《仲裁法》第8条、第58条第1款第3项规定,故应撤销本案仲裁裁决。

---

① 甘肃省庆阳市中级人民法院2016年3月31日裁定,(2016)甘10民特11号。

2. 关键词

国内仲裁裁决　撤销　程序违法　仲裁的民间性

3. 案件基本情况

(1)案件当事方

申请人:庆阳市驰昊房地产开发有限公司(以下简称驰昊公司)。

被申请人:麻某

(2)基本案情

2013 年 5 月 28 日、2012 年 10 月 7 日,驰昊公司与麻某签订商品房买卖合同,将申请人开发建设的西峰区民族北路 68 号福阳家园第 4 幢 1 单元 1404 号房屋出卖给麻某。2015 年 10 月 28 日,麻某以驰昊公司迟延交房向庆阳仲裁委员会申请仲裁,请求:①依法裁决被申请人驰昊公司承担16,182 元违约金;②由被申请人承担仲裁费用。

庆阳仲裁委员会受理后,于 2015 年 10 月 28 日向双方当事人送达仲裁通知书、仲裁申请书副本、仲裁规则、仲裁员名册等材料。2015 年 11 月 11 日,庆阳仲裁委员会副主任指定郭立铭为本案独任仲裁员,依法组成仲裁庭,2015 年 11 月 18 日不公开开庭仲裁本案。双方当事人均到庭参加了庭审。

2015 年 12 月 7 日,庆阳仲裁委员会作出(2015)庆仲裁字第 82 号仲裁裁决,内容为:驰昊公司向麻某支付逾期交房违约金 16,182 元。仲裁费 1207 元,由驰昊公司承担。

驰昊公司向甘肃省庆阳市中级人民法院申请撤销上述仲裁裁决。申请人驰昊公司诉称:庆阳仲裁委员会在仲裁该案时存在以下情形:①裁决申请人主体错误,在申请人的法定代表人已变更为王某平后,裁决认定法定代表人为王某润,导致被申请人主体不合法;②仲裁程序不合法,违背了契约自由的仲裁原则,在仲裁过程中剥夺了申请人选任仲裁员的机会,在双方未共同委托仲裁员的情况下利用职权指定仲裁员违反《仲裁法》的规定;③仲裁员的指定违反法定程序,该指定无效,庆阳仲裁委员会并未经司法行政机关登记,该委员会主任并不履行管理职责,而以副主任受托指定仲裁员的方式违反法律规定;④仲裁员未独立、公正地审理案件,庆阳仲裁委员会对同类型的十余起案件以会议的形式统一思想及审理观点,致申请人败诉。

被申请人麻某答辩称:庆阳仲裁委员会作出的裁决结果正确,仲裁程序合法,不存在程序违法的情形。申请人驰昊公司的申请理由不能成立。请求维持庆阳仲裁委员会(2015)庆仲裁字第82号裁决,驳回申请人驰昊公司的诉讼请求。

(3)裁判结果

庆阳中级人民法院认为,本案适用《仲裁法》第58条规定。庆阳仲裁委员会在仲裁该案过程中仲裁庭组庭程序不规范。仲裁卷内没有笔录记载仲裁委充分征求了双方选定仲裁员的意见,并同意共同委托仲裁委主任指定独任仲裁员的组庭情况,即启用仲裁委主任指定程序。仲裁员应独立、公正地审理、裁决案件,但庆阳仲裁委员会工作人员曾以会议的形式要求系列案件仲裁员统一思想及审理观点,与《仲裁法》第8、53、54条的规定不符。综上,庆阳仲裁委员会作出的仲裁裁决违反《仲裁法》第58条1款3项规定,存在应予撤销的法定情形。驰昊公司申请撤销庆阳仲裁委员会(2015)庆仲裁字第43号仲裁裁决的主张依法应予支持。依照《仲裁法》第58、60条之规定,裁定如下:撤销庆阳仲裁委员会(2015)庆仲裁字第82号仲裁裁决。

八、北京首信诉微软(中国)仲裁裁决撤销案①

(一)意义

首先,本案涉及混合仲裁条款的效力问题。本案当事人在仲裁条款中选择中国国际经济贸易仲裁委员会(本案中简称贸仲)为仲裁机构,并约定适用《国际商会仲裁规则》。本案中法院认可混合仲裁规则的效力。本案法院认为,“选择仲裁规则等于选择仲裁机构”的原则一般适用于当事人仅对仲裁规则作出约定而未约定仲裁机构的情形。本案中,双方当事人在仲裁协议中明确约定了贸仲作为解决双方争议的仲裁机构;且依据我国有关法律法规的规定,仲裁规则的适用并非影响仲裁协议效力的因素。因此,适用何种仲裁规则审理仲裁案件并不影响当事人对仲裁机构的约定。本案中,贸仲决定适用1998年《国际商会仲裁规则》审理案件,不影响贸仲作为该仲裁案件唯一的仲裁机构行使对案件的管理权。

其次,关于混合仲裁条款中仲裁规则适用的争议如何解决的问题。本案法院认为,由于仲裁规则的确定是仲裁案件继续审理的必要前提,如双方当事人已对选定仲裁机构取得一致认可,因此,法院确立了仲裁机构有权力指定确定的仲裁规则的原则,即当事人对仲裁规则的适用问题不能达成一致,由于仲裁机构已确定,那么仲裁机构有权力指定确定的仲裁规则。

最后,选择《国际商会仲裁规则》的混合仲裁条款可能带来的问题。本案适用的是1998年《国际商会仲裁规则》。《国际商会仲裁规则》中涉及应由国际商会国际仲裁院、国际商会国际仲裁院主席、副主席及国际商会仲裁院秘书处、秘书长履行的职责,在混合仲裁条款中,通常情况下,由约定的仲裁机构及其相应职级的人员履行适用《国际商会仲裁规则》所属的仲裁机

---

① 北京市第二中级人民法院2016年2月16日裁定,(2015)二中民特字第13516号。

构及其相关人员的职责。本案中,当事人选择贸仲为仲裁机构,因此相应地由贸仲、贸仲主任、副主任及贸仲秘书局、秘书长履行国际商会国际仲裁院及其上述人员的职责。但是,2012 年《国际商会仲裁规则》已经明确表明,国际商会仲裁院是唯一授权适用《国际商会仲裁规则》的机构。因此,在 2012 年《国际商会仲裁规则》施行后,其他仲裁机构及其相应职级的人员能否替代履行国际商会及其相关人员的职责,仍是今后司法实践需要考量的问题。

(二)案件介绍

1. 裁判要旨

在当事人对仲裁规则的适用存在争议时,如果双方不能对仲裁规则的适用达成新的一致意见,由于仲裁规则的确定是仲裁案件继续审理的必要前提且双方当事人已经一致认可由贸仲行使仲裁案件的管辖权,因此贸仲有权对当事人在仲裁条款中约定的仲裁规则应当如何理解与适用问题作出决定。

2. 关键词

仲裁协议　仲裁规则　仲裁机构

3. 案件基本情况

(1)仲裁条款

2005 年 11 月 15 日,首信公司与诺基亚公司签订《股权转让协议》,第 10.2 条规定:"①因签署或履行本协议而引起或与本协议有关的任何争议应由本协议各方通过友好协商解决。权利主张方('申请人')应立即向另一方('被申请人')发出注明日期的通知,告知另一方已经发生了争议,并向其描述争议的性质。如在该等有关争议的通知之日后六十日内双方未通过友好协商达成和解,任何一方可将争议事件提交中国国际经济贸易仲裁委员会('仲裁委'),由三名仲裁员(不包括芬兰或中国公民)组成仲裁庭,根据国际商会的调解仲裁规则('仲裁规则')及本协议第 10.2 条的规定在北京进行终局仲裁。②仲裁庭由三名仲裁员组成。申请人和被申请人各指定一名仲裁员，该两名仲裁员应联合指定第三名仲裁员。如在当时有效的仲裁规则规定的时间限度内，申请人和被申请人未能各自指定一名仲裁员，或双方指定的两名仲裁员未能指定第三名仲裁员，则相关指定应由仲裁委及时作出。”

(2)案件当事方

申请人：北京首信股份有限公司(以下简称首信公司)。

被申请人：微软移动(中国)投资有限公司(即原诺基亚公司)。

涉及裁决：(2015)中国贸仲京裁字第0655号仲裁裁决。

(3)基本案情

2010年12月28日，贸仲向首信公司与诺基亚公司发出仲裁通知，其中载明贸仲受理该案，并告知双方：贸仲注意到《股权转让协议》第10.2条中约定的1988年《国际商会调解仲裁规则》已经失效，且第10.2条中在关于仲裁员选定的约定中含有“有效的仲裁规则”的表述。鉴于此，贸仲请双方当事人自收到该通知15日内就该案仲裁规则的适用发表书面意见。

2011年1月11日，首信公司致函贸仲，载明：《股权转让协议》约定的国际商会“调解仲裁规则”已经失效，不应继续适用，而仲裁协议约定由贸仲管辖该案，因此该案应适用贸仲现行有效的仲裁规则。2011年1月28日，诺基亚公司致函贸仲，载明：贸仲应当适用1998年《国际商会仲裁规则》审理该案；如果贸仲决定适用1988年《国际商会调解和仲裁规则》，诺基亚公司亦表示认可。

2011年4月22日，贸仲作出决定：“双方在本案合同中约定的仲裁规则即《国际商会调解和仲裁规则》并非本合同仲裁条款订立之时即2005年11月15日有效的国际商会仲裁规则，《国际商会仲裁规则》(1998年1月1日生效)为当时有效的国际商会仲裁规则，并且上述约定与本案合同第10.2(b)条关于选定仲裁员适用的‘当时有效的仲裁规则’的约定存在矛盾，因此本案合同关于仲裁规则的描述并非仅指适用《国际商会调解和仲裁规则》。综上,参考《国际商会仲裁规则》第6条关于'当事人协议按照国际商会仲裁规则提交仲裁的,应视为他们事实上愿意按照仲裁程序开始之日有效的仲裁规则进行仲裁,除非他们已经约定按照订立仲裁协议之日有效的仲裁规则进行仲裁'的规定,本案应适用1998年1月1日生效的《国际商会仲裁规则》,但对该规则中无法实施或与中国强制性法律规定相抵触者除外。"

2011年4月28日,首信公司致函贸仲,表示贸仲不应当适用1998年《国际商会仲裁规则》审理该案,而应当适用贸仲的仲裁规则。

2012年11月6日,贸仲组织首信公司的代理人张东及诺基亚公司的代理人邢修松召开会议,明确若干事项,包括向双方当事人明确仲裁规则适用1998年《国际商会仲裁规则》。

2012年11月12日,首信公司的代理人张东致函贸仲,对其他会议事项作出答复,但对仲裁规则适用问题未作出陈述。

2013年9月13日,三位仲裁员、首信公司的代理人张东及诺基亚公司的代理人邢修松签署《审理范围书》。《审理范围书》中明确载明适用1998年《国际商会仲裁规则》审理案件。

2015年6月22日,贸仲作出仲裁裁决,驳回首信公司的仲裁请求并由首信公司向诺基亚公司支付仲裁费用。

随后,首信公司向北京市第二中级人民法院申请撤销仲裁裁决,原因在于:贸仲决定适用1998年《国际商会仲裁规则》审理案件,违背当事人的意思自治,违反《中国国际经济贸易仲裁委员会仲裁规则》(2005年版)第4条的规定,遗漏了当事人对于调解规则部分的约定,与我国强制性法律相抵触,与1998年《国际商会仲裁规则》第6条规定的该规则适用条件相抵触。本案双方当事人在《关于诺基亚首信通信有限公司22%股权转让的股权转让协议》(以下简称《股权转让协议》)中约定适用的仲裁规则为1988年《国际商会调解和仲裁规则》,贸仲不应因该规则失效而将其认定为无法实施。即便贸仲认为当事人约定的仲裁规则无法实施,也应当适用贸仲的仲裁规则，而非推定适用1998年《国际商会仲裁规则》。依据“选择仲裁规则等于选择仲裁机构”的原则，贸仲选择适用1998年《国际商会仲裁规则》，即视为将案件交由国际商会仲裁院管辖，其结果是将国内仲裁案件转化为实质意义上的国际仲裁案件，从而直接与我国法律相抵触。

被申请人诺基亚公司答辩称：双方当事人签订《股权转让协议》时和仲裁开始时，国际商会有效的仲裁规则均为1998年《国际商会仲裁规则》，贸仲决定以该规则审理本案，且双方当事人都已经同意，并未违反法定程序。

（4）裁判结果

北京第二中级人民法院认为，首信公司与诺基亚公司就其约定的仲裁规则的理解与适用问题产生争议后，如果双方在仲裁程序中能够对仲裁规则的适用达成新的一致意见，那么则应当依据《中国国际经济贸易仲裁委员会仲裁规则》（2005年版）第4条第2款的规定，适用双方一致选择的仲裁规则；如果双方在仲裁程序中不能对仲裁规则的适用达成新的一致意见，那么由于仲裁规则的确定是仲裁案件继续审理的必要前提且双方当事人已经一致认可由贸仲行使仲裁案件的管辖权，因此贸仲有权对当事人在仲裁条款中约定的仲裁规则应当如何理解与适用问题作出决定。

本案中，首信公司与诺基亚公司在仲裁程序中未对仲裁规则适用问题达成新的一致意见，贸仲针对双方有关争议作出了适用1998年《国际商会仲裁规则》的决定，并将决定内容及其原因告知双方当事人，双方当事人亦在2012年11月6日的会议后及2013年9月13日签订《审理范围书》时对适用1998年《国际商会仲裁规则》予以确认。

结合以上论述，法院认为，本案中贸仲针对双方当事人有关仲裁规则适用产生的分歧意见行使决定权并未违反法定程序。至于贸仲决定适用1998年《国际商会仲裁规则》是否妥当，只要其不违反我国《仲裁法》第58条的规定，则不属法院司法干预的范围。本案中，首信公司没有证据证明贸仲的上述决定违反《仲裁法》第58条的规定；且贸仲决定适用1998年《国际商会仲裁规则》后，首信公司与诺基亚公司均曾予以确认。因此，首信公司关于贸仲决定适用1998年《国际商会仲裁规则》系违反法定程序的主张,法院不予认可。

九、中国香港特别行政区高等法院中国Z公司诉埃及A公司仲裁地认定案①

(一)意义

合同仲裁条款中的"CHINA"到底是指中国内地,还是指海峡两岸及香港和澳门特别行政区?本案认定CHINA不仅仅是指中国内地(大陆),还包括中国香港特别行政区、澳门特别行政区及中国台湾地区。当事人仅单方面认为仲裁条款中的仲裁地"中国"指的是中国内地,不包括中国香港特别行政区而否认仲裁庭的自裁管辖权的合法性,缺乏正当的法律依据。

鉴于当今中国地域包括内地(大陆)、香港特别行政区和澳门特别行政区、台湾地区四个法域,以及英文中"China"多重含义,为了避免今后再出现中外双方当事人对类似本案中的对"中国"的含义的问题有不同理解,应在有关跨境商事合同中将"中国"定义如下:"中国"指中华人民共和国(且仅为本协议之目的,不包括中国香港特别行政区、澳门特别行政区及中国台湾地区)。

(二)案件介绍

1. 裁判要旨

国际贸易双方在协议中约定将争议提交仲裁解决,并约定仲裁机构为国际商会仲裁院,适用现行有效的《国际商会仲裁规则》,该约定可理解为该仲裁机构的程序和规则就应当被视为被当事人双方所接受。《国际商会

---

① 中国香港特别行政区高等法院,Z v. A & ORS,[2015]2 HKC 272。

仲裁规则》第14(1)条规定“仲裁地由国际商会仲裁院确定,但当事人另有约定者除外”,该条规定了国际商会仲裁院有自裁管辖的权利。当双方当事人对仲裁条款中的仲裁地有两种不同的理解时,仲裁庭应尽量维护当事人仲裁的意思表示,根据“有利于仲裁裁决的作出和执行”的原则,确定仲裁地,当事人仅仅单方面认为仲裁条款中的仲裁地“中国”指的是中国内地,不包括中国香港特别行政区而否认仲裁庭的自裁管辖权的合法性,缺乏正当的法律依据。

2. 关键词

一国两制　仲裁地　仲裁庭自裁管辖权　香港法　司法复审

3. 案件基本情况

(1)仲裁条款

在《CKD协议》中,当事人约定的争议解决条款如下:“如一方当事人违反本协议的任何条款,则双方当事人同意尽最大努力通过谈判补救。否则,当事人各方均同意根据国际商会在中国仲裁。”(以上原文为英文)

在《技术合作协议》中,当事人约定的争议解决条款如下:“当事人之间任何有关本协议或因违反本协议而发生的争议、争论或分歧均由当事人友好协商解决,但如协商无法解决,则该争议将最终根据《国际商会规则》在中国仲裁解决,仲裁裁决对双方均有约束力。”(以上原文为英文)

(2)案件当事方

申请人:中国Z公司

被申请人:埃及A公司

(3)基本案情

2007年4~6月,埃及A公司(被申请人)及其关联公司就其在中国内地与当地Z公司(申请人)合作生产、销售和出口货物签署了两份协议:《CKD协议》与《技术合作协议》。其中,《CKD协议》的争议解决条款约定:“如一方当事人违反本协议的任何条款,则双方当事人同意尽最大努力通过谈判补救。否则,当事人各方均同意根据国际商会在中国仲裁”;

《CKD 协议》第 2.3 条规定当事人达成本协议系根据“Chinese laws”，该协议第 19 条进一步规定本协议的解释与管辖适用“Laws of the People's Republic of China”。《技术合作协议》的争议解决条款约定：“当事人之间任何有关本协议或因违反本协议而发生的争议、争论或分歧均由当事人友好协商解决，但如协商无法解决，则该争议将最终根据《国际商会规则》在中国仲裁解决，仲裁裁决对双方均有约束力。”但在《技术合作协议》中没有关于管辖适用法律的规定。（以上约定原文均为英文）

2011 年 10 月 11 日，埃及 A 公司及其关联公司以上述《CKD 协议》的争议解决条款为依据向国际商会仲裁院提交《仲裁申请书》，指控中国 Z 公司违反《CKD 协议》和《技术合作协议》约定并向中国 Z 公司提出索赔。2011 年 12 月 16 日，国际商会仲裁院秘书处致函双方当事人告知：国际商会仲裁院已根据 1998 年版《国际商会仲裁规则》第 14(1)条之规定确定中国香港特别行政区为第 18228/CYK 号仲裁案（本案）仲裁地。2012 年 1 月 12 日，国际商会仲裁院指定了一名澳大利亚公民担任本案独任仲裁员。该独任仲裁员随后于 2013 年 2 月 19 日作出《部分裁决》（以下简称《裁决》）。在《裁决》中，该独任仲裁员与国际商会仲裁院立场一致并在此基础上决定本案程序方面适用香港法并随之适用香港法而确认其对本案享有管辖权。

中国 Z 公司对此不服并依据中国香港特别行政区《仲裁条例》(Cap 609)第 34 条及《联合国国际商事仲裁示范法》（以下简称《示范法》）第 16 条向中国香港特别行政区高等法院原讼庭（以下简称高等法院原讼庭）申请司法复审独任仲裁员自裁其有管辖权的决定。高等法院原讼庭受理本案。

中国 Z 公司向高等法院原讼庭申请司法复审独任仲裁员自裁其有管辖权的决定的理由是：在当事人双方已约定仲裁地为中国的情况下，国际商会仲裁院不该再行认定中国香港特别行政区为仲裁地，因为“中国”指的是“中国内地”。另外，中国 Z 公司聘请的专家证人认为：由于国际商会仲裁院并非依照中国内地法律规定在有关中国政府部门登记注册的仲裁机构，一个以中国内地为仲裁地但由国际商会仲裁院管理的仲裁案形成的仲裁裁决并不是国内仲裁裁决可以不被中国内地法院执行。

埃及A公司辩称仲裁员自裁其有管辖权有效,理由为:①埃及A公司则坚持其《仲裁申请书》中的立场,即在《仲裁申请书》中,埃及A公司认为仲裁地应为中国香港特别行政区,因为中国香港特别行政区是中国的一部分,而国际商会仲裁院以中国香港特别行政区为仲裁地作出的仲裁裁决可以在中国内地获得执行并且该仲裁应适用中华人民共和国法律。②埃及A公司聘请的中国法专家证人认为:第一,根据最高人民法院《关于申请人安徽省龙利得包装印刷有限公司与被申请人BP Agnati S. R. L申请确认仲裁协议效力案的请示的复函》(2013)民四他字第13号,约定国际商会仲裁院在中国内地管理仲裁的条款有效。第二,根据2009年浙江省宁波市中级人民法院准予承认和执行申请人DUFERCOS. A.(德高钢铁公司)与被申请人宁波市工艺品进出口有限公司的国际商会仲裁院第14006/MS/JB/JEM号仲裁裁决(该案仲裁地为北京,以下简称宁波案),中国内地法院会执行国际商会仲裁院在中国内地管理仲裁而形成的仲裁裁决。

针对埃及A公司聘请的中国法专家证人的意见,中国Z公司聘请的专家证人对此并不认同。中国Z公司的专家证人坚持认为在中国内地执行国际商会仲裁院在北京作出的仲裁裁决违反中国在加入《纽约公约》时作出的互惠保留,因为宁波案的仲裁裁决并非在《纽约公约》另一缔约国作出。该专家证人类比最高人民法院《关于内地与中国香港特别行政区相互执行仲裁裁决的安排》的签订背景正是因为中国内地与香港特别行政区并不是《纽约公约》的不同缔约方。无论如何,该专家证人指出:中国内地法律制度没有"遵循先例"规则,宁波案的判决不但有问题而且在中国内地也没有法律约束力。

(4)裁判结果

高等法院原讼庭陈美兰法官在审理后驳回了中国Z公司的申请,并判令中国Z公司承担诉讼发生的全部费用(包括赔偿埃及A公司因诉讼而发生的全部费用)。陈美兰法官的核心判词说理部分共分为三个专题:"适用的法律原则""对仲裁地的挑战"和"对仲裁条款与两份协议的解释"。

①适用的法律原则

陈美兰法官认为,司法复审的法院应确认其宜克制而将审查范围限缩在真正纯粹的管辖权问题的有限职责。

②对仲裁地的挑战

陈美兰法官指出:就本案而言,当事人之间就两份协议的管辖法律及仲裁地均为明示约定。当事人双方争议的焦点不在有无明示约定本身而在于其所明示约定的"Chinese laws"系指代中国内地法律还是中国香港特别行政区法律以及仲裁地为"China"系指代中国内地还是中国香港特别行政区。

首先,陈美兰法官认为,以仲裁方式解决争议是当事人双方意思自治的产物。在当事人双方已达成协议的情况下他们就应该遵守其自愿选择。就本案而言,在当事人双方均同意将争议交由某一具体的仲裁机构仲裁解决时,该仲裁机构的程序和规则就应当被视为被当事人双方所接受。这一基本而浅显的道理当事人之间应该没有争议。

其次,无论仲裁协议的适用法是中国内地法、中国香港法还是法国法,没有证据表明本案中独任仲裁员的指定以及仲裁庭的组成根据任何相关法律而无效或有瑕疵。《国际商会仲裁规则》第14(1)条规定:"仲裁地由国际商会仲裁院确定,但当事人另有约定者除外"。在本案中,尽管两份协议中均有约定仲裁地为"China"(中国),但很明显埃方与中方对其含义意见分歧没有共识。

最后,自从1997年中国恢复对香港行使主权以来,中国香港特别行政区保留了其自身的法律制度但它是中国的一部分。就仲裁而言,中国香港特别行政区和中国内地在程序法方面是分开的而在中国香港特别行政区和中国内地作出的仲裁裁决是由不同的法院执行和行使监督权。本案中两份协议的仲裁条款就仲裁在哪里进行的表达是不明的。因此,基于《国际商会仲裁规则》是双方明确同意适用于其争议仲裁,国际商会仲裁院是有权并有义务根据《国际商会仲裁规则》第 14 条确定仲裁地。

③对仲裁条款与两份协议的解释

陈美兰法官引用数个英国经典判例中确立的关于合同解释方法的规则，然后指出："当考虑当事人的意图时，若当事人意图产生的结果是合法而不是非法并且如果该合同能得出的两种解释一种解释合法而另一种解释非法时，则法院会倾向于能够得出合法结果的那种解释。作为理性与通情达理的商事主体，当事人（埃及 A 公司与中国 Z 公司）在达成两份协议时都应该十分清楚中国已对香港恢复行使主权而香港无论在法律上还是地理位置上都是中国的一部分。"在这种情况下，根据《国际商会仲裁规则》第 14（1）条规定，"仲裁地由国际商会仲裁院确定，但当事人另有约定者除外"，陈美兰法官认为国际商会仲裁院"朴素"地解读了仲裁条款而选择，中国香港特别行政区作为仲裁地没有错。

最后，陈美兰法官强调，法院解读有歧义的合同条款时不会推论当事人的意图是使其约定在法律上无效、非法或者无法获得贯彻执行。因此，理性与通情达理的商事主体不会意图使其争议在提交仲裁时交给一个将来仲裁裁决会无法获得执行的机构或地点处理。而从专家证据表面可以看出，国际商会仲裁院在内地作出的仲裁裁决有不能在内地获得执行以及该仲裁及裁决不被内地法院依据《民事诉讼法》或《仲裁法》监督的风险。而另一方面，双方专家均同意国际商会仲裁院在中国香港特别行政区仲裁而形成的裁决无论在中国香港特别行政区、内地或者其他《纽约公约》缔约方均可获得执行。

基于此以及上述提及的仲裁协议的目的一定是当事人期待其争议的解决会形成终局性、有约束力和可执行的仲裁裁决，陈美兰法官表态同意独任仲裁员关于本案仲裁地为中国香港特别行政区的立场。

十、平安集团诉比利时政府投资仲裁案[①]

(一)意义

国际投资争端解决中心在2012年9月19日受理了中国平安保险(集团)股份有限公司、中国平安人寿保险股份有限公司(以下合称平安)诉比利时王国投资条约仲裁案。这起案件自始至终为世界所瞩目,它不仅是中国企业因为国有化和征收争端而起诉东道国政府的第一案,也是比利时在国际投资条约仲裁中作为被申请人的第一案。

2015年4月30日,国际投资争端解决中心仲裁庭作出裁决书,以仲裁庭缺乏管辖权为由裁决驳回平安的诉求,终结仲裁程序。本案争议发生在2009年《中华人民共和国政府和比利时—卢森堡经济联盟关于相互鼓励和保护投资协定》(以下简称2009中比BIT)生效前,申请人平安于2012年9月2009中比BIT生效后提起仲裁。平安在管辖权问题上依赖于2009中比BIT。“即使第10条明确规定新旧的是替代关系,也不代表在新约生效前发生,并且已经通知的争议由新约管辖”。平安失败的直接原因来自仲裁庭对2009中比BIT中过渡条款的解释问题。国内不少学者认为仲裁庭对管辖权的分析有许多地方不尽合理。根据《维也纳条约法公约》第31条条约目的原则和善意原则,中比双方的缔约谈判人员在制定过渡条款时的主要目的是让所有的争议纠纷都可以得到救济,而不是放弃了其中某一时间段的投资争议。为了使投资者在国际投资中寻求更好的保护,我们可以善意地解释为除在2009中比BIT生效前已经进入仲裁或司法程序的争议均可依据2009中比BIT得到救济,而不是咬文嚼字忽略所有投资争议中的某一部分。平安的国际投资仲裁案,作为中国企业提起的第一起国际投资条约

---

① ICSID Case No. ARB/12/29.

仲裁,对于中国企业来说具有标杆意义。同时该案的败诉,值得我们深入分析其败诉原因,及时预防并应对在国际投资仲裁中可能出现的风险。

(二)案件介绍

1. 裁判要旨

在国际投资仲裁案件中,当事方通常是根据东道国和投资者所属国家签订的双边投资协议中所规定的仲裁条款将争议提交给仲裁。中国与比利时分别于1984年和2005年签订了《中华人民共和国政府和比利时—卢森堡经济联盟关于相互促进和保护投资协定》及《议定书》(于1986年10月5日生效)和《中华人民共和国政府和比利时—卢森堡经济联盟关于相互鼓励和保护投资的协定》及《议定书》(于2009年12月1日生效)。关于仲裁庭是否具有裁决新的条约生效前的争议的权力,则需要根据新的条约中的过渡条款作出判断。

2. 关键词

国际投资仲裁　过渡条款　仲裁管辖权

3. 案件基本情况

(1)仲裁条款

1986年《中华人民共和国政府和比利时—卢森堡经济联盟关于相互促进和保护投资的协定》(以下简称1986中比BIT)第10条规定:

"(一)有关投资的任何争议将由缔约一方投资者向缔约另一方提出书面通知,并附有详细的备忘录。

争议应在尊重接受投资缔约一方法律和法规的前提下尽可能友好解决。

(二)本条第一款所述的争议受投资所在国的司法管辖。

(三)作为第二款的例外,在本条第一款所述的书面通知之日起六个月内未能友好解决时,有关征收、国有化或其他类似措施的补偿额的争议,可按投资者的选择:

1. 或提交接受投资缔约一方国内司法解决；

2. 或直接提交国际仲裁，而不诉诸其他任何手段。”

1986 中比 BIT 第 14 条规定：

“(一)本协定应于缔约双方相互通知已完成各自国内法律程序之日起第三十天生效，有效期为十年。

(二)如缔约任何一方均未在本条第一款规定的有效期期满前至少一年，将其终止本协定的意愿书面通知缔约另一方，则本协定将不定期延长。

(三)本协定的原始有效期期满后，缔约任何一方均可随时决定终止本协定，但应至少提前一年书面通知缔约另一方。

(四)对于本协定终止之日前进行的投资，本协定的规定自其终止之日起十年内仍然有效。”

2009 中比 BIT 第 8 条“争端解决条款”规定：

“(一)缔约一方投资者和缔约另一方间产生法律争议，争议任何一方应书面通知争议另一方。

争议当事方应尽可能通过磋商、在必要的情况下通过寻求第三方的专业建议或通过缔约方间经由外交途径进行磋商解决争议。

(二)如果争议在争议一方将争议通知争议另一方六个月内未能通过磋商解决，缔约各方同意根据投资者的选择将争议提交：

1. 作为争议一方的缔约方国内有管辖权的法院；

2. 依照 1965 年 3 月 18 日在华盛顿开放签字的《关于解决国家与他国国民投资争端的公约》设立的‘解决投资争端国际中心’。一旦投资者将争议提交相关缔约方国内有管辖权的法院或‘解决投资争端国际中心’，对上述两种程序之一的选择应是终局的。

3. 仲裁裁决应是终局的并对争议双方具有拘束力。缔约各方承诺根据其国内法规执行裁决。”

2009 中比 BIT 第 10 条“过渡条款”规定：

“(一)本协定替代并取代了 1984 年 6 月 4 日在布鲁塞尔签署的《中华

人民共和国和比利时—卢森堡经济联盟关于相互促进和保护投资的协定》。

（二）本协定应适用于缔约任何一方投资者在缔约另一方领土内的所有投资，不论其是在本协定生效之前还是之后作出的。但是，本协定不得适用于在本协议生效前已进入司法或仲裁程序的与投资有关的任何争议或索偿。此等争议和索偿应继续按本条第一款提及的 1984 年 6 月 4 日的协定的规定解决。”

就争端解决机制而言，2009 中比 BIT 比 1986 中比 BIT 的保护程度更高、范围更广。1986 中比 BIT 的投资者—国家争端解决条款范围仅仅涵盖“有关征收、国有化或其他类似措施的补偿额的争议”，而 2009 中比 BIT 的条款则适用于所有的“缔约一方投资者和缔约另一方间产生法律争议”。

（2）案件当事方

申请人：平安

被申请人：比利时王国

（3）基本案情

2008 年 7 月，平安通过公开市场累计追加总额超过 20 亿欧元的大额投资、持有富通集团（Fortis Group）公开发行股票的 4.81%。富通集团的营业范围包括银行和保险业，子公司遍及比利时、荷兰和卢森堡等国。不幸的是，美国雷曼兄弟公司于 2008 年 9 月 15 日宣告破产，银行同业拆借业务危机爆发。2008 年 9 月 16 日，有流言称富通集团的偿付能力出现问题，导致其难以从其他银行进行融资并导致其资金流动性风险大增。2008 年 9 月 26 日，富通集团在比利时的子公司（FBB）彻底丧失了融资渠道，无法从隔夜银行间同业拆借市场融资，机构投资者开始提取相当规模的存款。2008 年 9 月 28 日，比利时连同荷兰和卢森堡开始一系列后来被欧盟委员会定性为“国家援助”的救市行为，其中比利时政府通过比利时主权投资机构（SFPI）以 47 亿欧元为对价获得 FBB 公司 49.93% 的股份，同时比利时国家银行（BNB）同意向 FBB 提供 148 亿欧元的紧急流动性援助。经过比利时政府对 FBB 公司的 47 亿欧元的“增资扩股”和 148 亿欧元的紧急流动性援助的“第一波干预”后，平安在 FBB 的综合持股比例从4.81%被稀释到2.41%。

然而，“第一波干预”未能有效拯救 FBB 的流动性危机，比利时政府启动了被平安称为“第二波干预”的救市方案。2008 年 10 月 3 日，比利时政府向富通集团通知了比利时、荷兰、卢森堡三国政府达成对其三个子公司进行股份和债务置换的方案：比利时和荷兰政府同意荷兰政府以 168 亿欧元为对价获得富通集团在荷兰子公司(FBN)的所有资产；荷兰政府同意担保立即偿还 FBN 所欠 FBB 的 340 亿欧元短期债务，并在一月内将 FBN 所欠 FBB 的 160 亿欧元长期债务转化成荷兰政府担保的可转让金融票据；卢森堡在卢森堡子公司(FBL)的持股比例由 49% 上升到 51%；比利时再次以 47 欧元为对价收购 FBB 所剩余的股份，富通集团所持有的“50% +1 股”的 FBB 股份于 2008 年 10 月 10 日被转移给比利时政府。比利时并于 10 月 6 日公布了向法国银行 BNP Paribas 出售其所持的 75% 份额的 FBB 股份的新闻，并随后启动了一个赔偿主体范围仅限于拥有比利时(或其他欧盟国家)国籍或居住权的自然人小额股东的股东赔偿方案。在两拨救市之后，富通集团彻底剥离了银行业业务，只剩下保险业务，其 2012 年营收总额约为 157 亿欧元，相较于 2007 年平安投资时，规模缩水了近 90%。

平安投资受损，并认为比利时政府一系列的救市措施违反了其在相关投资条约项下的承诺。2012 年 9 月，平安在多次与比利时当局沟通无效后，选择依据中国和比利时签订的双边投资保护协定，向国际投资争端解决中心提起仲裁，并提出如下诉求：

第一，比利时政府未能给予平安的投资以条约规定的保护标准，违反了平安关于比利时(尤其是银行业)稳定、透明、可预期的法律和营商环境的正当期待；

第二，比利时在两次干预过程中未能采取更合理和更有效的替代措施，反而强迫富通集团接受重整方案，导致比利时政府征收了平安实质性的且占相当比例的投资；

第三，比利时政府未能公平、充分地赔偿平安因两次干预而遭受的损失，且比利时政府在干预过程中不当得利；

第四，比利时政府在行政决策过程中未能给予平安及其投资以正当程序的待遇，且任意地、不合理地歧视平安及其投资。

2013 年 12 月 20 日，比利时向仲裁庭提交它要提出管辖权异议的通知，仲裁庭按照其发布的程序规则将事实认定的程序予以延缓，2014 年 2 月 10 日，比利时正式提起了管辖权异议。2014 年 5 月 12 日，平安提交了反对管辖权异议的意见书，2014 年 7 月 11 日，比利时提交了它关于管辖权的回复意见。2014 年 9 月 9 日，平安提起了对管辖权问题的反驳意见，以及马丁·托尔堡（Martin Tornberg）先生的证人证言。在 2014 年 9 月 29 日的信件上，比利时质疑托尔堡陈述的可取性，争辩道，该陈述本应该和平安的反对管辖权异议的意见书一起提交。同日，仲裁庭请平安对比利时的信件作出评论。平安于 2014 年 10 月 2 日作出评论。2014 年 10 月 7 日，仲裁庭公布决定，不予理会比利时对托尔堡陈述可取性的反对，并邀请比利时提交对托尔堡陈述的书面回应。比利时于 2014 年 10 月 31 日提交了回应。基于此，本案的核心焦点不涉及实体问题，而在于管辖权异议。

平安在诉状中主张其依据 1986 中比 BIT 规定的实体保护义务和 2009 中比 BIT 规定的程序救济程序提起仲裁。但比利时从属时管辖权、属物管辖权、仲裁合意、不存在表面纠纷和司法礼让原则等方面提起了五大管辖权异议。比利时主张本案纠纷应当排除在 2009 中比 BIT 第 8 条的仲裁同意外，因为 2009 中比 BIT 第 8 条项下的仲裁同意仅仅局限于 2009 中比 BIT 生效后的纠纷而本案的纠纷在 2009 中比 BIT 生效前已经存在。因此，比利时认为该案件不应适用 2009 中比 BIT。

平安回应道，考虑到“过渡条款”和 2009 中比 BIT 的目的，2009 中比 BIT 第 8(1) 条项下建立的仲裁庭对本案享有管辖权，而无论纠纷是否发生于 2009 中比 BIT 生效之后。2009 中比 BIT 第 8 条的解释必须考虑第 10 条

“过渡条款”:2009 中比 BIT 强调对两国投资者保护的持续性,“替代并取代”的表述必须给予有效的含义;2009 中比 BIT 明确涵盖生效之前已经存在的投资,并且没有排除已经存在的纠纷;2009 中比 BIT 将仲裁庭管辖权扩展到所有法律纠纷,仅仅排除那些“已经进入司法或仲裁程序”的纠纷。而且,第 8(1)条仅仅关系到纠纷的通知,并不涉及属时管辖权,第 8(2)条规定了属时管辖权要求,即“如果纠纷未能解决,则可依照投资者的选择启动下列程序”。平安认为,2009 中比 BIT 第 10(2)条必然暗示“任何没有已经进入司法或仲裁程序的纠纷或申索”都落入 2009 中比 BIT 规定的争端解决机制的范围。第 10(2)条区分了且仅仅区分了两类纠纷:已经进入司法或仲裁程序的、因而应依照 1986 中比 BIT 继续解决的纠纷;其他所有的、都应该落入 2009 中比 BIT 涵盖范围的纠纷。如果比利时政府的解读成立的话,那么缔约国任何违反 1986 中比 BIT 实体条款的行为都将无法得到纠正,除非这些纠纷已经进入司法或仲裁程序。这种拒绝投资者救济的限缩解读无法与 2009 中比 BIT 的目的和初衷相协调。平安仅仅是将一个已经存在的纠纷依照在递交申请时已经生效的程序条款提起仲裁,因此仲裁庭应当享有管辖权。

(4)裁判结果

仲裁庭总结的核心争议问题只有一个:“2009 中比 BIT 能否被解释为允许 2009 中比 BIT 的争端解决机制的管辖权范围扩大到包括 2009 年 12 月 1 日条约生效前已经存在的纠纷,而这些纠纷是基于 1986 中比 BIT 实体义务的违反并且已经依照 BIT 进行了纠纷通知?”

仲裁庭总体上援引《维也纳条约法公约》来处理这个条约解释问题。仲裁庭总结了新旧两版 BIT 的不同:1986 中比 BIT 项下的国际投资仲裁机制仅仅适用于“征收、国有化或其他类似影响投资的措施情形下的赔偿数额的纠纷”;2009 中比 BIT 则规定了较为宽泛的国际投资仲裁机制,涵盖的纠纷不限于征收的补偿数额纠纷。然后,在认定投资纠纷最晚于 2009 年 10 月 14 日已然发生的基础上,仲裁庭作出了一个至关重要的甚至是无意识的区分:2009 中比 BIT 没有明确处理在 2009 年 12 月 1 日前已经发生、已经依照 1986 中比 BIT 发出纠纷存在通知但尚未进入司法或仲裁程序的纠纷。虽然仲裁庭承认,如果 2009 中比 BIT 被限缩解释,那么新旧 BIT 确实存在“空白”或“仲裁缝隙”的风险。

首先,平安主张其在 1986 中比 BIT 项下已经没有任何可用救济,因为 1986 中比 BIT 已经被 2009 中比 BIT 替代而终止,且平安并没有依照 1986 中比 BIT 提起任何司法或仲裁程序。仲裁庭首先明确其无权审理此问题,但又作出了一些观察认为:1986 中比 BIT 项下不仅规定了国际仲裁程序也规定了东道国救济程序,且 1986 中比 BIT 终止后仍对终止前的投资提供后续 10 年的保护。言外之意在于平安在 1986 中比 BIT 项下仍有救济,虽然仲裁庭明确表示这仅仅是一个事实性的观察,而不是裁断。

其次,仲裁庭认为有诸多迹象标明 2009 中比 BIT 并不涵盖在其生效前经存在但条约并未明确规定处理意见的纠纷。第一,第 8(1)条规定的缔约一方投资者和缔约另一方间“产生”(rises)法律争议不能够被解读为“发生或已经发生”(arises or has arisen),因此字面解读并不支持平安的宽泛解释。第二,2009 中比 BIT 的条约前言也不能对平安的宽泛解读提供支持,因为 BIT 前言仅仅提及通过为投资者创造优惠条件以加强缔约国经济合作,并不能必然推导出 2009 中比 BIT 中存在的“仲裁空白”应该通过创造性解释的方法加以填补。第三,2009 中比 BIT 第 10(2)条适用于所有投资的普通规定并不能为宽泛解读提供帮助。但对此,仲裁庭并未提供任何进一步解释或推理。第四,2009 中比 BIT 第 10(2)条不适用于已经进入司法或仲裁程序的纠纷,这种规定本身并不支持如下推论:2009 中比 BIT 生效之前的但尚未进入司法或仲裁程序的纠纷就落入 2009 中比 BIT 的范围。第五,2009 中比 BIT 第 10 条明确规定其目的在于替换和代替 1986 中比 BIT,这个目的本身也无法正当化如下推论:已经依照 1986 中比 BIT 进行纠纷通知但尚未成熟到进入司法或仲裁程序的纠纷将会“幸存于” 2009 中比 BIT。第六,一个最重要反对扩张解释的迹象是其效果相当于允许使用

2009 中比 BIT 项下更宽泛的纠纷解决程序来审理已经依照 1986 中比 BIT 进行纠纷通知的申诉,而 1986 中比 BIT 的争端解决程序适用的实体纠纷范围更窄。2009 中比 BIT 规定已经进入司法或仲裁程序的纠纷应依照 1986 中比 BIT 解决,这表明这些申诉应当继续限定在仅仅涉及征收补偿数额的纠纷。而平安的解释相当于扩大了可诉诸国际仲裁的纠纷的范围。

基于以上理由,仲裁庭最终认定“无论是基于明文表述,还是基于暗示或推论,2009 中比 BIT 的措辞都不足以证明 2009 中比 BIT 项下更宽泛的救济能够适用于已经依照 1986 中比 BIT 提起纠纷通知但尚未进入仲裁或司法程序的、已经存在的纠纷”,并以缺乏管辖权为由驳回了平安的所有诉求,并裁定由纠纷当事人各自承担仲裁成本。

十一、中国澳门特别行政区 Sanum 与老挝政府纠纷案[①]

(一)意义

该案主要探讨在我国“一国两制”的特殊制度下,中外 BIT 是否适用于中国香港与澳门特别行政区。随着“一带一路”国家倡议的指引,中国香港与澳门特别行政区作为中国企业对外投资的前哨站势必会吸引更多外资,在这种情形下,确定中外 BIT 能否直接适用中国香港与澳门特别行政区投资者具有重大意义。但从中国外交部和老挝政府的往来文件可以看出,中国并不支持中央政府与外国签订的 BIT 直接适用于中国香港、澳门特别行政区的立场。

① ICSID 案号:Lao Holdings N. V. v. Lao People's Democratic Republic (ICSID Case No. ARB(AF)/16/2),https://www.italaw.com/cases/2020,最后访问日期:2017 年 10 月 27 日。

（二）案件介绍

1. 裁判要旨

《维也纳条约法公约》第 29 条确立了“条约边界移动规则”，即“除条约表示不同意思，或另经确定外，条约对每一当事国之拘束力及于其全部领土”。根据该规则，通常情况下，条约应适用于缔约国的全部领土，除非条约有明确但书或另经确认。

2. 关键词

投资仲裁协议　港澳投资者　条约适用　国家继承

3. 案件基本情况

(1)仲裁条款

1993 年 1 月 31 日《中华人民共和国政府和老挝人民民主共和国政府关于鼓励和相互保护投资协定》（以下简称《中老 BIT》）第 8 条规定：

“（一）缔约国一方的投资者与缔约国另一方之间就在缔约国另一方领土内的投资产生的争议应尽量由当事方友好协商解决。

（二）如争议在六个月内未能协商解决，当事任何一方有权将争议提交接受投资的缔约国一方有管辖权的法院。

（三）如涉及征收补偿款额的争议，在诉诸本条第一款的程序后六个月内仍未能解决，可应任何一方的要求，将争议提交专设仲裁庭。如有关的投资者诉诸了本条第二款所规定的程序，本款规定不应适用。

（四）该仲裁庭应按下列方式逐案设立：争议双方应各任命一名仲裁员，该两名仲裁员推选一名与缔约国双方均有外交关系的第三国国民为首席仲裁员。头两名仲裁员应在争议任何一方书面通知另一方提出仲裁后的两个月内任命，首席仲裁员应在四个月内推选。如在上述规定的期限内，仲裁庭尚未组成，争议任何一方可提请解决投资争端国际中心秘书长作出必要的委任……”

2012 年，位于中国澳门特别行政区的投资公司 Sanum Investments 向联合国国际贸易法委员会提出针对老挝的仲裁。根据《中老 BIT》,就老挝征收其娱乐投资项目提出仲裁请求。在征询过各方的意见后,仲裁庭指定新加坡为仲裁地。仲裁程序规则为2010年《联合国国际贸易法委员会仲裁规则》(以下简称《UNCITRAL 仲裁规则》)。

(2)案件当事方

申请人:澳门 Sanum Investments 公司(世能公司)

被申请人:老挝政府

(3)基本案情

2005年,一美国公民在中国澳门特别行政区设立世能公司,世能公司是一家根据中国澳门特别行政区法律在澳门特别行政区注册成立的公司,在老挝从事博彩业和酒店业投资。后世能公司与老挝政府因投资发生纠纷。2012年,世能公司自认为满足1993年《中老 BIT》对"投资者"的定义,遂以《中老 BIT》为依据,在新加坡针对老挝政府发起国际仲裁。

老挝政府随即对仲裁庭的管辖权提出初步反对意见,主张《中老 BIT》中界定的"领土范围"不包括中国澳门特别行政区,故世能公司不得据此提起仲裁。这一反对意见未获仲裁庭支持;2013年12月,仲裁庭作出管辖权裁决,认定《中老 BIT》适用于中国澳门特别行政区,仲裁庭对本案拥有管辖权。

老挝政府不满该仲裁裁决,2014年1月9日,应老方请求,中国驻老挝使馆照会老挝外交部,确认《中老 BIT》不适用中国澳门特别行政区。1月10日,老方根据《新加坡国际仲裁法》就仲裁庭管辖权问题向新加坡高等法院提起诉讼,要求对仲裁庭的管辖权裁决进行司法复审。2015年1月,高等法庭作出判决,认定《中老 BIT》不适用于中国澳门特别行政区,故仲裁庭对本案无管辖权。

2015年7月,世能公司向新加坡最高法院上诉庭提起上诉,要求撤销高等法庭的判决。2015年11月,中国外交部照会老挝外交部,重申中国驻老挝使馆2014年照会中所阐明的立场。2016年9月29日,新加坡上诉法院就世能公司针对老挝提起的投资仲裁案作出判决，推翻了高等法院判决，认定 1993 年《中老 BIT》适用于中国澳门特别行政区。

中国外交部表示强烈反对。

4. 裁判结果

（1）新加坡高等法院意见

2013 年 12 月，依据《UNCITRAL 仲裁规则》组成的仲裁庭在新加坡作出管辖权仲裁裁决，认定《中老 BIT》适用于中国澳门特别行政区，而且世能公司是合格投资者可以援引《中老 BIT》主张权利。2014 年 1 月 10 日，老挝向新加坡司法机关提出仲裁裁决撤销申请，并呈交注明日期为 2014 年 1 月 7 日。老挝外交部致中国驻老挝首都万象大使馆的函件以及后者 2 天后的回函。2015 年 1 月，新加坡最高法院原讼庭在进行司法复审后决定撤销联合国国际贸易法委员会仲裁庭的管辖权仲裁裁决，裁定《中老 BIT》不适用于澳门特别行政区。

本案中，新加坡最高法院撤销联合国国际贸易法委员会仲裁庭原管辖权仲裁裁决，认《中老 BIT》不适用于中国澳门特别行政区的最重要原因，是因为老挝提供的新证据，即老挝外交部与中国驻老挝首都万象大使馆有关《中老 BIT》适用范围的“两封外交信函”。2014 年 1 月 7 日，老挝外交部致函中国驻老挝首都万象大使馆，在信函中老挝提出《中老 BIT》不应适用于中国澳门特别行政区的观点并寻求中国对此观点的支持。1 月 9 日，中国驻万象大使馆在给老挝外交部的回函中表达了对前者观点的支持。

回函原文为：“根据《澳门特别行政区基本法》，澳门特别行政区可以根据中央人民政府授权而单独同其他国家和地区签订和履行投资协定；原则上中央人民政府缔结的双边投资协定不适用于澳门，除非在征询澳门特别行政区政府的意见后及与其他缔约方磋商后另有安排。”

（2）新加坡上诉法院意见

2016 年 9 月 29 日，新加坡上诉法院就世能公司针对老挝提起的投资仲裁案作出判决，推翻了高等法院判决，认定 1993 年《中老 BIT》适用于中国澳门特别行政区。

①移动条约边界原则

新加坡上诉法院之所以作出上述判决,其基本出发点是认为,澳门回归中国是因国家领土变更导致的“国家继承”问题,葡萄牙是被继承方,中国是继承方,因此在中国澳门特别行政区适用条约问题上应遵循条约继承规则;《国家在条约继承方面的维也纳公约》第15条等反映了“移动条约边界”(Moving Treaty Frontier)这一“习惯国际法规则”,即在一国领土发生变更时,被继承国的条约停止对所涉领土有效,继承国的条约对该领土有效。因此,澳门回归中国后,除条约明示或另经确定的特殊情形以外,中国参加的条约都要自动适用于中国澳门特别行政区,《中老BIT》也不例外。

新加坡最高法院的决定基本上是根据国际习惯法中的移动条约边界规则,此规则编纂于《维也纳条约法公约》和《关于国家条约继承维也纳公约》。该规则规定,若某条约对一个国家的整个领土具有约束力,则该条约效力可默认延伸至日后纳入该国的任何领土。

所以,1999年中国对澳门恢复行使主权后,除非老挝能证明此协定在订立时有意将中国澳门特别行政区排除在适用范围之外,否则《中老BIT》自动适用于中国澳门特别行政区。新加坡最高法院认为,中国和老挝并未有此意图,因为在1987年《中葡联合声明》已预示交还澳门主权,但1993年中国和老挝缔结《中老BIT》时也并未将澳门排除在外。由于中国和老挝肯定考虑到移动条约边界原则,因此双方默认《中老BIT》将适用于中国澳门特别行政区。

根据老挝提出的证据,法院继续考虑《中老BIT》是否可以属于“另行作出安排”的情况而不适用于中国澳门特别行政区。这些证据包括1987年《中葡联合声明》,中国香港特别行政区关于条约适用的类似实践,联合国秘书处和世界贸易组织的出版物(但法院拒绝参考),以及双方会照。

②一国两制

虽然老挝指出根据1987年《中葡联合声明》,中国对澳门实行“一国两制”,但法院仍然指出,联合声明是一项双边条约,就国际法角度而言,此条约未规定非缔约国如老挝的任何权利或义务。此外,联合声明只表明中国对澳门的宪制安排。鉴于国家不得凭借其国内法律而逃避其条约义务的原则,中国尚且不能依赖其国内法律框架来规避与投资者的仲裁,老挝就更是如此。

法院还指出,关于1997年香港自英国回归中国后,中国缔结的条约是否适用于中国香港特别行政区的问题,这方面的相关证据并不充足。不管怎样,法院都质疑中国香港特别行政区是否能作为中国澳门特别行政区的“真正类比对象”。

③关键日期

值得特别留意的是,新加坡最高法院拒绝接受老挝提交的2014年和2015年中老双方政府照会作为证据,照会表明《中老BIT》不适用于中国澳门特别行政区。参考国际法中的“关键日期”准则,法院表示仲裁程序启动后,一方不能依赖本身提供的证据使其在仲裁中获得有利地位。尽管老挝辩称,照会仅仅是“确认”了中老双方一直以来将中国澳门特别行政区排除在《中老BIT》适用范围之外的意图,法院认为照会与“关键日期”前的立场相悖(根据移动条约边界原则,《中老BIT》适用于中国澳门特别行政区)。

法院认为双方照会虽字面表示《中老双边投资协定》不适用于中国澳门特别行政区,但并不意味着该照会可证明中老双方的“嗣后协定”或“嗣后惯例”。为了公正和程序正义,法院裁定不能认为双方照会证据有效,否则照会便具有修改《中老BIT》的溯及力,导致第三方投资人在提出仲裁要求后利益受损。

④有效性解释

关于《中老BIT》第8(3)条款规定允许对“涉及征收补偿金额”的争议进行仲裁是否能适用于世能公司提出的仲裁请求,新加坡最高法院留意到《中老BIT》中包含一项“岔路口条款”:如果投资者将征收争议请求提交国家法院审理,就不能再将该争议请求包含的任何事宜提交仲裁。

鉴于此,法院驳回了老挝的对第8(3)条款的以下解释:根据该条款,只有补偿金是唯一争议事项时,才能寻求以仲裁解决争议。法院注意到,争议中仅仅直接涉及征用补偿金的案件已经日益罕见,并且东道国可以轻易地否认他们进行了征收行为。

因此,对第8(3)条款的这种狭义解释意味着实际上投资者无法有效提出仲裁,其违反了有效性(有效解释)原则。根据《中老BIT》投资保护的目的,法院更倾向于对包括补偿金额在内的第8(3)条款进行目的性解释,该案可以据此裁决。

(3)中国政府意见

中国并不支持中央政府与外国签订的BIT直接适用于中国香港、澳门特别行政区的立场。

第一,中国恢复对澳门行使主权并非"国家继承",澳门回归后适用有关条约也不能按照条约继承处理。这是一个原则问题,是处理条约适用问题的大前提。从16世纪起,葡萄牙逐步占领澳门,期间迫使清政府签订《中葡会议草约》《中葡北京条约》等一系列条约。这些条约都是不平等条约,自始就是无效的,未改变中国澳门特别行政区属于中国领土这一基本事实。中华人民共和国成立后,中国政府多次声明中国澳门特别行政区是中国领土。1976年《葡萄牙宪法》规定,中国澳门特别行政区是葡管辖下的特殊区域,不再被视为葡领土。1987年《中葡联合声明》明确规定,澳门是中国领土,中国将于1999年12月20日对澳门恢复行使主权。因此,澳门的主权一直属于中国,中方只是在葡占领期间中断对澳门行使主权,澳门回归不是中国的领土变更,不产生"国家继承"问题,也就不存在所谓条约继承问题。这一立场在中葡谈判时多次重申。

第二,按照"一国两制"方针解决历史遗留的香港、澳门问题,是国际法上的一大创举,在很多方面没有先例可循。为了保证香港、澳门的平稳过渡和长期繁荣稳定,中国政府分别与英国和葡萄牙政府就国际条约在香港、澳门的适用等问题进行商讨,达成了一系列特殊安排。这些安排既体现在中英、中葡两个联合声明附件一中，也规定于中国香港、澳门特别行政区的基本法之中，而且已周知国际社会，得到高度认同。在这一点上，中国在处理香港和澳门问题上所遵循的原则和采取的做法完全一致。

第三，具体就中国澳门特别行政区而言，《澳门特别行政区基本法》第138条明确规定："中华人民共和国缔结的国际协议，中央人民政府可根据情况和澳门特别行政区的需要，在征询澳门特别行政区政府的意见后，决定是否适用于澳门特别行政区。""中华人民共和国尚未参加但已适用于澳门的国际协议，仍可继续适用。中央政府根据情况和需要授权或协助澳门特别行政区政府作出适当安排，使其他与其有关的国际协议适用澳门特别行政区。"上述规定与《中葡联合声明》附件一的规定一脉相承，从中可以清楚地看出，这些安排与所谓条约继承的"移动条约边界"规则南辕北辙。如果按照"移动条约边界"规则，那么由葡萄牙参加并适用于澳门的条约在回归后不再对中国澳门特别行政区有效，而中国参加的条约原则上自动适用于中国澳门特别行政区。这显然是不合适的。

第四，为了让国际社会周知上述立场并在法律上予以确认，中葡双方在澳门回归前分别采取了一系列配套的外交行动和法律行动。在外交行动方面，中国常驻联合国代表于1999年12月13日照会联合国秘书长，通报中方关于中国澳门特别行政区适用国际条约的立场，并以后附清单的形式列举了158项自1999年12月20日起适用于中国澳门特别行政区的条约，其中58项是该日之前适用于澳门而中国尚未参加的条约。照会中还专门指出："未列入本照会上述附件的、中华人民共和国是当事方或将成为当事方的其他条约，如决定将适用于澳门特别行政区，中华人民共和国政府将另行办理有关手续。"葡萄牙常驻联合国代表团随即照会联合国秘书长，对中方上述照会及附件"表示欢迎及支持"。联合国秘书长应中葡双方要求，将上述照会内容通知了联合国其他成员国和联合国各专门机构。在法律行动方面，中国政府还逐一向将适用于中国澳门特别行政区的国际条约保存机关递交了照会，通知条约适用事宜，包括有关声明和保留等，指出因中国澳门特别行政区适用这些国际条约所产生的国际权利和义务由中国政府承担。葡萄牙政府则发出相应照会,表示终止其对澳门承担的有关国际权利义务。上述行动得到了世界各国(地区)和国际组织的理解和接受。

新加坡上诉法院却曲解上述立场。一是声称《中葡联合声明》等文件只能约束中葡双方,《澳门特别行政区基本法》只是中国的国内法,均不能减损中国依所谓“习惯国际法规则”所承担的国际义务;二是声称中国常驻联合国代表1999年致联合国秘书长的照会只是涉及联合国秘书长作为保存机关的多边公约,不涉及其他条约,与中外双边投资协定无关;三是尽管承认中国与新加坡签订的民商事司法协助协定等双边条约不适用于中国香港特别行政区,但声称没有充分证据证明中国香港特别行政区的情形与此案具有真正的可比性。

关于第一点,确定一项条约的地域适用范围,属于缔约方的主权。新加坡上诉法院把完全不相干的所谓“条约继承”理论生搬硬套到中国澳门特别行政区的情形,以此否定《澳门特别行政区基本法》和《中葡联合声明》的效力,是对中国主权的不尊重,反映了该法院的偏见。关于第二点,如上所述,该照会是一项外交宣告,而区别于向条约保存机关递交的条约生效文书。它既不是仅局限于联合国秘书长作为保存机关的条约,也不是仅局限于多边公约。照会中的“条约”一词须理解为包括双边条约。新加坡上诉法院对该照会的解读是片面的、武断的。关于第三点,在条约适用问题上,中国处理香港问题和澳门问题的立场和做法是完全一致的,新加坡上诉法院的判断没有任何依据。

(撰稿人:袁杜娟)

第四篇　我国仲裁机构与国外的交流与合作

当下的中国,既是经济大国也是经济强国。中国的经济形势正发生着巨大改变,由改革开放之初的"引进来",逐步开始"走出去"。中国的对外投资已经到了"井喷式"阶段。

随着中国经济形势的变化以及中方在国际经贸交往中地位的逐步提高,国际经贸纠纷在中国仲裁的可能性越来越大,也将越来越多,这必将成为世界仲裁的新常态。国外对中国的仲裁产生了前所未有的兴趣与热情,希望积极增进彼此的了解,加强合作。在这种形势下,中国的仲裁机构积极应对,一方面热情会见来自世界各地的来宾,深化彼此的了解;另一方面积极参与各种国际会议,主动通过各种国际会议向国外各界介绍中国的仲裁、分享中国仲裁的成功经验,以便在国际仲裁规则的制定中体现出中国的智慧;与此同时,还加强与国外各界在仲裁领域的合作,充分体现在国际仲裁中,中国已不仅仅拥有话语权,也逐步开始体现出主导权。

一、通过会见国外各界来宾,深化彼此了解

2015 年 1 月 29 日,中国国际经济贸易仲裁员委会(本篇简称贸仲委)副主任兼秘书长于健龙在京会见了英国施德伟律师事务所(Reynold Porter Chamberlain LLP)主席鲁珀特·博斯沃尔(Rupert Boswall)先生一行。于健龙副主任就贸仲委的国际化交流、近年来受理案件的情况以及 2015 年版《中国国际经济贸易仲裁委员会仲裁规则》(本篇简称 2015 年版《仲裁规则》)的特点向鲁珀特·博斯沃尔先生一行做了简要介绍。鲁珀特·博斯沃尔先生对贸仲委近年来所取得的成就表示赞许。双方围绕贸仲委香港仲裁中心的发展、仲裁员培训、贸仲委仲裁服务的优势等双方关心的问题展开

讨论和交流。①

2015年3月9日,贸仲委仲裁院副院长李虎在京接待了参加中国人民大学“朝鲜官员及法律专家培训”项目的朝鲜法律专家及官员一行。李虎副院长就中国仲裁制度、贸仲委的机构设置及仲裁服务、贸仲委2015年版新规则修订的背景情况及修订内容以及2015年3月起施行的贸仲委《证据指引》做了详细介绍。双方就紧急仲裁员程序、香港仲裁中心的设置等问题进行了广泛的讨论。双方表示将继续加强往来,进一步深化交流与合作。与会者普遍认为,贸仲委新规则,尤其是紧急仲裁员程序、多份合同仲裁、追加当事人以及中国香港特别行政区仲裁的特别规定,不仅体现了贸仲委的规则创新意识,也体现了国际商事仲裁的发展趋势,更有利于商事纠纷案件的高效和公正处理。②

2015年3月23日,贸仲委副主任兼秘书长于健龙在京会见了加拿大博历维律师事务所(Borden Ladner Gervais LLP)合伙人丹尼尔·厄尔巴斯(Daniel Urbas)先生一行。于健龙副主任就贸仲委的国际化交流、近年来发展的趋势和特点、分支机构的发展以及香港仲裁中心的设立等情况向丹尼尔·厄尔巴斯先生一行进行了简要介绍。丹尼尔·厄尔巴斯先生对贸仲委近年来所取得的成就表示赞许。双方围绕贸仲委的发展、仲裁员培训、贸仲仲裁服务的优势、合作召开研讨会等双方关心的问题展开了讨论和交流。③

2015年4月7日,贸仲委副主任兼秘书长于健龙在京会见了英格兰及威尔士高等法院法官布莱尔勋爵一行。于健龙副主任就贸仲委机构设置的新变化、近年来受理案件的情况、2015年版《仲裁规则》修订的新特点等情况向布莱尔勋爵一行进行了简要介绍。布莱尔勋爵对贸仲委近年来取得的

---

① 载 http://www.cietac.org/index.php? m = Article&a = show&id = 2204,最后访问日期:2017年4月5日。

② 载 http://www.cietac.org/index.php? m = Article&a = show&id = 2208,最后访问日期:2017年4月5日。

③ 载 http://www.cietac.org/index.php? m = Article&a = show&id = 2213,最后访问日期:2017年4月5日。

成就以及在推动国际仲裁发展方面所做的努力表示赞许。双方围绕紧急仲裁员制度、香港仲裁的特别规定、简易程序以及仲裁裁决在中英两国法院的执行等问题展开了讨论和交流。①

2015 年 5 月 19 日,美国替代性纠纷解决机构(Judicial Arbitration Mediation and ADR Service,JAMS)的资深仲裁员琼·格拉夫斯坦(Joan Grafstein)女士、美国佐治亚大学公共及国际事务学院副院长罗伯特·格拉夫斯坦(Robert Grafstein)先生带领的学生代表团来访贸仲委。贸仲委仲裁院李虎副院长接见并与代表团进行了会谈。贸仲委仲裁研究所杨帆副主任向代表团介绍了贸仲委的历史、职能、仲裁规则以及中国仲裁法、仲裁实务、仲裁裁决的执行等问题。双方随后还围绕贸仲委案件中仲裁员国籍的选择、裁决的执行、仲裁程序语言、调解在仲裁程序中的运用、与美国仲裁程序的不同等多方面问题与来访师生进行了交流和热烈讨论。李虎副院长在总结中指出,作为国内外领先的仲裁机构,贸仲委将不断地完善仲裁规则,优化仲裁实践,确保仲裁的质量和效率,持续为中外当事人提供优质高效的仲裁服务。②

2015 年 5 月 25 日下午,贸仲委副主任兼秘书长于健龙在京会见以施秉慧理事长为团长的高雄律师公会代表团一行,于健龙副主任就近年来涉台案件的标的与数量、2015 年版《仲裁规则》的新特点等情况做了简要介绍。双方围绕仲裁机构仲裁员的换届及聘任、仲裁员名册外选定仲裁员、贸仲委仲裁的优势、与中国香港特别行政区仲裁的异同、贸仲委仲裁裁决的承认与执行等问题进行了交流和热烈讨论。③

2015 年 6 月 23 日,贸仲委副主任兼秘书长于健龙在京会见了由李家庆

---

① 载 http://www.cietac.org/index.php? m = Article&a = show&id = 2223,最后访问日期:2017 年 4 月 5 日。

② 载 http://www.cietac.org/index.php? m = Article&a = show&id = 2244,最后访问日期:2017 年 4 月 6 日。

③ 载 http://www.cietac.org/index.php? m = Article&a = show&id = 2245,最后访问日期:2017 年 4 月 6 日。

理事长率领的我国台湾地区律师代表团。双方围绕仲裁领域共同感兴趣的话题展开座谈和交流。于健龙秘书就贸仲委历年发展、案件受理情况和国际化特点做了简要介绍。李家庆理事长则回顾了两岸相关仲裁法律机构的合作历史,介绍了两岸仲裁交流的相关情况。双方围绕2015年版《仲裁规则》的新发展、仲裁裁决的承认和执行、临时措施和紧急仲裁员制度、调解文书的执行力等问题展开谈论和交流。①

2015年6月10日,贸仲委仲裁院副院长李虎在京会见了来访的墨西哥经济部驻华代表处公使陆海平(Jose Luis Enciso Manzo)先生、参赞罗伯托·卡布雷拉(Roberto Cabrera Ruiz)先生以及杨晶宇女士一行。李虎副院长就贸仲委历年发展、案件受理情况和国际化特点作了简要介绍。陆海平先生介绍了墨西哥近年来经济的发展,中墨之间的贸易往来和经济交流合作的相关情况。双方围绕贸仲委的发展、墨西哥争议解决制度和仲裁制度的发展等双方关心的问题进行交流。同时,双方还就共同合作开展,加强交流等方面展开了讨论。②

2015年7月5日,贸仲委副主任兼秘书长于健龙会见我国台湾地区"中华仲裁协会"理事长李复甸、名誉理事长李念祖先生,双方就近期两会合作事宜交换了意见,表达了加深交流与合作的愿望。双方均表示,将发挥双方在促进两岸仲裁发展中的重要作用,进一步推动两岸经贸仲裁的发展,双方还对今年共同举办多项两岸仲裁合作事项形成了一致意见,达成了广泛共识。③

2015年7月17日上午,贸仲委接待了美国杜兰大学乔尔·费里德曼(Joel Friedman)教授带领的学生代表团来访。贸仲委国际案件处处长陈建

---

① 载 http://www.cietac.org/index.php? m = Article&a = show&id = 2260,最后访问日期:2017年4月6日。

② 载 http://www.cietac.org/index.php? m = Article&a = show&id = 2257,最后访问日期:2017年4月6日。

③ 载 http://www.cietac.org/index.php? m = Article&a = show&id = 2267,最后访问日期:2017年4月6日。

博士向代表团做了关于中国仲裁法和仲裁法律实践的讲座,介绍了中国仲裁的发展史和现行法律制度、贸仲委的仲裁规则与仲裁实践、仲裁裁决在中国的执行等。加深了代表团对中国仲裁和贸仲委仲裁的了解,起到了很好的交流和宣传作用。①

2015 年 9 月 9 日,贸仲委副主任兼秘书长于健龙在京会见英国 48 家集团代表团代表沃尔夫勋爵(Lord Woolf)、格雷厄姆·佩里(Graham Perry)仲裁员、麦皓伟(Marc Harvey)。于健龙高度评价 20 世纪 50 年代英国 48 家集团的破冰之旅,热烈欢迎沃尔夫勋爵一行访问贸仲委。于健龙指出,随着"一带一路"倡议的加快实施,中国企业走出去的步伐不断加快,中国的仲裁服务业既面临着难得的机遇,又面临着巨大的挑战。为扩大贸仲委的国际影响,吸引更多的企业选择贸仲委仲裁,贸仲委将不断完善仲裁规则、聘任更多优秀的外籍仲裁员、在仲裁程序中更加尊重当事人的自主权、进一步改善仲裁用户的仲裁体验,以提升贸仲委的竞争力。于健龙表示,贸仲委一直高度重视与英国法律界和仲裁界的交流,目前已经与英国仲裁机构和调解机构建立了紧密的机制化合作关系,聘请 48 名英国籍专业人士担任贸仲委仲裁员。贸仲委感谢英方对贸仲委发展的支持。双方还就仲裁法的修改、仲裁裁决的执行、人民法院关于审查涉外仲裁的报告制度、贸仲委在自由贸易试验区的发展、临时措施与紧急仲裁员制度等双方关心的话题进行了深入的讨论。②

2015 年 12 月 3 日下午,贸仲委副主任兼秘书长于健龙会见加拿大西安大略大学、新加坡国立大学等高校教授,英国、加拿大、新加坡执业律师许顺光仲裁员。于健龙副主任对于许顺光先生的到来表示欢迎。双方就进一步宣传贸仲委、中国海事仲裁委员会本篇简称海仲委)的优势,如何在国外开

---

① 载 http://www.cietac.org/index.php? m = Article&a = show&id = 2572,最后访问日期:2017 年 4 月 6 日。

② 载 http://www.cietac.org/index.php? m = Article&a = show&id = 2307,最后访问日期:2017 年 4 月 6 日。

展贸仲委、海仲委的培训业务进行了探讨,还就如何发展与体育法律相关的商事仲裁服务交换了意见,并达成了初步共识。①

2016年3月1日,贸仲委副主任兼秘书长于健龙在京会见国际律师协会(Internatioral Bar Association, IBA)会长大卫·瑞夫金(David W Rivkin)、司库彼得·巴特莱特(Peter Barlett)、法律职业部理事劳伦斯·泰赫(Lawrence Teh)和亚洲办公室主任朱尼·索恩(Juni Son)一行。于健龙介绍了贸仲委近期发展情况以及仲裁规则的特点,并指出,随着"一带一路"倡议的加快实施,中国企业走出去的步伐不断加快,中国的仲裁服务业既面临着难得的机遇,又面临着巨大的挑战。贸仲委将不断完善仲裁规则,聘任更多优秀的外籍仲裁员,进一步提高服务水平,不断提升核心竞争力。大卫·瑞夫金对贸仲委近年来取得的成就表示赞赏。他指出,贸仲委是中国历史最悠久的仲裁机构,经过60年的发展,国际影响不断提升,已经成为世界主要仲裁机构之一。贸仲委长期与IBA保持良好的合作关系,支持IBA开展活动,IBA对此表示感谢。希望双方进一步加强合作,不断推动仲裁业和律师业的健康发展。双方还就仲裁裁决的执行、人民法院关于审查涉外仲裁的报告制度等双方关心的话题进行了深入的讨论。②

2016年3月10日,贸仲委仲裁院李虎副院长在京会见了贸仲委仲裁员、国际争议解决中心(International Dispute Resolution Centre)代表康安东(Anthony Connerty)先生。李虎副院长对康安东先生的来访表示欢迎,随后就贸仲委的近年来受理案件、仲裁服务推广的情况向康安东先生做了简要介绍。康安东先生回顾了其在贸仲委担任仲裁员的经历并对贸仲委作为仲裁机构提供的专业服务表示赞赏。双方围绕仲裁员培训、举办相关会议等

---

① 载 http://www.cietac.org/index.php?m=Article&a=show&id=2741,最后访问日期:2017年4月6日。

② 载 http://www.cietac.org/index.php?m=Article&a=show&id=13653,最后访问日期:2017年4月6日。

双方关心的问题展开讨论和交流，并就合作的具体细节进行了磋商。①

2016 年 3 月 23 日，贸仲委仲裁院副院长李虎在京会见了巴中工商总会（Brasil – China Chamber of Commerce & Industry，CCIBC）会长唐凯千（Charles Tang）先生一行。李虎对巴中工商总会在促进中巴两国商贸发展、推动中巴文化和企业集团之间的交流和往来所作出的贡献表示赞赏。李虎介绍了贸仲委近年来受理案件的情况。唐凯千表示，随着中巴贸易额的不断增长，中巴两国企业之间的贸易纠纷也日益增多，考虑到巴西国内的需求以及仲裁作为国际争端解决方式的重要性，巴中工商总会设立了调解仲裁委员会。贸仲委作为中国最为悠久的国际性仲裁机构，以其独立、公正和高效在国内外享有盛誉，巴中工商总会希望与贸仲委建立合作关系。李虎对唐凯千的提议表示赞同，并就具体合作事宜进行了初步的沟通，双方达成了广泛的共识。②

2016 年 3 月 28 日，贸仲委副主任兼秘书长于健龙在京会见英格兰及威尔士高等法院法官威廉·詹姆士·林顿·布莱尔勋爵（Sir William James Lynton Blair）一行。于健龙首先就贸仲委在推动中国仲裁国际化交流方面所作出的努力、近年来贸仲委受理案件的情况向大法官布莱尔勋爵一行进行了简要介绍。大法官布莱尔勋爵对贸仲委近年来所取得的成就表示赞许。大法官布莱尔勋爵介绍了英国法院的审判制度以及英国高等法院在金融争议解决方面的探索和实践。双方就加强仲裁交流与合作进行了深入的沟通并达成广泛共识。③

2016 年 4 月 14 日下午，贸仲委、海仲委副主任兼秘书长于健龙会见加拿大西安大略大学、新加坡国立大学等高校教授，英国、加拿大、新加坡执业

---

① 载 http://www. cietac. org/index. php? m = Article&a = show&id = 13667，最后访问日期：2017 年 4 月 6 日。

② 载 http://www. cietac. org/index. php? m = Article&a = show&id = 13687，最后访问日期：2017 年 4 月 6 日。

③ 载 http://www. cietac. org/index. php? m = Article&a = show&id = 13689，最后访问日期：2017 年 4 月 7 日。

律师许顺光仲裁员。双方就进一步加强贸仲委、海仲委与温哥华海事仲裁员协会的合作关系,以及如何开展中国律师英美法培训进行了探讨,并形成了一致意见。①

2016年5月12日,贸仲委仲裁院副院长李虎在京会见到访的道达尔集团法务总监马尔滕·朔尔滕(Maarten Scholten)一行三人。李虎向马尔滕·朔尔滕(Maarten Scholten)一行介绍了贸仲委近几年的最新发展、受案情况、案件类型以及贸仲委仲裁员的选聘及名册的构成等情况,双方就管辖权异议的受理、2015年版《仲裁规则》的特点、案件收费标准、仲裁如何与调解相结合等问题进行了交流与讨论。马尔滕·朔尔滕(Maarten Scholten)先生表示,非常感谢李虎副院长的亲切接待,他希望借此机会加深对中国仲裁体系和贸仲工作的了解,增进双方的了解和交流。②

2016年5月30日,美国圣玛丽大学(St. Mary's School of Law)、洛约拉法学院(Loyalo Law School)以及布鲁克林法学院(Brooklyn Law School)法学院师生代表团一行45人访问贸仲委。贸仲委委员会工作处副处长陆菲接待来访,并向代表团介绍了中国仲裁的特点以及贸仲委的仲裁实践。代表团就仲裁员的资格、受案类型、如何推进仲裁程序的高效进行以及仲裁裁决的执行等踊跃提问,陆菲就代表团提出的问题进行了解答并和他们进行了热烈的交流。③

2016年7月21日,贸仲委仲裁院副院长李虎在京会见了巴中工商总会唐凯千(Charles Tang)会长率领的巴中工商总会代表团。李虎对巴中工商总会代表团再次访问贸仲委表示欢迎,期待双方加强合作,共同推动仲裁事业在两国的发展。李虎正式邀请巴中工商总会代表参加贸仲委将在2016

---

① 载http://www.cietac.org/index.php?m=Article&a=show&id=13716,最后访问日期:2017年4月7日。

② 载http://www.cietac.org/index.php?m=Article&a=show&id=13769,最后访问日期:2017年4月7日。

③ 载http://www.cietac.org/index.php?m=Article&a=show&id=13801,最后访问日期:2017年4月7日。

年9月举办的高峰论坛等活动。唐凯千会长介绍了巴中工商总会的基本情况,指出在巴西争议解决领域中,仲裁和调解与诉讼相比具有明显的优势,发展前景广阔。他表示,将与贸仲委深化合作、为两国当事人提供更好的争端解决服务。①

2016年7月27日,贸仲委仲裁院李虎副院长在京会见了肯尼亚司法部长基图·穆盖(Githu Muigai)、内罗毕国际仲裁中心(Nairobi Center for International Arbitration)书记官劳伦斯(Lawrence Muiruri)一行,双方就加强仲裁合作进行探讨并达成广泛共识。李虎表示,肯尼亚是非洲有重要影响力的国家,是东非第一大经济体,市场发展潜力巨大。两国自1963年建交以来,特别是中国改革开放以来,两国经贸关系不断实现跨越式发展。随着中国企业"走出去"步伐的不断加快,将会有越来越多的中国企业赴肯尼亚投资兴业,双边经贸往来将日益密切。仲裁是解决国际经贸纠纷的常用方式,是防控和化解法律风险的重要手段。中肯两国政府支持仲裁的发展,两国也都是1958年《纽约公约》的当事国,两国仲裁机构相互之间加强合作共同推动仲裁发展的前景十分广阔。李虎提出,内罗毕国际仲裁中心是肯尼亚重要的常设仲裁机构,贸仲委乐意与其商签合作协议、确立机制化合作关系,在相互交流信息、推广国际仲裁和调解、选聘仲裁员等方面开展务实合作。基图·穆盖表示,中肯两国是重要的经贸合作伙伴,当前中肯企业大多选择中肯两国之外的仲裁机构解决商事纠纷,这并不符合中肯两国经贸关系发展形势的需要。希望通过两国政府及仲裁机构的共同努力,包括内罗毕国际仲裁中心和贸仲委在内的中肯两国仲裁机构能够成为两国企业的首选,两国仲裁机构公正处理两国企业的经贸纠纷,服务两国经贸关系发展。劳伦斯表示,内罗毕国际仲裁中心将在信息交流、仲裁法律研究、仲裁员互聘、仲裁宣传推介等方面加强与贸仲委的合作,积极推进与贸仲委签署

---

① 载 http://www.cietac.org/index.php?m=Article&a=show&id=13858,最后访问日期:2017年4月7日。

合作协议。①

2016年9月8日,贸仲委秘书长王承杰会见来京出席"一带一路将如何改变仲裁与ADR"国际论坛的英国特许仲裁学会主席拿督孙达拉珠(Sundra Rajoo)一行,双方就加强仲裁合作进行了深入探讨并达成广泛共识。王承杰秘书长首先对英国特许仲裁学会的来访表示欢迎,并介绍了贸仲委和中国仲裁发展的历程。他指出,贸仲委最早提出并实践仲裁与调解相结合的做法,被国际仲裁界誉为"东方经验",这次又与英国特许仲裁学会合作举办"一带一路将如何改变仲裁与ADR"国际论坛,推动中国多元化纠纷解决机制的发展,是一件很有意义的事情。同时他诚挚邀请英国特许仲裁学会出席9月底在中国举办的中国仲裁高峰论坛等中国仲裁周活动。拿督孙达拉珠主席介绍了英国特许仲裁学会近年来发展的情况。他表示,作为目前国际公认的仲裁及非诉讼争议解决领域的最高水准的培训、教育和研究机构,希望能与贸仲委确立机制化合作关系,在相互交流信息、仲裁法律研究与仲裁规则制定、培训仲裁员等方面进一步深化务实合作,共同推进国际仲裁发展。英国特许仲裁学会愿与贸仲委深化合作,积极支持中国仲裁事业的发展。②

2016年9月8日,贸仲委秘书长王承杰会见香港律师会会长苏绍聪先生,双方就推动中国香港特别行政区仲裁发展、把握"一带一路"沿线地区仲裁机遇、推进贸仲香港中心的发展进行了深入的探讨,并对进一步加深合作达成了共识。苏绍聪会长介绍了香港律师会的仲裁相关业务,以及香港律师会近期在中国香港特别行政区对仲裁的业务推广,并表达了对于进一步促进香港律师会会员与贸仲委包括贸仲委香港中心合作与交流的愿望。苏会长表示,香港律师会期待与贸仲委和贸仲委香港中心确立合作关系,落

---

① 载http://www.cietac.org/index.php?m=Article&a=show&id=13862,最后访问日期:2017年4月7日。

② 载http://www.cietac.org/index.php?m=Article&a=show&id=13903,最后访问日期:2017年4月7日。

实合作计划，积极推动仲裁在香港和“一带一路”沿线国家和地区的发展。王承杰秘书长对香港律师会会长苏绍聪先生的来访表示欢迎，同时也感谢香港律师会对于仲裁的充分重视和积极推动。他表示，仲裁是国际化、专业化的争议解决方式，在经济全球化的背景下可以充分满足商事主体解决纠纷的需要。贸仲委多年来致力于为当事人提供专业、高效、公平、公正、独立的争议解决服务，未来也将进一步推动贸仲委香港中心的发展，并结合“一带一路”政策下中国香港特别行政区的经济发展方向，为当事人提供更优质的仲裁服务。王秘书长对苏会长提出的合作推广仲裁的想法十分赞同。他表示，贸仲委将积极与香港律师会探讨合作的方式和途径，让更多的企业和投资者选择仲裁作为争议解决方式。①

2016 年 9 月 26 日，贸仲委王承杰秘书长在京会见美国仲裁协会国际争议解决中心主席英蒂安·约翰逊（India Johnson）女士一行。王承杰秘书长对英蒂安·约翰逊女士一行的到访表示欢迎，随后就贸仲委近年来受案情况、仲裁员的聘任及组成、贸仲委 2015 年规则的新特点、分会的设立以及仲裁服务推广等情况进行了简要介绍。英蒂安·约翰逊女士回顾了其与贸仲委的深厚渊源并对贸仲委提供的专业仲裁服务表示赞赏。双方就仲裁裁决在各国的承认与执行情况、仲裁与调解相结合等情况进行了深入的交流与探讨。双方均表示将进一步加强合作，促进国际商事仲裁在更加广泛的领域里推广和应用。②

2016 年 10 月 13 日，贸仲委秘书长王承杰在京会见新加坡国际仲裁中心仲裁院（SIAC Court of Arbitration）主席嘉瑞·伯恩（Gary Born）一行，双方就加强仲裁合作共同推动仲裁事业发展等问题展开广泛而深入的交流。王承杰表示，中新两国互为重要经贸合作伙伴，在经贸以及社会等各领域合

---

① 载 http://www.cietac.org/index.php?m=Article&a=show&id=13908，最后访问日期：2017 年 4 月 7 日。

② 载 http://www.cietac.org/index.php?m=Article&a=show&id=13931，最后访问日期：2017 年 4 月 7 日。

作具有前瞻性、创新性和引领作用。贸仲委与新加坡国际仲裁中心于1992年签订合作协议,长期保持着良好合作关系。新加坡是“一带一路”倡议重要支点国家,随着“一带一路”倡议的推进,两国经贸发展面临广阔的发展空间,仲裁法律事务合作也迎来新的历史契机。王承杰强调,贸仲委愿意通过共同举办仲裁研讨会、面向企业联合推介仲裁、互相吸纳仲裁员、合作开展仲裁理论研究等多种方式,进一步深化双方务实合作,共同推动仲裁事业发展。嘉瑞·伯恩祝贺贸仲委成立60周年,对贸仲委多年来积极促进中国仲裁立法完善、大力推进国际商事仲裁事业发展高度赞赏。嘉瑞·伯恩表示,将与贸仲委开展多领域、多层次的合作,共同推广国际商事仲裁,为当事人解决纠纷提供更多的选择。双方还就国际投资仲裁、两国调解制度、仲裁与调解相结合等感兴趣的问题进行了探讨。①

2016年10月25日,贸仲委王承杰秘书长在京会见了毛里求斯国家法律顾问范·凯利·让－路易斯(Yvan Caril Jean－Louis)先生和毛里求斯驻华使馆二等秘书约瑟夫·卢克·摩艾(Joseph R. Luc Morin)先生一行。双方围绕中毛之间的仲裁合作发展等共同关心的问题进行了广泛交流。首先,王承杰秘书长对让·路易斯先生一行的到访表示欢迎,并介绍了贸仲委60年的发展情况和机构优势。近年来,随着中国经济的发展,贸仲委的受案量明显增加,争议金额不断加大,当事人来自全球100多个国家(地区)。贸仲委在定分止争方面秉承了高效、公平的理念。随后,王承杰秘书长回顾了中非以及中毛之间在仲裁领域多年的合作历史,指出“走出去”倡议使中国企业开始面对多种跨国商事纠纷,通过设立贸仲委香港仲裁中心,贸仲委也在积极探索在海外建立办事机构的有效经验。其后,让·路易斯先生介绍了近年来毛里求斯在仲裁领域和毛里求斯国际仲裁中心的建设和发展情况。并诚挚希望和贸仲委展开深度合作,以毛里求斯为窗口,打开中非仲裁

---

① 载http://www.cietac.org/index.php? m = Article&a = show&id = 13943,最后访问日期:2017年4月7日。

合作大门。①

2016年10月31日,贸仲委秘书长王承杰在京会见德国汉堡中德协会主席、贸仲委仲裁员、舒尔茨·诺阿克·贝尔文克尔律所(Schulz Noack Baewinkel)合伙人阿克塞尔·倪安迈(Axel Neelmeier),双方就合作推广仲裁、深化仲裁合作等问题进行交流。王承杰表示,德国是中国在欧洲的最大贸易伙伴,也是欧盟最具影响力的国家之一,两国经贸往来密切,为两国仲裁交流与合作提供了广阔的空间。贸仲委珍视与德国法律界和仲裁界之间的友好关系,并积极深化务实合作。近年来,贸仲委与德国相关机构多次联合举办国际商事仲裁研讨会,共享仲裁经验、联合开展对仲裁员和仲裁从业者的培训和继续教育,帮助中德两国当事人熟悉仲裁事务,取得了良好的效果。2010年,贸仲委与位于汉堡的中欧仲裁中心签订合作协议,建立了机制化合作关系。近年来,贸仲委共处理涉及德国当事人案件165件,标的超过人民币20亿元。贸仲委现聘任德籍仲裁员16名,今后贸仲委将大力吸引包括德国专业人士在内的外籍专业人士加入贸仲委仲裁员队伍并不断提高外籍仲裁员办案比例,努力提升贸仲委的国际竞争力。倪安迈祝贺贸仲委成立60周年。他表示将与贸仲委开展深度合作,共同推广国际商事仲裁,为中德两国当事人解决纠纷提供更多的选择。②

2016年11月14日,贸仲委仲裁院李虎副院长在京会见英国御用大律师、英国皇家仲裁协会御准仲裁员罗伯特·罗兹(Robert Rhodes QC)。李虎表示英国是中国在欧盟内第二大贸易伙伴。两国经贸合作呈多样化发展趋势,中国企业赴英投资也呈上升势头,几大国有大中型企业在伦敦交易所纷纷挂牌上市。贸仲委与英国法律界一直保持着友好关系,与英国大律师公会、英国特许仲裁员协会等多次联合举办国际商事仲裁研讨会、培训项

---

① 载 http://www.cietac.org/index.php?m=Article&a=show&id=13970,最后访问日期:2017年4月7日。

② 载 http://www.cietac.org/index.php?m=Article&a=show&id=13980,最后访问日期:2017年4月7日。

目,取得了良好的效果。并介绍到,贸仲委现有仲裁员1200多名,其中300多名是外籍仲裁员,来自41个国家及地区;2015年,贸仲委共受理1968件案件,其中涉外案件437件,双方当事人均涉外的案件有40件,外籍仲裁员参与的案件有58件。随着"一带一路"倡议的实施,越来越多的中国企业走出去,必将涉及更多的经贸纠纷,贸仲委将大力吸引外籍专业人士加入贸仲委仲裁员队伍并不断提高外籍仲裁员办案比例。罗伯特·罗兹对贸仲委多年来促进国际商事仲裁的发展,尤其是推广中英两国商事仲裁所做出的努力表示赞赏,并简要介绍了英国仲裁、调解的相关情况。双方就调解与仲裁、仲裁员名册外选定仲裁员等相关问题进行了深入的交流和讨论。①

2016年11月22日,英中协会、英国大律师公会代表来访贸仲委。贸仲委副主任兼秘书长王承杰与来访的英中协会(Great British China Centre,GBCC)助理主任凯瑟琳·兰德(Kathryn Rand)女士、英国大律师公会中国事务委员会主任安准·休斯(Adrain Hughes QC)大律师进行了会谈。王承杰秘书长首先欢迎两位代表的来访,并对贸仲委与英国大律师公会在2016年度合作举办的"中国律师培训计划"的成功表示祝贺。兰德女士向贸仲委方面介绍,作为英国外交和联邦事务部(Foreign and Commonwealth Office)的下属机构,英中协会承担了大部分海外事务推广及国际交往的职能。中国总理2015年10月访英后,中英两国共同发起了"促进法治、商业环境繁荣"的倡议。受英国外交和联邦事务部的指派,英中协会将在接下来的4年时间里承担此项倡议下的相应职责。休斯大律师表示,他在2016年9月底参加2016中国仲裁高峰论坛时已经注意到"一带一路"倡议的重要性。高峰论坛上,中国最高人民法院也强调了在仲裁领域寻求国际合作的重要意义。基于英国大律师公会与贸仲委在"中国律师培训计划"上的成功合作,英国大律师公会和英中协会希望能在争议解决领域,尤其是仲裁和

① 载http://www.cietac.org/index.php?m=Article&a=show&id=13993,最后访问日期:2017年4月7日。

调解方面获得贸仲委的建议和支持，并与贸仲委积极拓展合作可能。王承杰秘书长表示，随着“一带一路”倡议的实施，越来越多的中国企业走出去，必将涉及更多的经贸纠纷。贸仲委一向致力于在争议解决领域广泛进行国际合作，并与包括国际商会仲裁院在内的众多国际仲裁机构都保持着良好的合作关系。贸仲委与英国大律师公会、英国特许仲裁员协会等也曾多次进行互访，并联合举办国际商事仲裁研讨会、培训项目，均取得了良好的效果。就英中协会提出的倡议，双方可在此次初步会谈后围绕仲裁员培训、举办研讨会、加强海事仲裁交流等多方面寻求合作可能，并着重在“一带一路”沿线国家开发合作项目和合作机会。兰德女士和休斯大律师对王承杰秘书长提出的多项建议表示赞赏，并期待双方能够在今后具体合作项目的开展进行更加细致的讨论。王承杰秘书长还与休斯大律师就2017年度“中国律师培训计划”的具体安排进行了深入交流。①

2016年11月25日，ICSID秘书长梅格·金尼尔女士来贸仲委拜访，贸仲委副主任兼秘书长王承杰接待来访并与金尼尔女士进行了会谈。会谈中，王承杰秘书长首先对金尼尔女士的到访表示欢迎，并简要介绍了贸仲委的业务发展情况以及成立60年来对中国仲裁制度的建立和发展起到的推动作用。王秘书长表示，贸仲委的日常工作并不局限于案件管理，贸仲委一直不遗余力地推动中国仲裁法律环境的构建和优化、中国争议解决方式的创新和发展及中国仲裁法律人才的培养和培训。王秘书长提出，随着经济全球化的发展，中国已经签署了140多项双边及多边投资保护协定和自贸协定，并正在与美国和欧盟进行双边投资协定的谈判。因此，投资争端领域的纠纷解决机制在中国越来越得到各方面的重视。特别是在“一带一路”的大背景下，探索投资争端领域的争议解决机制就显得更加迫切和有意义。贸仲委将发挥60年积累的争议解决经验，并结合国际投资仲裁实践，为中

---

① 载 http://www.cietac.org/index.php?m=Article&a=show&id=14021，最后访问日期：2017年4月7日。

国的投资争端解决事业作出贡献,希望得到ICSID和金尼尔女士的支持和建议。金尼尔女士对于王秘书长对投资争端解决形势的分析表示赞同,她简要介绍了ICSID近期进行的第四次规则修订情况。她提出,ICSID和贸仲委拥有多年的友好合作关系,并在2012年签署了合作协议。她希望在ICSID修订规则的过程中也得到贸仲委这样经验丰富的仲裁机构的建议,并希望以后与贸仲委在投资争端解决领域开拓出更丰富的合作方式。①

2016年12月12日,贸仲委王承杰秘书长在京会见了瑞典斯德哥尔摩仲裁院董事会副主席冉雅克(Jakob Ragnwaldh)先生一行。双方就增强中瑞两国在仲裁领域的合作,加强人才和学术交流等议题交换了意见。会谈中,王秘书长表示,随着全球化与市场经济的不断发展,中国不仅是多国的投资目的地国,也成为对外投资大国。在可预见的将来,中国政府及企业将在投资领域面临前所未有的机遇和挑战。因此,在争端解决制度的建立和人才的培养上,贸仲委和其他国际仲裁机构有广泛合作空间。在此过程中,贸仲委也需要大量的国内外专家献计献策,提出宝贵的建议和意见。冉雅克先生向王承杰秘书长表达了进一步继续加强合作的意愿,并诚挚邀请王秘书长参加在2017年举行的斯德哥尔摩仲裁院的相关活动。贸仲委与斯德哥尔摩仲裁院长期保持着良好的合作关系。作为斯德哥尔摩仲裁院规则修订委员会主席和贸仲委的仲裁员,冉雅克先生拥有在跨国投资和国际商事争端解决方面的丰富经验。②

---

① 载http://www.cietac.org/index.php? m = Article&a = show&id = 14025,最后访问日期:2017年4月7日。

② 载http://www.cietac.org/index.php? m = Article&a = show&id = 14035,最后访问日期:2017年4月7日。

二、积极参加各种国际会议，分享中国仲裁智慧

2015 年 3 月 20 ~ 21 日，贸仲委仲裁院李虎副院长在中国香港特别行政区参加了特许仲裁司学会百年纪念大会。特许仲裁司学会成立于 1915 年，在 120 个国家拥有超过 13,000 名会员，旨在促进仲裁替代诉讼进行纠纷解决。来自世界各地的一百多位知名仲裁员、律师、法律界人士和仲裁机构代表参加了此次会议，就国际仲裁中的文化冲突、仲裁员指定方式、投资争议仲裁等问题进行讨论。李虎副院长等与贸仲委在港仲裁员、与会外籍仲裁员以及国内外仲裁界专业人士进行了广泛的沟通交流，宣传介绍贸仲委仲裁以及中国仲裁法律制度，探讨加强交流与合作事宜。①

2015 年 3 月 31 日，应维也纳国际仲裁中心的邀请，贸仲委副主任兼秘书长于健龙作为该中心国际顾问委员会成员，在维也纳出席了中心 2015 年度国际顾问委员会会议。于健龙副主任梳理了贸仲委近年来国际化的进程，介绍了最新改革情况、2015 年工作重点和即将举办的一系列活动，并邀请维也纳国际仲裁中心派员参加。维也纳国际仲裁中心海德(Heider)秘书长对贸仲委近年来的发展表示赞赏，同时表示愿意加强双方机构在国际仲裁事务中的合作。结合于健龙副主任所介绍的中国"一带一路"倡议，双方共同探讨了此倡议下国际仲裁可能产生的机遇和挑战。②

2015 年 3 月 31 日下午，贸仲委副主任兼秘书长于健龙拜会了联合国国际贸易法委员会，并与秘书处法律事务官员科琳娜 · 蒙蒂内里(Corinne Montineri)女士、首席法律事务官员蒂莫西 · 勒梅(Timothy Lemay)先生会

---

① 载 http://www. cietac. org/index. php? m = Article&a = show&id = 2215，最后访问日期:2017 年 4 月 7 日。

② 载 http://www. cietac. org/index. php? m = Article&a = show&id = 2219，最后访问日期:2017 年 4 月 7 日。

谈。于健龙副主任表示,联合国国际贸易法委员会多年来对于推动国际商事仲裁和投资仲裁的发展做了大量工作,主持制定了《纽约公约》《示范法》和《仲裁规则》等。贸仲委作为中国政府代表团成员和联合国国际贸易法委员会观察员积极参与仲裁和调解工作组会议,对于国际规则的制定作出了努力。科琳娜·蒙蒂内里女士对于贸仲委在国际商事规则制定中发挥的作用表示赞赏和感谢。她表示,贸仲委作为国际知名仲裁机构在联合国国际贸易法委员会的活动中扮演重要角色,中国声音对于平衡发达国家和发展中国家之间的利益起到了至关重要的作用。随后,于健龙副主任介绍了贸仲委的发展,贸仲委在投资仲裁以及商事仲裁推广中所做的工作。科琳娜·蒙蒂内里女士和蒂莫西·勒梅先生表示十分愿意和贸仲委一起举办相关活动共同促进国际仲裁的发展和示范法的推广。双方还就合作开展培训及其他共同感兴趣的国际商事仲裁话题交换了意见。通过此次拜会,进一步加强了贸仲委和联合国国际贸易法委员会之间的联系,为两者间的进一步合作奠定了良好基础。①

2015年4月23日,俄罗斯仲裁协会年度国际会议在莫斯科举行。会议以“俄罗斯仲裁的未来:关注亚洲”为主题,围绕俄罗斯仲裁的最新发展、国际商事仲裁在当前国际形势下面临的挑战、各个机构仲裁的优势等进行了广泛深入的讨论,共有来自俄罗斯、英国、法国、瑞典、瑞士、日本、马来西亚、阿联酋、中国及中国香港特别行政区等国家和地区的仲裁机构代表、律师、企业代表等100余人出席会议。海仲委仲裁院陈波副院长率领贸仲委海仲委代表团出席了会议。陈波副院长代表贸仲委就贸仲委近年来业务的发展、贸仲委仲裁的特点及优势、贸仲委仲裁规则的最新修订进行了发言,回答了与会代表关于贸仲委仲裁的问题,受到了广泛的关注和欢迎。②

---

① 载 http://www.cietac.org/index.php?m=Article&a=show&id=2218,最后访问日期:2017年4月7日。

② 载 http://www.cietac.org/index.php?m=Article&a=show&id=2232,最后访问日期:2017年4月7日。

为积极配合“一带一路”倡议的落实，了解企业在“走出去”进程中的法律需要，提高贸仲委海仲委仲裁的针对性和有效性，2015 年 4 月 20 日下午，在贸促会驻海湾代表处的大力协助和支持下，贸仲委和海仲委代表团在阿联酋迪拜举行了中资企业座谈会，来自中国海运、中国建筑、中国建材、中国石油、中国建设银行、中国农业银行、中铁十八局、中联重科、美的、迪拜瑞世行等 14 家中资企业的代表、律师、贸促会代表处人员及中国驻迪拜总领馆官员共约 30 人参加了座谈会。座谈会由贸仲委国内案件处焦亚尼处长主持。在听取了陈波副院长就贸仲委、海仲委仲裁的特点和优势以及近年来发展情况的主题发言后，参会的企业代表结合自身业务发展的需要就法律风险的防范、争议解决条款的设计、如何争取争议解决中的主场优势等提出了问题，并由贸仲委、海仲委代表团成员结合仲裁工作的实践及具体案例进行详细的解答，会议达到了宣传贸仲委、海仲委仲裁的目的。

与会中资企业代表纷纷表示，落实“一带一路”倡议不仅需要投资、贸易走出去，也需要相应法律服务及时跟上，“走出去”的企业要获得平衡持续的发展离不开法律的保障，希望借助贸促会的平台贸仲委、海仲委能在争议解决和法律风险防范方面给予企业更多的帮助。①

为了积极配合国家“一带一路”倡议，加强贸仲委、海仲委与当地仲裁机构和仲裁员的交流与合作，2015 年 4 月 21 日，由海仲委仲裁院副院长陈波率领的贸仲委、海仲委代表团在阿联酋走访了沙迦国际商事仲裁中心，双方就阿联酋仲裁法律以及国际商事仲裁的发展情况进行了深入的交流。②

2015 年 5 月 6 日，第六届“大中华仲裁论坛”在我国香港特别行政区举行。贸仲委副秘书长冷海东率贸仲委代表团参加论坛并做专题发言。本届论坛由中国香港特别行政区仲裁司学会主办，中国香港特别行政区律政司

---

① 载 http://www. cietac. org/index. php? m = Article&a = show&id = 2229，最后访问日期:2017 年 4 月 7 日。

② 载 http://www. cietac. org/index. php? m = Article&a = show&id = 2231，最后访问日期:2017 年 4 月 7 日。

袁国强司长出席了论坛的开幕式并致辞。来自海峡两岸暨香港、澳门的百余位仲裁界人士出席了会议。冷海东副秘书长向与会者介绍了贸仲委最新发展情况,包括受案最新数据,2015年版《仲裁规则》的修订内容和主要亮点,作为联合国贸易法委员会非政府组织观察员积极参与国际规则制定的有关情况。①

2015年5月12日,贸仲委副主任兼秘书长于健龙作为ICCA管理委员会成员,在香港出席了ICCA管理委员会会议。ICCA是国际上最重要、最权威、最有影响力的商事仲裁组织,成员来自众多国家。管理委员会是该组织的决策机构,由来自20多个国家(地区)的40名仲裁界专家组成。于健龙副主任对梁振英特首及中国香港特别行政区政府对贸仲委、海仲委香港仲裁中心的支持表示感谢,并希望为中国香港特别行政区仲裁事业的发展作出更大贡献。②

2015年6月5日,贸仲委副主任兼秘书长于健龙、副秘书长冷海东等参加了由中国法学会主办、北京外国语大学承办的"构建中非联合解决机制研讨会"。来自毛里求斯国际中心、南部非洲仲裁基金会、非洲非诉讼纠纷解决组织、南部非洲仲裁员协会的非方代表以及来自中国仲裁机构、国内高校的代表和法律界人士参加了此次研讨会。于健龙副主任在研讨会上进行主旨发言,并介绍了贸仲委受理与非洲国家相关仲裁案件的总体情况。他指出,中国高度重视发展与非洲国家的经贸往来,而国际商事仲裁也是推动中非经贸合作与投资关系顺利发展的重要手段;贸仲委在今后将会进一步加强与非洲国家及非洲仲裁机构的合作,促进中非之间国际商事仲裁事业的共同进步。对中国法学会所倡议的建立中非联合争议解决机制,于健龙副主任表示,贸仲委十分支持并积极参与,将本着求真务实的原则,由易到

---

① 载 http://www.cietac.org/index.php?m=Article&a=show&id=2235,最后访问日期:2017年4月7日。

② 载 http://www.cietac.org/index.php?m=Article&a=show&id=2240,最后访问日期:2017年4月7日。

难逐步推进。①

2015 年 6 月 29 日至 7 月 3 日,贸仲委国际案件处处长陈建同志参加中国政府代表团出席了联合国国际贸易法委员会第四十八届委员会会议。同时,作为联合国国际贸易法委员会的非政府组织观察员单位,为深度参与国际商事规则的研究和制定,为政府代表团提供协助和支持,代表中国业界发声,贸仲委首次选派仲裁员孙巍和张振安两位专家作为观察员参加了此次会议。参加本次会议的主要任务是审议和通过贸法会仲裁与调解工作组草拟的仲裁程序指南修订文本。审议期间,贸仲委代表踊跃发言,对当事人约定由一个机构进行仲裁却约定适用另一个仲裁机构的仲裁规则等情形的指引性规定,为委员会会议提出专家参考意见。②

2015 年 7 月 13 日,贸仲委工作小组在葡萄牙里斯本举办了题为“机遇与挑战——在里斯本与贸仲相会”的仲裁专题研讨会。研讨会在葡萄牙工商会商事仲裁中心举办,邀请了 50 多名葡萄牙和西班牙仲裁法律界人士参加。贸仲委副秘书长冷海东、监督协调处处长姚俊逸和委员会工作处副处长陆菲出席了研讨会。研讨会由贸仲委葡萄牙籍仲裁员杜阿尔特·亨里克斯(Duarte G. Henriques)先生主持。葡萄牙工商会商事仲裁中心主席何塞·米格尔·朱迪丝(Jose Miguel Judice)先生致开幕词。冷海东向与会代表做了名为“中国仲裁与贸仲仲裁新发展”的专题演讲,就中国仲裁的发展情况和贸仲委近年来取得的成绩做了介绍。陆菲向参会人员介绍了贸仲委的仲裁规则及其修订情况。会议上,还有来自西班牙和葡萄牙的仲裁界专家分别就“中国和伊比利亚(Iberia)之间的仲裁”“葡萄牙和中国的新机遇和新挑战”等题目进行了演讲。对于贸仲委以及新的仲裁规则,葡萄牙仲裁界人士给予了很高评价,认为贸仲委规则的很多规定已经走在国际前列。

---

① 载 http://www.cietac.org/index.php?m=Article&a=show&id=2256,最后访问日期:2017 年 4 月 7 日。

② 载 http://www.cietac.org/index.php?m=Article&a=show&id=2268,最后访问日期:2017 年 4 月 7 日。

他们提出,中国在西班牙、葡萄牙、拉美地区和非洲地区投资越来越多,仲裁需求也会相应增加。在法律事务方面,西班牙、葡萄牙对拉美和非洲的葡语、西语国家有较大影响力,可以在中国和上述地区之间发挥桥梁作用。同时,他们认识到中国的仲裁环境和之前相比已经有了很大的发展,外国企业和投资者对于在中国进行仲裁将会越来越有信心。①

2015年7月13日,贸仲委工作小组访问了里斯本最大的仲裁机构——葡萄牙工商会商事仲裁中心,并与其主席朱迪斯先生和秘书长安东尼奥先生举行了会谈。该中心成立于1990年,是葡萄牙最早的仲裁机构之一。朱迪斯主席向贸仲委代表团介绍了该机构的案件受理情况,仲裁规则和最新发展。朱迪斯主席提出,葡萄牙与中国有长达5个世纪的密切联系,这为中葡仲裁机构之间的合作提供了必要性和可能性。他建议两个机构开展合作,互相推荐仲裁员并在对方所在地开庭时提供设备的支持。冷海东副秘书长对葡萄牙仲裁机构提出的合作意向作出了积极响应。他指出,中国企业在葡萄牙以及其他葡语国家投资不断增加,随之而来的必然是纠纷的增加。贸仲委愿意与葡萄牙仲裁机构探讨各种形式的合作,提升仲裁服务的质量和效率,为企业提供更好的法律保障。②

2015年7月13日,由贸仲委副秘书长冷海东率领的贸仲委工作小组在葡萄牙里斯本拜访了仲裁机构—ARBITRARE,与该机构主席乔安娜女士进行了会谈。ARBITRARE成立于2009年1月,是葡萄牙政府资助成立的专门处理知识产权领域如专利、商标商号和域名争议的仲裁机构,提供强制仲裁和自愿仲裁两种服务,其当事人除了自然人、法人外,还包括政府公共机构,如知识产权登记部门。在葡萄牙,知识产权申请方对登记部门的决定不满时,可以选择诉至法院,或者提交ARBITRARE仲裁。其仲裁结果对当事

---

① 载 http://www.cietac.org/index.php? m = Article&a = show&id = 2274,最后访问日期:2017年4月7日。

② 载 http://www.cietac.org/index.php? m = Article&a = show&id = 2273,最后访问日期:2017年4月7日。

人具有约束力并可以得到强制执行。会谈中,乔安娜女士和冷海东副秘书长介绍了各自机构的基本情况、受案量以及最新发展。乔安娜女士提出希望能和贸仲委开展某种形式的合作,以推动中葡当事人之间的知识产权争议得以顺利解决。①

2015 年 7 月 15 日,贸仲委副主任兼秘书长于健龙在法国巴黎国际商会总部拜会了国际商会国际仲裁院主席莫尔先生。于健龙秘书长对莫尔先生就任国际商会国际仲裁院主席表示热烈祝贺,并介绍了贸仲委近年来的受案情况。他表示希望在莫尔主席的领导下,国际商会国际仲裁院与贸仲委进一步加强在宣传推广仲裁法律服务、交流仲裁办案经验和开展理论研究等方面的合作。莫尔主席对于健龙秘书长的建议表示完全赞同。他介绍了国际商会国际仲裁院的组织架构、发展情况以及最近开展的市场开拓活动,并建议双方今后定期组织交流活动,共同促进国际商事仲裁的发展。双方还就当前国际商事仲裁所面临的机遇和挑战交换了意见。②

2015 年 7 月 22 ~ 23 日,第五届"证据理论与科学"国际研讨会在澳大利亚阿德莱德举行。应会议主办方邀请,贸仲委仲裁研究所副主任杨帆参会并在会上发言。杨帆副主任重点向与会者介绍了贸仲委于 2015 年 3 月 1 日起施行的《证据指引》。该指引考虑到两大法系的调和与贸仲委的仲裁实践,吸收借鉴了国际上影响较大的国际律师协会《国际仲裁取证规则》和国内诉讼证据规则的合理因素,在举证责任、举证取证与证据交换、质证和证据认定等方面提供了重要的规则指引,填补了国内法律有关仲裁证据规则的空白,起到了引领国内仲裁行业发展的积极作用,同时也为国际仲裁实践的丰富作出了重要贡献。此次参会增进了国外对贸仲委仲裁及其证据指

---

① 载 http://www.cietac.org/index.php? m = Article&a = show&id = 2272,最后访问日期:2017 年 4 月 7 日。

② 载 http://www.cietac.org/index.php? m = Article&a = show&id = 2275,最后访问日期:2017 年 4 月 7 日。

引的了解,起到了很好的宣传和交流的效果。①

作为瑞典斯德哥尔摩商会仲裁院理事会理事,贸仲委仲裁院李虎副院长应邀出席了2015年9月18日在斯德哥尔摩举行的斯德哥尔摩商会仲裁院理事会议。该次会议除研究案件事宜外,还表决通过了相关案件管理的规定,通报了该院近期案件受理情况,正在修订中的《瑞典仲裁法》以及该院拟再次修订仲裁规则的相关情况,进一步加深了机构之间的沟通与交流。期间,应斯德哥尔摩大学的邀请,李虎副院长9月19日赴斯德哥尔摩大学为法学院国际商事仲裁硕士班学员授课。李虎副院长以"CIETAC Arbitration and its Future Development"为题,向学员们介绍了贸仲委仲裁、中国仲裁的相关法律规定、仲裁实践以及裁决司法监督和外国裁决在中国的承认执行等情况,并就大家感兴趣的问题与来自加拿大、新加坡、荷兰和中国等国家的学员们进行了充分的互动交流。②

联合国国际贸易法委员会第三工作组(网上争议解决工作组,即第三工作组)第32届会议,于2015年11月30日至12月4日在奥地利维也纳准时举行。参会的成员国有中国、美国、德国、日本、韩国、巴基斯坦等30个国家,参会的观察员国有维多利亚、荷兰、秘鲁、罗马尼亚、阿拉伯联合酋长国等12个国家,参会的非政府组织有贸仲委、欧洲商会、美国律师协会、特许仲裁员协会、亚洲太平洋区域仲裁集团等17个,欧盟也指派观察员出席了会议。贸仲委作为观察员机构派遣傅达清、孙含会、谢国旺三位仲裁员参加了这次会议,并提交的《跨境电子商务交易网上争议解决程序指南》的议案。贸仲委的三位代表积极参与会议审议,较好地完成了任务。代表团详细审阅会议材料,了解各代表团的观点;密切配合我国政府代表团的工作,为了政府代表团的提案文件及观点提供法律专家意见;代表贸仲委在大会

---

① 载 http://www.cietac.org/index.php? m=Article&a=show&id=2570,最后访问日期:2017年4月7日。

② 载 http://www.cietac.org/index.php? m=Article&a=show&id=2309,最后访问日期:2017年4月7日。

上积极发言,针对审议的文件提出修改和完善的建议;与参会的其他代表团进行沟通,以便使其他代表团理解并支持贸仲委的观点;积极参与中国与美国、欧盟、德国等国家和组织的会下紧急磋商,提出贸仲委的观点和修改意见;向与会代表宣传贸仲委,树立贸仲委国际仲裁机构的形象。①

2015 年 12 月 8 日,贸仲委仲裁院李虎副院长、贸仲委天津分会解常晴秘书长率代表团一行六人访问美国仲裁协会(American Arbitration Association,AAA)、国际争议解决中心(International Commercial Dispute Resolution,ICDR)。ICDR 副主席助理克里斯琴·阿尔贝蒂(Christian P. Alberti)先生向贸仲委代表团介绍了美国仲裁协会的发展情况以及 ICDR 受理国际案件的情况和最新趋势,并表示 ICDR 受理的国际案件中不乏来自中国、日本、新加坡等亚洲国家的当事人。李虎副院长与解常晴秘书长介绍了贸仲委近年来案件受理、分会设立、规则修改等发展情况,并表示,目前贸仲委受理的涉外案件占全部案件数量的比重仍有很大的提升空间,希望加强与美国仲裁协会等国际仲裁机构的合作交流,共同推动国际商事仲裁的发展。双方会谈人员分别就混合仲裁条款、合并仲裁、网上仲裁、紧急仲裁员制度、仲裁语言对仲裁程序的影响以及仲裁员指定、仲裁员回避和案件经办秘书的职责等仲裁实务问题进行了深度交流。双方均表示,今后应继续扩大联系、沟通,加强在仲裁推广和研究领域的合作交流。②

2015 年 12 月 10 日,贸仲委仲裁院李虎副院长率贸仲委代表团一行六人访问美国最大的民间多元争议解决机构——JAMS)。JAMS 仲裁业务执行董事/贸仲委仲裁员罗伯特·戴维森(Robert B. Davidson)先生首先向代表团介绍了 JAMS 的经营状况及国际案件的受理情况,简要说明了 JAMS 国际仲裁规则和综合仲裁规则的区别和特点,并介绍了 JAMS 近年来调解

---

① 载 http://www.cietac.org/index.php? m = Article&a = show&id = 2760,最后访问日期:2017 年 4 月 7 日。

② 载 http://www.cietac.org/index.php? m = Article&a = show&id = 2754,最后访问日期:2017 年 4 月 7 日。

案件快速发展的相关情况,以及和美国其他本土仲裁机构相比,JAMS 自身的定位及业务特色。李虎副院长表示,贸仲委近年来对内强化机构建设和业务管理,对外加强合作交流与宣传拓展,集中发展主流业务,仲裁案件数量显著增长。贸仲委在做好主流业务的同时,积极开展其他多元争议解决服务,提供域名争议网上解决、网上仲裁、金融仲裁、建筑争议专家评审及投资争议调解等业务,寻求以仲裁为主的多元化发展。①

2015 年 12 月 11 日,贸仲委仲裁院李虎副院长率贸仲委代表团一行六人访问加拿大多元争议解决事务所(ADR Chamber)。加拿大多元争议解决事务所主席艾伦·丁. 斯蒂特(Allan J. Stitt)先生介绍了该机构的发展历史以及近年来案件增长的趋势,并向贸仲委代表团介绍了其除调解和仲裁之外的包括公正监督(Fairness Monitoring)和私人上诉(Private Appeal)等在内的特有争议解决服务发展情况。斯蒂特先生还表示,该机构目前已经制定简易仲裁程序规则,并致力于网上调解等网上争议解决服务。斯蒂特先生认为,网上争议解决(Online Dispute Resolution, ODR)机制作为争议解决机制发展的最新趋势,随着电商发展,必将拥有广阔的发展前景。李虎副院长简要介绍了贸仲委近年业务发展的情况,并表示,在商事仲裁之外,贸仲委也积极发展网上争议解决业务,域名争议网上仲裁目前已受案 3000 多件,贸仲委针对电商争议的网上仲裁规则 2009 年既已发布实施。李虎副院长表示认同斯蒂特先生的观点,网上争议解决代表了争议解决的发展方向,常规仲裁、调解等日益网络化,网上争议解决未来发展可期。随后,双方就贸仲委 2015 年仲裁规则程序创新、无人参与的网上争议解决系统开发运作,以及中东仲裁发展等问题交换了意见,进行了探讨。②

2016 年 3 月 7 日,贸仲委海仲委副主任兼秘书长于健龙应邀出席了温

---

① 载 http://www.cietac.org/index.php? m = Article&a = show&id = 2757,最后访问日期:2017 年 4 月 7 日。

② 载 http://www.cietac.org/index.php? m = Article&a = show&id = 2758,最后访问日期:2017 年 4 月 7 日。

哥华海事仲裁员协会主办的以中国仲裁为主题的研讨会，来自律师界、仲裁界、航运公司、船舶经纪公司、船舶保险经纪公司的代表以及当地法官出席了本次研讨会。贸仲委有关仲裁员也参与了会议和研讨。会议由温哥华海事仲裁员协会主席丹尼斯乓(Dennis Pong)主持。于健龙副主任首先对主办方的邀请表示感谢，并表示希望进一步加深与温哥华海事仲裁员协会的合作关系。随后于健龙副主任发表了题为"贸仲委助力下的中国仲裁"的演讲。他简要介绍了贸仲委的历史及其取得的成绩，并结合《中国国际商事仲裁年度报告2014》从六个方面向与会代表介绍了2014年中国涉外仲裁的发展。同时，于健龙副主任指出，在中国着力推进构建经济新体制、"一带一路"倡议和自由贸易试验区建设的大背景下，在中国企业"走出去"的大环境下，在保证仲裁质量的前提下，我们要做好诸如继续推动仲裁法制发展和建设、完善"支持仲裁"的司法监督政策，营造良好仲裁司法环境等六个方面的工作，早日实现打造国际仲裁中心的发展目标。另外，于健龙副主任还向与会者介绍了中国海事仲裁的整体情况并着重介绍了受案情况、海事调解、诉调对接等仲裁与调解相结合的创新型争议解决方式的最新实践。其后，于健龙副主任与参会代表就中国仲裁相关问题进行了交流。①

2016年3月7日，贸仲委、海仲委副主任兼秘书长于健龙在加拿大温哥华分别走访了当地著名律师事务所Bull Housser、DLA Piper(Canada)LLP、Hunter Litigation Chambers律师事务所，并就中国与加拿大商事仲裁的异同、国际商事仲裁的发展等问题进行了交流。拜会期间，于健龙副主任分别会见了Bull Housser海商法部门合伙人约翰·布罗姆利(John Bromley)先生以及谢利·查培尔斯基(Shelley Chapelski)女士等，DLA Piper(Canada) LLP的合伙人狄恩·L. 达尔克(Dean L. Dalke)先生以及何维国先生，Hunter Litigation Chambers的大律师同时也是加拿大温哥华上诉法院退休

---

① 载http://www.cietac.org/index.php?m=Article&a=show&id=13664，最后访问日期:2017年4月7日。

法官马丁·泰勒(Martin Taylor)先生和加拿大法律学会和温哥华法律学会前主席约翰·亨特(John Hunter)先生等。于健龙副主任向参加会见的律师介绍了贸仲委、海仲委近年来包括受案量、案件类型、标的额等在内的业务发展情况。上述律师对于健龙副主任的到来表示热烈欢迎,随后还就其所在律师事务所有关仲裁的业务情况以及加拿大仲裁相关问题进行了介绍。参与会见的各位律师表示中国仲裁的发展离不开贸仲委和海仲委对于仲裁事业作出的努力,将支持并愿意与贸仲委、海仲委进行交流与合作。①

2016年3月26日,贸仲委仲裁院李虎副院长应邀出席中国法学会、香港法律论坛和澳门法务局联合主办的第八届"两岸四地法律研讨会",并就"共同参与'一带一路'建设法律问题"议题发表"充分发挥仲裁优势,服务于一带一路建设"的专题演讲。来自海峡两岸暨香港、澳门的百余位代表和近30位发言人就四个议题进行了热烈的讨论。在演讲中,李虎副院长首先介绍了"一带一路"倡议在中国经济转型升级、人民币国际化和对外贸易投资提速等领域正起到的重要作用,并同时认为,中国企业在走出去的过程中,在抓住机遇的同时,应当正视和重视所面临的法律风险,做好风险防控,理性选择诉讼,优先选择仲裁,通过设定妥善的争议解决机制来积极应对、减少法律风险。李虎副院长介绍了贸仲委近年来仲裁案件中涉及的"一带一路"沿线国家案件的基本情况,提出"一带一路"沿线国家仲裁机构,尤其是海峡两岸暨香港、澳门的仲裁机构,应当通过深化机构合作、加强吸纳和培训仲裁员、增强立法和司法层面交流、提升裁决区域执行力度等方式,以提高区域仲裁话语权、维护公平有序的经贸秩序、增强大中华仲裁在国际仲裁中的地位和影响力。②

应波兰 Nowy Tomysl 商会仲裁院邀请,贸仲委立案咨询处处长谷岩同

---

① 载 http://www.cietac.org/index.php?m=Article&a=show&id=13663,最后访问日期:2017年4月7日。

② 载 http://www.cietac.org/index.php?m=Article&a=show&id=13690,最后访问日期:2017年4月7日。

志于 2016 年 4 月 22 日参加了由波兰 Nowy Tomysl 商会仲裁院主办的年度会议——“仲裁与调解理论及实务研讨会”。研讨会的主办方波兰 Nowy Tomysl 商会仲裁院是波兰西部的重要仲裁机构,该会议是在波兰举办的有关仲裁与调解的最重要的年度会议之一,来自波兰、中国、乌克兰、俄罗斯、德国、土耳其、白俄罗斯、阿塞拜疆等国家的大约 200 位仲裁和调解领域的理论学者和实务工作者参加了研讨会。谷岩同志作为 Nowy Tomysl 商会仲裁院的仲裁员,在会上就贸仲委的最新发展和贸仲委 2015 年版《仲裁规则》的主要修改等内容做了发言。利用参加会议的机会,谷岩同志还与波兰仲裁界人士及其他参会代表进行了广泛交流。①

2016 年 5 月 6 日,贸仲委赴澳代表团在金杜律师事务所的悉尼办公室与澳大利亚当地律师、澳洲企业代表及驻澳中资企业代表召开了主题为“中澳企业跨境纠纷解决”研讨会。会议由金杜律师事务所合伙人(中国)赵京川女士主持,贸仲委华南分会秘书长黎晓光女士和金杜律师事务所悉尼办公室高级律师关凯丽(Edwina Kwan)女士分别进行了主题演讲。关凯丽女士首先从跨境争议解决的角度介绍了中国现行主要经济政策和环境,随后从法律适用、仲裁条款约定的注意事项、仲裁裁决的承认与执行以及亚太区仲裁机构的特点等方面向与会人员阐述了仲裁的国际化与优越性。黎晓光秘书长向与会代表介绍了商事仲裁作为争议解决方式的优势,中国在立法司法层面对仲裁的支持,并着重介绍了贸仲委的业务发展和案件受理情况。她指出,贸仲委作为世界上重要的常设商事仲裁机构之一,在中国仲裁事业的发展上,起到了举足轻重的作用。贸仲委的规则随着仲裁实践的发展经过多次修改,现行的 2015 年版《仲裁规则》再次吸收了国际仲裁的先进做法,与国际仲裁的前沿发展比肩而行,以确保仲裁程序的公平

---

① 载 http://www.cietac.org/index.php?m=Article&a=show&id=13733,最后访问日期:2017 年 4 月 7 日。

高效。①

2016年5月8日,贸仲委副主任兼秘书长于健龙作为ICCA管理委员会成员,在毛里求斯出席了2016年ICCA管理委员会会议。会议听取、审议并通过了各专业委员会的工作报告。会议还听取了2016年ICCA毛里求斯大会的工作准备报告、2018年悉尼大会的计划报告以及2020年ICCA大会申办地的申办报告。国际商事仲裁理事会是国际上最重要、最权威、最有影响力的商事仲裁组织,成员来自众多国家(地区)。管理委员会是该组织的决策机构,由来自20多个国家(地区)的40名仲裁界专家组成。②

由中国香港特别行政区政府主办、香港贸易发展局协办的首届"一带一路高峰论坛",于2016年5月18日在香港会议展览中心举行。本次论坛以"全新机遇 香港领航"为主题,旨在探讨中国香港特别行政区在"一带一路"建设中的作用。贸仲委仲裁院副院长李虎应邀率领贸仲委代表团参加了此次高峰论坛。贸仲委受理的仲裁案件中,涉及中国香港特别行政区当事人的案件占据总受案量的第二位。贸仲委设立香港仲裁中心,以中国香港特别行政区成熟的仲裁法制为依托,就近管理案件程序,满足当事人的实际需求,也有助于丰富中国香港特别行政区的法律服务内容,为当事人在中国香港特别行政区解决争议提供更多选择。国家"一带一路"倡议为中国香港特别行政区带来了历史性发展机遇。贸仲委、海仲委通过其香港仲裁中心,积极支持中国香港特别行政区仲裁发展,协同海峡两岸暨香港、澳门仲裁机构,共同提高大中华区域仲裁的国际影响力,为"一带一路"国家提供优质高效的法律和争议解决服务。③

2016年6月15日,由贸仲委与中欧仲裁中心合作举办的"慕尼黑中国

---

① 载 http://www.cietac.org/index.php?m=Article&a=show&id=13758,最后访问日期:2017年4月7日。

② 载 http://www.cietac.org/index.php?m=Article&a=show&id=13760,最后访问日期:2017年4月7日。

③ 载 http://www.cietac.org/index.php?m=Article&a=show&id=13779,最后访问日期:2017年4月7日。

仲裁峰会”(Munich Summit on Arbitration in China)在德国慕尼黑成功举行。贸仲委仲裁院李虎副院长和最高人民法院民四庭任雪峰审判长率最高院和贸仲委共同组织的“一带一路”沿线国家司法和仲裁调研团一行六人出席峰会。来自德国各地的贸仲委德国籍仲裁员、律师、公司法务 40 余人与会。李虎副院长致欢迎辞,并以“中国仲裁的最新发展”为题发表主旨演讲,就中国仲裁立法与司法审查的最新规定、近期司法实践与典型案例、2015 年中国仲裁整体状况及相关热点问题进行了系统的介绍、阐述和点评,并向与会者介绍了贸仲委近年受案结案、机构建设、规则修订以及证据规则指引发布实施等情况。李虎副院长指出,目前仲裁机构之间相互竞争是客观存在的。我们提倡良性竞争,而良性竞争本身就需要机构之间加强合作。只有合作,才能发展。只有发展,才能共赢。贸仲委愿意与所有国际仲裁机构加强交流合作,相互协同,共同促进国际仲裁健康发展。①

2016 年 7 月 5 日至 7 月 9 日,联合国国际贸易法委员会第 49 届年会在美国纽约召开,贸仲委国际案件处处长陈建博士参加中国政府代表团,董绪公先生作为贸仲委选派的观察员,张振安先生和方旭辉先生作为亚太仲裁组织选派的观察员参加了会议。经过近一周的审议,会议通过了第二工作组即仲裁与调解工作组经过多年的讨论和修改而成的《关于组织仲裁程序的说明》,及第三工作组即网上争议解决工作组的《网上争议解决技术指引》。《关于组织仲裁程序的说明》旨在为仲裁程序的所有参与者在组织仲裁程序与参与时提供一定的信息参考和工具箱,可对国内仲裁产生参考和借鉴的价值和作用。《网上争议解决技术指引》则主要是为解决电子商务小额争议的解决而设计的。这两个文件,作为国际贸易法律体系中的软法,将对国际经济贸易纠纷的解决以及国内经济贸易纠纷的解决带来促进

---

① 载 http://www.cietac.org/index.php?m=Article&a=show&id=13821,最后访问日期:2017 年 4 月 7 日。

作用。①

2016年9月12日至23日,联合国国际贸易法委员会第二工作组第六十五次会议在奥地利维也纳召开。应联合国国际贸易法委员会以及商务部的邀请,贸仲委派王洁处长作为中国代表团成员出席了会议。此次会议对于在之前会议基础上拟定的关于调解所产生国际商事和解协议执行的文书,逐条进行了实质性审议和讨论,审议讨论的重点包括“国际”“和解协议”以及“调解”的定义,是否将司法程序或仲裁程序中达成的和解协议纳入可执行范围,和解协议的形式要求,拒绝执行的理由以及该文书的最终形式(示范法或国际公约)。贸仲委代表在会议期间与中国代表团成员一道就会议讨论的重要问题积极发言,充分行使话语权。休会期间贸仲代表亦与各国代表、机构互动交流,不仅就会议议题进行沟通,也广泛宣传了贸仲委。②

2016年9月26日,由贸仲委与瑞典斯德哥尔摩商会仲裁院联合举办的“瑞典仲裁与中国仲裁的异与同——聚焦瑞典式模拟仲裁”在2016中国仲裁周期间顺利召开。贸仲委王承杰秘书长出席研讨会并致辞。斯德哥尔摩商会仲裁院秘书长安妮特·马格努松、贸仲委仲裁院副院长李虎,瑞典维格(VINGE)律师事务所高级顾问、斯德哥尔摩商会仲裁院前主席叶南德(Johan Gernandt)出席会议。研讨会由贸仲委仲裁院李虎副院长主持。③

2016年10月6日至9日,亚太区域仲裁组织大会在印度尼西亚巴厘岛举行。来自18个国家及地区的200多名仲裁专业人士参加了大会。亚太区域仲裁组织主席、贸仲委副主任于健龙率团出席会议。作为亚太区域仲裁组织主席,于健龙主持了10月6日的亚太区域仲裁组织成员会议,并在

---

① 载 http://www.cietac.org/index.php? m = Article&a = show&id = 13854,最后访问日期:2017年4月7日。

② 载 http://www.cietac.org/index.php? m = Article&a = show&id = 13934,最后访问日期:2017年4月7日。

③ 载 http://www.cietac.org/index.php? m = Article&a = show&id = 13930,最后访问日期:2017年4月7日。

会议上发表了轮值主席报告，总结了过去三年中作为亚太仲裁组织轮值主席的工作成果，以及贸仲委作为轮值秘书处对亚太仲裁组织活动的组织和支持。来自 13 个国家的仲裁机构参会代表，对于健龙以及贸仲委过去三年的支持表达了由衷的赞赏和诚挚的感谢。①

2016 年 10 月 21 日，贸仲委仲裁院李虎副院长在京出席亚洲调解协会第四届国际调解研讨会，并以“东方经验——仲裁与调解相结合”为题发表主题演讲。李虎首先向与会各国参会代表介绍了由贸仲委 20 世纪所倡导的“仲裁与调解相结合”的做法，其实质内涵，以及在中国得以成功进行的原因和优势，尤其是“和为贵”等东方哲学理念在这种独特解决纠纷手段中的价值导向作用，说明了该做法业已为国外一些法律所认可，并为一些国际仲裁机构仲裁规则所采纳，被称为“东方经验”，强调在争议解决的过程中应注重仲裁、调解等机制之间的优势互补。其后，结合贸仲委近年来受案量不断攀升、仲裁国际化程度不断加强、通过仲裁中的调解得以结案的案件数量也随之增长等情况，说明了仲裁与调解相结合在中国仲裁实践中所发挥的独特作用，最后表示，相信“仲裁与调解相结合”会在国际仲裁，尤其是涉中仲裁中起到越来越重要的作用。②

2016 年 10 月 27 日，贸仲委、大韩商事仲裁院、首尔律师协会共同举办的中韩仲裁研讨会在首尔成功举行。贸仲委副秘书长冷海东先生出席了会议并发表了致辞，介绍了贸仲委的历史沿革、受案数量、涉案类型及中国涉外法律制度的最新发展和日趋完善的仲裁司法环境。冷海东副秘书长表示，贸仲委在国际仲裁领域树立自己的品牌和公信力，仲裁与调解相结合的制度也在不断完善中。随着全球经济的日趋深化，贸仲委愿与韩国同行一同协作，共同促进两国间争议的解决。韩国仲裁员协会副主席兼秘书长徐

---

① 载 http://www.cietac.org/index.php? m = Article&a = show&id = 13941，最后访问日期：2017 年 4 月 7 日。

② 载 http://www.cietac.org/index.php? m = Article&a = show&id = 13957，最后访问日期：2017 年 4 月 7 日。

廷逸教授、大韩商事仲裁院仲裁员、韩国建国大学梁炳晦教授分别就韩国仲裁领域最新发展和关心的问题进行了介绍。贸仲委监督处姚俊逸处长以贸仲委仲裁员及中国仲裁制度为主题介绍了贸仲委仲裁员名册的制定、仲裁员遴选方式、任期、仲裁员守则及回避、披露制度。案件秘书尹天枢女士就案件程序管理工作向与会者进行了详细的说明。①

由西安交通大学丝绸之路国际比较法研究所举办的"一带一路倡议背景下中国与国际争议解决机制发展"国际研讨会于2016年在丝绸之路历史名城西安召开,陕西省政法委书记、西安交通大学党委书记、最高人民法院国际合作局和民四庭、中国法学会领导,以及国际投资争端解决中心秘书长和联合国国际法院大法官出席会议并致辞,贸仲委资深仲裁员、原商务部条法司司长、中国驻WTO上诉机构大法官张月姣发表主题演讲,来自国内外的仲裁机构代表、专家学者及实务工作者近300人与会。应会议主办方邀请,贸仲委仲裁院副院长李虎出席会议,代表贸仲委在开幕式上致辞,并在"中国与国际商事争议解决"环节以"'一带一路'倡议背景下司法机构和仲裁机构的作用"为题以英文发表专题演讲。李虎指出,"一带一路"倡议将会有效促进沿线国家和地区国际贸易和投资的发展,仲裁作为国际争议解决机制的重要组成部分,必将在贸易投资纠纷解决中发挥重要作用。"一带一路"建设为国际贸易投资带来了发展机遇,也为沿线国家仲裁机构以及所有的国际仲裁机构带来了发展的机遇。仲裁机构之间良性竞争本身就呼唤相互合作。只有合作,才能发展,唯有合作,方能共赢。沿线国家立法和司法机构应加强合作,创设有利于国际仲裁的法制和司法环境,国际仲裁机构应不断完善规则,优化实践,增强自我仲裁的吸引力和竞争力,为当事人提供良好的仲裁服务;相互协同,深化务实合作,推动国际仲裁的健康发展,

---

① 载 http://www.cietac.org/index.php? m = Article&a = show&id = 13975,最后访问日期:2017年4月7日。

共创国际争议解决机制的美好明天。①

2016 年 11 月 25 日,贸仲委仲裁院李虎副院长在京出席贸仲委与瑞典斯德哥尔摩大学共同举办的斯德哥尔摩大学国际商事仲裁硕士项目中国奖学金说明会(A Presentation of the Stockholm Arbitration Scholarships for China Programme),并代表贸仲委致辞。李虎首先与参会学生分享了自己当年在斯德哥尔摩大学法学院学习深造的经历,指出斯德哥尔摩大学国际商事仲裁法硕士项目在国际仲裁教学及国际商事仲裁实践中具有越来越高的影响力。瑞典同时也是当事人乐于选择的仲裁地之一。斯德哥尔摩商会仲裁院和贸仲委多年来一直保持密切的合作伙伴关系,共同推动仲裁人才的培养和两国仲裁的交流与发展。随后,李虎副院长简要介绍了贸仲委近年仲裁的最新发展,涉外案件稳步增长,国际化程度日益提高,在做好商事仲裁的同时,积极提供域名争议解决、建筑争议专家评审、投资争议调解以及网上仲裁服务,向当事人提供以商事仲裁为主的多元化争议解决服务。最后,李虎副院长表示,作为黄金搭档,贸仲委愿意与斯德哥尔摩商会仲裁院和斯德哥尔摩大学深化合作,共同促进国际商事仲裁的健康发展,鼓励中国学生积极申请斯德哥尔摩大学国际仲裁法硕士项目,相互学习,取长补短,为加强两机构以及两国仲裁界之间交流合作作出积极的贡献。②

2016 年 12 月 15 日至 16 日,由中国法学会主办的主题为"加强法治联动,共建'一带一路'"的"中国—南亚法律论坛"在云南省昆明市召开。中国法学会会长王乐泉、常务副会长陈冀平、副会长张鸣起、孟加拉首席大法官苏伦德拉·库马尔·辛哈、斯里兰卡司法部长维杰亚达萨·拉贾帕克舍等出席会议。贸仲委仲裁院副院长李虎应邀出席会议并做专题发言。在"贸易投资争端解决机制与服务"单元,李虎副院长以"联合推广国际商事

---

① 载 http://www.cietac.org/index.php? m = Article&a = show&id = 13985,最后访问日期:2017 年 4 月 7 日。

② 载 http://www.cietac.org/index.php? m = Article&a = show&id = 14024,最后访问日期:2017 年 4 月 7 日。

仲裁,有效解决贸易投资争议”为题以英文发表了专题演讲。李虎从国家立法、司法及仲裁机构三方面系统阐述了在“一带一路”倡议背景下,仲裁作为国际争议解决机制的重要组成部分,必将在贸易投资纠纷解决中发挥重要作用。沿线国家的立法和司法机构应加强合作,共同创设有利于区域乃至国际仲裁发展的法制环境和司法环境,仲裁机构在完善和增强自身竞争力的同时,也应进一步寻求合作和发展。李虎还着重介绍了我国立法和司法为“一带一路”建设提供的相关保障;有关仲裁立法和司法审查制度的最新发展;贸仲委近年有关“一带一路”沿线国家包括南亚国家仲裁案件受理情况,及贸仲委为更好地服务于当事人而修订和制定的2015年版《仲裁规则》和证据指引规则。①

三、积极推动仲裁领域的对外合作,争取世界主导权

2015年9月23日,贸仲委与英格兰及威尔士律师公会在北京正式签署合作备忘录。贸仲委副主任兼秘书长于健龙、英格兰及威尔士律师公会中国事务组主席艾德里安·华威·休斯(Adrian Warwick Hughes)出席签约仪式并致辞。艾德里安·华威·休斯和贸仲委副秘书长冷海东分别代表双方机构签署了战略合作框架协议。司法部律师公证司刘华春处长、北京市律师协会张峥副会长、中国法学会研究部刘海燕处长、英格兰及威尔士律师公会国际委员会副主席史蒂文·莱姆·汤普森(Steven Lim Thompson)、国际政策部克里斯蒂安·维斯基兴(Chrisian Wisskirchen)共同见证了签约仪式。签约仪式由中国仲裁法学研究会秘书长王洁女士主持。英国的中国律师培训项目最初由英国大法官协会于1990年创办,每年选拔一定数量的中

① 载 http://www.cietac.org/index.php?m=Article&a=show&id=14048,最后访问日期:2017年4月7日。

国优秀青年律师赴英国培训，旨在增加中国律师对英国法律的了解和认识，增进中英法律界的交流与合作。2011 年起该项目由英国大律师公会承接继续举办。25 年来，已有 329 名优秀的中国律师参与该项目培训。很多参与该项目的律师已成为中国律师界涉外业务领域的优秀人才，为中国的涉外法律业务、为中英法律合作作出了积极贡献。合作备忘录签署后，贸仲委将与英格兰及威尔士律师公会就 2016 年度“中国律师培训计划”项目的开展进行合作，贸仲委将利用自身影响力扩大该项目的影响，争取吸引更多的优秀中青年律师参与该项目，同时贸仲委将通过增设培训环节，丰富该项目的学习内容，为中国律师提供更多的学习锻炼机会。贸仲委还将通过英国大律师公会平台扩大与英国律师界的交流，进一步提升贸仲委在国际仲裁界的良好声誉。①

2015 年 11 月 10 日至 16 日，贸仲委代表团应邀访问法国巴黎国际仲裁院、意大利仲裁协会和意大利米兰仲裁院，并访问了位于罗马的国际统一私法协会。巴黎国际仲裁院秘书长伊琳娜·杰希弗（Irina Guerif）女士、意大利仲裁协会秘书长玛丽亚·德利（Maria Deli）教授、米兰仲裁院秘书长斯特凡诺·爱萨尼（Stefano Azzali）先生、国际统一私法协会高级法律顾问尼尔·伯格曼（Neale Bergman）先生分别会见了贸仲委代表团，就相互加强交流、深化合作进行了全面细致的讨论，并达成了广泛共识。11 月 16 日，贸仲委和米兰仲裁院完成了合作协议签署程序。根据合作协议，双方将联合推广仲裁、加强仲裁研究、相互为对方机构到本国开庭提供便利、交换案件经办秘书和法律顾问等。合作协议的签署标志着两机构的合作进入实质化和机制化的新阶段。贸仲委与国际统一私法协会就合作开展《2010 国际商事合同通则》研究达成一致，协会同意在其官方网站上公布贸仲委适用《2010 国际商事合同通则》的案例；国际统一私法协会表示，将通过协会网

---

① 载 http://www.cietac.org/index.php? m = Article&a = show&id = 2348，最后访问日期：2017 年 4 月 7 日。

站及其他方式公布《中国国际商事仲裁年度报告》,并欢迎贸仲委参与协会有关长期合同、跨境民事程序的研究。①

2015 年 12 月 8 日,由贸仲委主办、Herbert Smith Freehills 纽约办公室协办的"贸仲仲裁研讨会"在美国纽约成功举行。贸仲委仲裁院副院长李虎、贸仲委天津分会秘书长解常晴率贸仲委代表团一行六人出席研讨会。研讨会由 Herbert Smith 纽约办公室合伙人艾里森·M. 奥卡萨巴斯(Allison M. Alcasabas)女士主持,李虎副院长、解常晴秘书长分别做了名为"贸仲委仲裁的最新发展"和"贸仲委仲裁的热点问题"的主题演讲,就贸仲委的发展历史、机构设置、案件受理、规则修改、仲裁特点、发展趋势、热点问题等进行了系统的介绍和阐述。来自美国纽约当地企业、律师事务所 30 余名代表参加了研讨会,与会者纷纷表示贸仲委 2015 年规则对国际最新实践在吸收的基础上予以创新,在中国内地率先发布自己的证据指引,不仅符合国际仲裁发展的新趋势,而且也引领了国际仲裁的发展,为国际当事人选择贸仲委仲裁提供了良好的基础保障。②

2016 年 3 月 2 日晚,新加坡国际仲裁中心上海办公室成立仪式在上海举行。贸仲委副主任兼秘书长于健龙应邀出席成立仪式并致辞。于健龙对新加坡国际仲裁中心上海办公室的成立表示祝贺,并指出,在中国提出"一带一路"倡议的背景下,仲裁界如何加强合作,共同促进国际仲裁的发展,是各仲裁机构共同面对的挑战和机遇。③

2016 年 6 月 7 日,贸仲委与国际商会仲裁院在京联合举办"破除樊篱根植全球的国际仲裁"研讨会。贸仲委副主任于健龙和国际商会仲裁院主席亚历克西斯·莫雷(Alexis Mourre)出席会议并致辞。贸仲委仲裁院副院

---

① 载 http://www.cietac.org/index.php? m = Article&a = show&id = 2737,最后访问日期:2017 年 4 月 7 日。

② 载 http://www.cietac.org/index.php? m = Article&a = show&id = 2755,最后访问日期:2017 年 4 月 7 日。

③ 载 http://www.cietac.org/index.php? m = Article&a = show&id = 13657,最后访问日期:2017 年 4 月 7 日。

长李虎主持会议。研讨会以“仲裁机构的国际化、中国仲裁服务的国际化、国内与国际仲裁的经验交流、从司法角度来看在中国的国际仲裁”为主题，旨在讨论如何打造真正国际化的国际仲裁，为当事人提供更好的仲裁服务。最高人民法院法官沈红雨、香港国际仲裁中心原主席杨良宜、美国德杰律师事务所管理合伙人陶景洲、安理国际律师事务所合伙人朱迪思·吉尔(Judith Gill QC)等18位国内外著名仲裁专家应邀出席会议并发言。①

2016年10月17日，贸仲委副主任兼秘书长王承杰一行应邀参加德国知名律师事务所CMS Hasche Sigle香港办公室的设立仪式并致辞。王承杰秘书长对CMS律师事务所在中国香港特别行政区设立办公室表示祝贺。他指出，中国香港特别行政区是国际仲裁的重要舞台，贸仲委希望和中国香港特别行政区仲裁界通力合作，共同促进中国香港特别行政区国际商事仲裁法律服务的发展 。②

（撰稿人：程华儿　程雁群）

---

① 载http://www.cietac.org/index.php? m = Article&a = show&id = 13809，最后访问日期：2017年4月7日。

② 载http://www.cietac.org/index.php? m = Article&a = show&id = 13949，最后访问日期：2017年4月7日。

图书在版编目(CIP)数据

中国仲裁年度报告. 2015～2016 / 沈四宝，于健龙，王承杰主编. -- 北京：法律出版社，2019
ISBN 978-7-5197-3365-0

Ⅰ. ①中… Ⅱ. ①沈… ②于… ③王… Ⅲ. ①仲裁－研究报告－中国－2015－2016 Ⅳ. ①D925.704

中国版本图书馆CIP数据核字(2019)第063909号

中国仲裁年度报告(2015～2016)
ZHONGGUO ZHONGCAI NIANDU BAOGAO(2015-2016)

沈四宝
于健龙 主编
王承杰

策划编辑 程岳林蕊
责任编辑 程岳林蕊
装帧设计 李瞻

出版 法律出版社
总发行 中国法律图书有限公司
经销 新华书店
印刷 北京玺诚印务有限公司
责任印制 胡晓雅

编辑统筹 司法实务出版分社
开本 710毫米×1000毫米 1/16
印张 16.5
字数 207千
版本 2019年3月第1版
印次 2019年3月第1次印刷

法律出版社/北京市丰台区莲花池西里7号(100073)
网址/www.lawpress.com.cn
投稿邮箱/info@lawpress.com.cn
举报维权邮箱/jbwq@lawpress.com.cn
销售热线/010-83938336
咨询电话/010-63939796

中国法律图书有限公司/北京市丰台区莲花池西里7号(100073)
全国各地中法图分、子公司销售电话：
统一销售客服/400-660-6393
第一法律书店/010-83938334/8335　西安分公司/029-85330678　重庆分公司/023-67453036
上海分公司/021-62071639/1636　深圳分公司/0755-83072995

书号:ISBN 978-7-5197-3365-0　**定价**:58.00元
(如有缺页或倒装,中国法律图书有限公司负责退换)